献给养育我成长
在平行时空继续爱着我的外公外婆：
何桂元、钟立君同志

丽泽·教育学研究丛书
主编 胡春光

湖南第一师范学院教育学院出版基金资助项目

湖南第一师范学院"教育学"湖南省应用特色学科成果

2023年度全国教育科学规划教育部青年课题"英国卓越教师教育一体化体系研究"（EDA230507）成果

2023年度湖南第一师范学院教改课题"依法执教，立德铸魂：数字化背景下《教育政策法规与教师职业道德》的课程思政教学体系探究"成果

利益的博弈

二战后英国
职前教师教育
政策变迁研究

黄蓝紫 著

湖南师范大学出版社·长沙

图书在版编目（CIP）数据

利益的博弈：二战后英国职前教师教育政策变迁研究／黄蓝紫著.
—长沙：湖南师范大学出版社，2024.10
ISBN 978 - 7 - 5648 - 5447 - 8

Ⅰ.①利…　Ⅱ.①黄…　Ⅲ.①高等教育—教育政策—研究—英国—现
代　Ⅳ.①G649.561.20

中国国家版本馆 CIP 数据核字（2024）第 100262 号

利益的博弈：二战后英国职前教师教育政策变迁研究

Liyi de Boyi：Erzhanhou Yingguo Zhiqian Jiaoshi Jiaoyu Zhence Bianqian Yanjiu

黄蓝紫　著

◇出 版 人：吴真文
◇责任编辑：吕超颖
◇责任校对：张　鑫
◇出版发行：湖南师范大学出版社
　　　　　　地址／长沙市岳麓区　邮编／410081
　　　　　　电话／0731 - 88873071　88873070
　　　　　　网址／https：//press.hunnu.edu.cn
◇经销：新华书店
◇印刷：长沙雅佳印刷有限公司
◇开本：710 mm×1000 mm　1/16
◇印张：18
◇字数：300 千字
◇版次：2024 年 10 月第 1 版
◇印次：2024 年 10 月第 1 次印刷
◇书号：ISBN 978 - 7 - 5648 - 5447 - 8
◇定价：59.00 元

总　序

　　教育兴则国家兴，教育强则国家强。世界强国无一不是教育强国，教育始终是强国兴起的关键因素。近几年，高规格的教育政策陆续出台，教育高质量发展的体制机制建梁立柱，教育关键领域改革聚力突破，教育综合治理落地有声。在建设教育强国、科技强国、人才强国的大背景下，当下中国的教育研究应当做什么？教育研究应当怎么做？或者说，今天的中国需要什么样的教育研究？要回答上述问题，首先要回答的问题是：我们为谁而进行教育研究？这种研究的价值在哪里？

　　我一直认为，教育研究不仅仅是研究别人，而且是在研究和教育"我自己"，研究和教育"我为何而为，何以为之"。教育研究是为"我自己"而进行的生命书写，我在为"我自己"而进行教育研究。我的研究、我的写作、我的沉思都是对我自己教育信仰的安顿，研究对象不是外在于我自己的，像鲁迅先生说的，不是"隔岸观火"，而是"燃烧自己"，是"在写我们自己，发现我们自己"。教育的根本旨归是涵养人的精神，精神成人首在立人，由此教育研究的最终目的是要通过透视人自身的成长经历，塑造人性，完善人格，温润人心，进而反思人类走向何处的问题。教育中的各种困惑实际上就是人对自身存在的困惑，在此意义上，教育其实是对人的一种终极关怀。由此，教育研究就是一种对存在的反思，它反思的是：受教的灵魂知向谁边？这是一个灵魂清洗开悟的过程，一个打开自我枷锁的过程，更是一个理解自我和完善自我的过程。《论语》是这样，《理想国》是这样，《爱弥儿》也是这样，这些大家先贤的教育研究是他们生命体悟、精神成长、自我个性的显现，他们的教育研究从来都不是与自己没有关系的，从来都不是无"我"的。因为无"我"的教育及其教育研究恐怕也不会有"他人"，不会引起生命的共情同理，至多只是无心的阐释、空洞的口号和苍白的说教，这样的研究不会让人享受到幸福感和崇高感。只有真诚面对自己，面对自己的内心，才能写出永不过时的作品，正如锡德尼所说："窥视你的心而后下笔。"有心的东西才有永恒的生命力。爱默生有言，如果诗人写一部真正的戏剧，那他就是凯撒，而不是凯撒的扮演者。真正的写作和研究是在写"我自己"和研究"我自己"，"我自己"才是真正的研究对象，才是真正的作品中的人。福柯在一次访谈中说："每次当我试图去进行一项理论工作时，这项工作的基础总是来自我个人的经验，它总是和我在我周围看到的那些事情有关。事实上，正是因为我觉得在我关注的事物中，在我去打交道的制度中，在我与他人的关系中，我发现了某种破裂的东西，某种单调灰暗的不和谐之处或运转失调的地方，我就会着手撰写一部著作，它实际上是一部自传的几个片段。"因此，福柯终其一生关怀的基本问题始终是"人自身的生活命运"，在他看来，人之为人的基本特点，就在于人是审美性的存在，时刻创造着自我满足的美学存在经验。米兰·昆德拉也曾经说：诗人的写作是为了推翻那些遮蔽真正存在的事物的屏障，诗人必须超越那些已经陈旧的真理，必须拒绝为人们提供浅显的真理，必须寻求那些在这里找不到的真理。也许我们永远都找不到这样的真理，但我期望通过这种写作反省，使自己被束缚的灵魂重新获得自己失去的青春，再次让我们日趋僵化的精神生命涌动跳跃，就像柏拉图"洞穴隐喻"中的那个挣脱绳索的囚徒，他要时刻关注自己的生命。

教育研究是饱含着研究者心血的东西，是对自己进行一种生命体悟式的"周全反思"，这种研究折射了研究者的生活体验，倾注了研究者的个人情感，浸润了研究者的理性思考，在用自己的心灵理解他人的同时也完成了对自己的理解，最终改进了教育实践，提升了教育思想，启发了教育智慧，润泽了教育生活。我们必须承认：我们怎么做教育研究，我们也就成为什么样的教育研究者。教育研究者选择了教育研究，不仅意味着选择了一种工作和职业，更意味着选择了一种生活方式，它占用我们的生命，敞亮我们的生命，呵护我们的生命。诚如社会学家米尔斯所言："作为学者，你有特别的机会来设计一种生活方式，它将促成良好的研究习惯。无论是否认识到这一点，在努力使治学臻于完美的历程中，治学者也塑造自我。我的意思是，你必须在学术工作中融入个人的生活体验，持续不断地审视它、解释它。"从这个意义上说，学术研究应该是研究者的栖息之所，套用海德格尔的话说，我居住，我逗留，我照料自己在教育研究中，这样的研究一定是充满生命力的，因为它是关于"我自己"的研究。柏拉图说，哲学产生于一种惊奇，这种惊奇就是一种渗透理性关怀的对生命的敏感，教育研究何尝不是如此。

当下教育研究中学术研究与"我们自己"的身心分离，学术研究似乎只是一种工作和职业的必要，有时候甚至是一种"晋升职称""获得荣誉""争取经费"的被迫行为，真正的个性精神、生命叙说、心灵澄明被挡在了教育研究之外，这样"生命自我"与"教育研究"对立起来了，学术研究成为外在于"我"的东西，成为"我"不得不去应对的东西。对于学术研究，我们就只关心一件事，即生产研究成果，发表研究论文。然后，研究完成，任务结束，束之高阁，周而复始。我们在工具化的研究中体会不出自我生命的快乐、冲动、解脱、安详、崇高、敬畏，更多的是为提高生产效率而产生的倦态、无奈、压力、焦灼，有时候甚至是痛苦。其实我们正在走向一种严重的异化状态，我们正在努力做着被迫的事情、心里想逃逸的事情。教育研究也因此褪去了它应有的魅力，走向功利研究、工具研究、消费研究，研究这件事变成了我们生命的障碍，我们似乎都是在迎合研究，而不是出于研究本身。我们不能像孔子、苏格拉底、亚里士多德等古代圣贤那样把教育及其研究当作实现自我的生活，当作我们道德生活的目的。我们发明了"职业"这个词，"研究"也因此成为学术人的"职业"而不是"志业"，"职业"的教育研究逐渐沦为一种与灵魂无关的知识传授和科学研究活动，"学术为生"变成了"学术谋生"，研究者的生命价值和精神价值在"职业研究"中似乎退隐乃至消逝了，使得今天的研究活动失去了对人自身生活和精神的引导与关注，使人在学术研究中缺少了一种惬意的价值存在的崇高体验感，我们被各种"知识""技术""制度""评价"再造为某种目的的"科研工具人"。

今天的教育日益为功利所羁绊，更多地被当作一种实用知识与技能训练的消费，成为人们追逐名利的法宝，它摒弃了那些能净化人心灵的古典知识，规限了人拓展生命与精神的空间。在利益得失、欲望骄纵的复杂多变的社会里，教育渐渐失去了其唤醒人心灵解放的理性光辉，成为一种建基于技术工具理性之上的，以符合人的"物化"意愿而提供给人更多的欲望满足。相应的学术研究也导致我们丧失了对"研究"的敬畏之心，有时候"学术"甚至被当成改变命运境遇的工具和功名利禄的阶梯，它满足着人的欲望，诱惑着人的野心。当人对一件事情没有了敬畏之心，也就关闭了入德之门。对此，舍勒说："我们一旦关掉敬畏的精神器官，世界就立即变成一道浅显的计算题。只有敬畏才使我们意识到我们的自我和世界的充实与深度，才使我们清楚，世界和我们的生活具有一种取之不尽的价值财富。"他还说："只有敬畏才在清晰而有限的思想和感觉内蕴含我们空虚和贫乏之时，使我们隐隐地意识到财富和充实；敬畏赋予我们一种感觉，使我们感受到尚未发掘出来，而且在尘世生活中无法发掘的生存与力量之宝藏。敬畏悄然将我们得以施展真实力量的空间暗示给我们：这是一个比我们的时间性生存更伟大、更崇高的空间。敬畏使我们不致对自己作出只会使自己着魔般茫然失措的、正反两方面的结论性价值判断；敬畏不断地给我们铺好绿茵，插好路标，我们走在上面自己探寻自己，也许不免迷途，最终却能找到自己。"敬畏教育，敬畏研究，其实就是敬畏生命；敬畏生命，人才可入德成人。教育研究倘若不通过对人生命存在的反思与理解，那又如何能捕捉隐藏于人的存在与生存策略意识下的种种教育问题呢？

教育是造就新生力量的事业。新生力量意味着赋予新的生命，也即教育要为个体生命的澄明提供指引，祛除其自我深层的内在遮蔽，教育无疑和人的生命密切相关。人是自己意识的对象，是自己感觉、认知、精神、情感、意志、愿望、审美的对象，在马克思那里，人是"按照美的规律来构造"，构造对象，也构造自己，因此，人应该是一种审美性存在。人要走出现代性的困境，恢复人之为人的自然面目，必须寻找人的价值性与审美性存在，凭借审美存在的态度与实践，使主体自身的现状不断地经由反省而有所超越，将自身培养成为独立自由和充满创造活力的价值生命体。审美的人生就是艺术的人生，审慎地对自我设定生活的美学原则，对自身的生存内容、行动方式和生活风格，进行持续不断的艺术创造的实践活动。我们写的书，也是我们审美人生不可分割一部分，我要把它当作一件精美的艺术品，用心地打造和雕刻，用我们全部的身心来创作，这种创作就是我们的审美生活。正如苏格拉底在《申辩篇》中对审判他的法官们说，你们只关心自己的财产、信誉和荣耀，你们没有用"智慧、真理以及灵魂的完善"来关怀自己。我想，我们的写作，正是用我们的智慧、真理以及灵魂来完善我们的生命，关怀我们的生命，润泽我们的生命。《论语·为政》："《诗》三百，一言以蔽之，曰'思无邪'。"告诫我们，人要胸怀坦荡，光明磊落，做一个纯粹的人，做一个有信仰的人。学术，天下之公器也；学者，天下之良心也。学术人，尤其是要纯粹，甚至是要简单。

写就以上文字，反思教育研究中"身心分离"的问题，思考教育研究向何处去，其实是希望我们能涌现出更多、更好的教育研究成果。教育始终与国家发展和民族振兴同向同行。中国的未来发展，民族的伟大复兴，关键在人才，根本在教育。"为学之道，必本于思""不深思则不能造于道，不深思而得者，其得易失"。面对前所未有的发展机遇和严峻挑战，我们清楚地意识到，当下的教育还不适应国家经济社会发展和人民群众接受高品质教育的要求。教育发展的现状，期待我们必须更多地关注实践中的教育问题，思考每一个教育行动的价值和意义，探寻教育改革与发展的新路向，这是时代赋予我们的课题。作为教育研究者，我们要把眼光转向喧嚣的教育事实背后，去寻思那些被热闹所掩盖、浮华所遮蔽、习惯性遗忘的教育问题之域，创塑一种新的眼光、发挥一种新的想象力去了解与看清教育生活中所隐藏的矛盾与扭曲的事实，进而找到一种可行的教育改革进路去提升现实的教育品格。基于此，我们策划了此套丛书，在此要深深地感谢湖南师范大学出版社的大力支持，同时也感谢各位编辑老师的认真审校与勘误。

"衡山西，岳麓东，第一师范峙其中；人可铸，金可熔，丽泽绍高风。多才自惜夸熊封，学子努力蔚为万夫雄"，湖南一师高亢有力的校歌传递出历经千年弦歌不辍的深厚文化底蕴。这里的"丽泽"原义是"两个相连的沼泽"，《易经·兑卦》中云："丽泽，兑。君子以朋友讲习。"朱熹释义："两泽相丽，互相滋益，朋友讲习，其象如此。"后世将之比喻为朋友之间互相切磋。今年是湖南一师的百廿华诞，在这特殊时刻，出版"丽泽·教育学研究丛书"，助力"品质一师"建设，更重要的是希望开启共同愿景：

学者间相互问道，切磋学问，做真学问，行真教育，共同为中国的教育现代化贡献教育智慧和实践经验。

本套丛书的作者大多是湖南一师近年才引进的青年博士和博士后，他们秉承毛主席母校"千年学府、百年师范"的荣光，牢记主席"要做人民的先生，先做人民的学生"的教导，弘扬"传道树人、丽泽风长"的教风，践行"学思并进、知行合一"的学风，从他们身上我们看到了实现我们教育理想的某种可能。尽管他们书中有些观点和论证还显稚嫩和不足，但他们对教育理想的不懈追求，对教育信仰的虔诚敬畏，对教育现实的深厚关切令人感动。"士不可以不弘毅"，我们希望本套丛书能为中国的教育发展奉献我们一师人的一份心力。中国的教育改革之路是怎样的一条路？是哪些东西在遮蔽着我们前进的路？我们不敢说已经找到了答案，但现在我们拿出了勇气去上路，我们已经走在了寻找答案的路途中，关键是我们有一群志同道合的同路人。孟子有云："大人者，不失其赤子之心也。"我们有对教育的信仰，有执着于教育的理想，有我们坚定的守望和无畏的追求，我们一定能达成本丛书既定的目标。子曰："君子不器。"此之谓也。

胡春光
2023 年 10 月写于湖南一师特立北楼 202

序

"国将兴，必贵师而重傅；贵师而重傅，则法度存。"（《荀子·大略》）自古以来，教师就是立教之本和兴教之源。今天在建设教育强国的战略背景下，必然要求优先发展教师教育，健全中国特色教师教育体系。中国特色教师教育体系的建设既要走内涵式发展道路，也要借鉴发达国家教师教育体系形成的历史经验。

自 17 世纪末，英国就开始着手培养小学教师，到 19 世纪中叶初步确立教师教育制度，于二战后开始进行现代教师教育改革，并建立了颇具特色的教师教育体系，以培育卓越的中小学教师。那么，英国的教师教育，尤其是职前教师培养有何成功的经验？黄蓝紫的著作《利益的博弈：二战后英国职前教师教育政策变迁研究》从政策的角度进行剖析和解读，较为清晰地勾勒了现代英国职前教师教育政策变迁的轨迹，为读者认识英国现代教师教育制度及其改革打开了一扇窗口，也为中国特色教师教育体系的建立提供了一定的参考。综观全书，其主要特点可归纳为以下几点：

第一，立足历史分析，史料翔实充分。该书对二战后至 2015 年间的英国职前教师教育政策进行了梳理，并将其变迁的历程划分为恢复与重建期（1945—1979）、强调质量与能力的探索期（1979—1997）、标准化与专业化的成型期（1997—2010）、追求卓越的深化期（2010—2015）四个阶段，较为准确地把握了各个阶段的主要特征：从注重理论和数量转向注重实践和能力；从教师教育自治转向中央问责制；从注重能力转向基于标准；从基于标准转向追求卓越。虽然我国学界对国际教师教育改革关注已久，但对一个国家长达 70 年的职前教师教育政策进行系统的探讨并不多见。

第二，研究思路清晰，明线与暗线交织。该书以二战后英国职前教师教育政策的变迁过程为明线，同时贯穿了不同时期职前教师教育利益相关者的博弈这一暗线。总体而言，推动政策变迁的利益相关者包括职前教师教育的掌控者——政府、职前教师培训权的争夺者——高等教育机构与中小学、自身利益的维护者——教师。不同阶段不同利益相关者之间的利益输送、利益博弈和利益平衡推动了职前教师教育政策的变迁，最终形成了英国职前教师教育领域多元平衡的发展格局。

第三，运用多学科研究方法，构建了比较合理的分析框架。该书综合运用了教育学、历史学、政治学、经济学、社会学等现代多学科研究方法，以利益相关者作为核心理论视角，以政党交替作为纵向划分依据，并且结合公共政策学的相关理论，就二战后不同历史时期英国职前教师教育政策的时代背景、政策目标及实施策略与效果等，形成了一个较为完整的分析框架，以洞察不同时期政治、经济、利益集团等因素对政策制定与变迁造成的影响。

第四，基于利益相关者理论，揭示了英国职前教师教育政策变迁的根本动因。教育政策研究的真正意义，并非政策宣传，而在于探究政策的价值意义，即代表了谁的利益，达到了何种效果。该书通过探究二战后英国职前教师教育政策的变迁，揭示其背后的利益博弈。同时，力求呈现隐藏于职前教师教育政策变迁中复杂的利益冲突，并对各利益相关者的意识形态、利益诉求及行动过程都给予了解释，认为不同的党派、执政党与教师、中央政府与地方政府、高等教育机构与中小学之间的利益冲突直接影响了二战后英国职前教师教育政策的变迁。

这本著作是在黄蓝紫的博士论文基础上修改而成的，该研究进一步拓宽了我国英国教育史研究领域和教师教育研究的国际视野，该成果也富有一定的创新性。作为其本科阶段的任课老师，以及硕士和博士阶段的导师，她在读期间的聪慧灵气和坚定踏实令人印象深刻。我欣喜地看到她在学术的道路上已取得了一些成绩，目前正按照自己的目标积极进取，期待她在今后的学术生涯中取得更大的进步，并在教师教育这一研究领域进行更深入的探讨。同时，我也为这本著作的出版感到由衷的高兴。是为序。

易红郡

2024 年 9 月 18 日

前 言

　　"建设高质量教育体系"和"健全中国特色教师教育体系"是习近平总书记对我国教育发展作出的明确指示，建设中国高质量教师教育体系需要借鉴各国教师教育体系形成的独特的历史和现实经验。英国自18世纪起培养中小学教师，到19世纪中叶初步确立教师教育制度，并于二战后开始进行现代教师教育改革。二战后至今是英国职前教师教育快速发展的重要时期，通过相关政策的推动，英国职前教师教育历经四个发展阶段，分别为：恢复与重建期（1945—1979年）、强调质量与能力的探索期（1979—1997年）、标准化与专业化的成型期（1997—2010年）、追求卓越的深化期（2010—2015年）。同时，二战后英国独特的两党交替执政模式，以及政党、政府、职前教师教育机构等利益相关者之间的利益冲突使得英国职前教师教育政策的变迁彰显着利益属性。因此，本书以政策为切入点，以利益相关者理论为研究视角，通过探究战后英国职前教师教育政策的出台背景、主题内容、实施影响，试图梳理出政策变迁的历史脉络、阶段特征及其暗藏的利益博弈，进而拓宽对英国教育史、教育政策和教师教育体系的研究视野，并为我国特色教师教育体系的构建提供借鉴。

　　鉴于此，本书基于利益相关者的理论视角，将政党交替作为纵向历史时期的划分依据，结合公共政策学的横向分析框架，对不同历史时期英国职前教师教育政策文本进行剖析，探究政策的阶段性议题和影响政策形成的内外动因。同时，通过梳理政策变迁的轨迹并总结其特征，分析导致政策变迁的利益博弈，进而归纳出英国职前教师教育政策变迁的特点，提出对我国的启示。本书主要内容如下：

　　第一，战后英国职前教师教育政策经历了如下四个阶段。二战后至

1979 年的"共识政治"时期，英国职前教师教育政策的主题是重建与扩张。英国政府通过颁布《麦克奈尔报告》《罗宾斯报告》《詹姆斯报告》扩大了职前教师教育规模，提高了职前教师教育学术地位，确立了职前、入职和在职教育一体化的培养路径。1979 年至 1997 年保守党政府执政时期，英国职前教师教育政策的主题是质量与能力。受撒切尔主义意识形态和教师专业化运动的影响，英国政府通过颁布多个政策，拓宽注重实践的师资培训途径，制定能力本位的职前教师教育课程标准，设立多个职前教师教育督查机构，进而确立了质量与能力的职前教师教育政策主题。同时，中央政府逐渐加强对职前教师教育的控制，鼓励职前教师教育机构之间的市场化竞争。1997 年至 2010 年新工党执政时期，英国职前教师教育政策的主题是标准化与专业化。处于世纪之交的英国在"第三条道路"的指导下致力于提高基础教育标准与质量。为此，新工党政府通过不断完善合格教师标准、拓展合格教师准入途径等政策确立了注重标准与专业的职前教师教育政策主题。2010 年至 2015 年，英国职前教师教育政策的主题是追求卓越。联合政府执政之初就确立了培养"卓越教师"的发展方向，通过《培养下一代卓越教师》白皮书、《2012 教师标准》和《卓越教师标准》的颁布实现了培养目标和培养标准的卓越化。

第二，战后英国职前教师教育政策的变迁呈现如下特征。1944 年至 2015 年，英国职前教师教育政策从注重理论和数量转向注重实践和能力；从教师教育自治转向中央问责制；从注重能力转向基于标准；从基于标准转向追求卓越。推动政策变迁的利益相关者包括职前教师教育的掌控者——政府、职前教师培训权的争夺者——高等教育机构与中小学、自身利益的维护者——教师。此外，不同政党、执政党与教师、中央政府与地方政府、高等教育机构与中小学之间的利益博弈直接影响了战后英国职前教师教育政策的变迁。

第三，实现职前教师教育整体利益最大化的途径即构建职前教师教育领域多元平衡的发展格局。首先，应当倡导职前教师教育参与主体的多元化，政府、中介机构、职前教师教育机构和中小学等利益相关者共同参与、协同配合。其次，追求职前教师教育培养模式的多元化，持续开发针对不同生源、多机构共同参与的教师培养模式。最后，实行职前教师教育生源选拔的多元化。

目　录

绪　论 ………………………………………………………… （1）

一、研究缘起 …………………………………………………… （1）

二、研究目的及意义 …………………………………………… （5）

三、概念界定 …………………………………………………… （8）

四、文献综述 …………………………………………………… （14）

五、研究方法 …………………………………………………… （48）

六、研究视角及思路 ………………………………………… （49）

第一章　二战后"共识政治"时期的职前教师教育政策：重建与扩张

………………………………………………………… （55）

第一节　"共识政治"时期职前教师教育政策的背景 ………… （56）

一、凯恩斯主义指导下的国家干预 ………………………… （57）

二、英国基础教育的广泛普及 ……………………………… （60）

三、中小学师资数量和质量的欠缺 ………………………… （64）

第二节　强调数量扩张的职前教师教育政策 ………………… （67）

一、《麦克奈尔报告》：扩大职前教师教育办学规模 ……… （67）

二、《罗宾斯报告》：提高职前教师教育学术地位 ………… （78）

三、《詹姆斯报告》：职前、入职与在职教师教育一体化 …… （85）

第三节　"共识政治"时期职前教师教育政策中的利益博弈 …… （95）

一、大学与教育学院的利益博弈 ································ （95）

二、不同执政党之间的利益冲突 ······························ （97）

第二章 保守党政府时期的职前教师教育政策：质量与能力 ········ （101）

第一节 保守党政府职前教师教育政策的背景 ··············· （102）

一、撒切尔主义与新右派意识形态的影响 ··············· （102）

二、经济危机爆发对职前教师教育改革提出新诉求 ······· （106）

三、职前教师教育扩张与教师专业化运动的矛盾 ········· （109）

第二节 撒切尔执政时期：加强对职前教师教育课标的控制 ··· （112）

一、3/84 通告：突出实践倾向的课程标准 ··············· （112）

二、24/89 通告：注重能力导向的课程标准 ·············· （121）

第三节 梅杰执政时期：加强对职前教师教育的全面控制 ····· （129）

一、ATS、LTS 与 SCITT 计划：拓宽师资供给途径 ·········· （130）

二、9/92 通告和 14/93 通告：强化职前课程标准监管

·· （137）

三、《1992 教育法》与《1994 教育法》：设立师资培训监督

机构 ··· （142）

第四节 保守党政府职前教师教育政策中的利益博弈 ········· （147）

一、新右派与教师意识形态的冲突 ······················· （148）

二、中央政府与地方政府的利益博弈 ····················· （150）

三、大学与中小学之间的利益博弈 ······················· （152）

第三章 新工党政府时期的职前教师教育政策：标准与专业 ········ （154）

第一节 新工党政府职前教师教育政策的背景 ··············· （155）

一、"第三条道路"指导下的新工党改革 ··············· （155）

二、"教育优先"对基础教育质量的要求 ··············· （159）

三、全球化与现代化发展对教师教育的影响 ············· （161）

　　第二节　基于标准的职前教师教育政策 ……………………………（164）

　　　一、不断完善合格教师标准 ………………………………………（165）

　　　二、拓宽合格教师准入途径 ………………………………………（175）

　　　三、保障合格教师标准实施 ………………………………………（181）

　　第三节　新工党政府职前教师教育政策中的利益博弈 …………（183）

　　　一、新自由主义与教师意识形态的冲突 …………………………（184）

　　　二、教师与中央政府之间的利益博弈 ……………………………（186）

第四章　联合政府时期的职前教师教育政策：追求卓越 …………（189）

　　第一节　联合政府时期职前教师教育政策的背景 ………………（190）

　　　一、联合政府的执政理念 …………………………………………（190）

　　　二、基础教育质量的持续下降 ……………………………………（193）

　　　三、经济危机导致高等教育财政补助紧缩 ………………………（196）

　　第二节　追求卓越的职前教师教育政策 …………………………（197）

　　　一、《培养下一代卓越教师》：培养目标卓越化 ………………（198）

　　　二、《教师标准》和《卓越教师标准》：培养标准卓越化………（206）

　　第三节　联合政府职前教师教育政策中的利益博弈 ……………（212）

　　　一、执政党与教师教育者意识形态的冲突 ………………………（213）

　　　二、教师与中央政府之间的利益博弈 ……………………………（215）

第五章　二战后英国职前教师教育政策变迁的审思 ………………（219）

　　第一节　二战后英国职前教师教育政策变迁的利益相关者 ……（220）

　　　一、政府：职前教师教育的掌控者 ………………………………（220）

　　　二、教育机构：职前教师培训权的争夺者 ………………………（226）

　　　三、教师：自身利益的维护者 ……………………………………（229）

　　第二节　二战后英国职前教师教育政策变迁的表现 ……………（231）

　　　一、从注重理论和数量转向注重实践与能力 ……………………（232）

二、从教师教育自治转向中央问责制 ·················· （236）

三、从注重能力转向基于标准 ·························· （237）

四、从基于标准转向追求卓越 ·························· （239）

第三节 英国职前教师教育政策变迁中的利益博弈 ·········· （241）

一、政党意识形态的博弈 ······························ （241）

二、教师与中央政府的利益博弈 ······················ （243）

三、教育机构之间的利益博弈 ························ （244）

结　语 ·· （246）

一、二战后英国职前教师教育政策变迁的特征 ········ （246）

二、启示 ·· （249）

参考文献 ·· （252）

后　记 ·· （270）

绪　论

一、研究缘起

问题是研究的起点，年鉴学派创始人吕希安·费弗尔指出：“提出一个问题，确切地说是所有史学研究的开端和终结。没有问题，便没有史学研究。”① 教育学研究也是如此。如题所示，本研究围绕职前教师教育、政策变迁、利益相关者、英国这几个关键词展开，因此，研究缘起也与以上关键词相关。

（一）职前教师教育政策研究的重要性

“百年大计，教育为本。”习近平总书记在十九大报告中指出，建设教育强国是中华民族伟大复兴的基础工程，因此，务必优先发展教育。怀特海认为，最理想的教育取决于几个不可或缺的因素，即教师的天赋、学生的智力类型、他们对生活的期望、学校外部所赋予的机会，以及其他相关的因素。② 教师是教育事业发展的根基和源头。也可以理解为，教师的质量就是教育的质量。在全球化的背景之下，综合国力的竞争演变为教育实力的竞争，许多国家都把建设优质教育体系作为 21 世纪的基本国策。优质教育必须依靠高质量的教师。研究表明，在影响学生发展的因素之中，教师占有极大权重。而基础教育阶段教师的数量供给和质量提升主要由我国教师教育体系完成，因此，教师教育体系的质量高低将直接影响我国基础教

---

① 姚蒙．法国当代史学主流：从年鉴派到新史学［M］．香港：三联书店出版社，1998：47．
② ［英］怀特海．教育的目的［M］．庄莲平，王立中，译．上海：文汇出版社，2012：7．

育教师队伍的质量和整体教育水平。[1] 职前教师教育是教育发展的"工作母机"，也逐渐成为教育研究中的热门领域。

职前教师教育政策是由执政党及国家相关教育机构所制定的，关于一定时期内该国家教师职前培养阶段实践和发展的行动准则。其内容涵盖了职前教师教育目标、课程、实践等各个方面。职前教师教育政策对该国职前教师教育实践直接产生主导性作用，职前教师教育政策的变迁也体现出该国家的职前教师教育在某一特定时间内经历的变革方向。也可以理解为，职前教师教育政策是我们研究个别国家或一定历史时期内职前教师教育发展状况及方向的最佳着手点。

因此，对职前教师教育政策文本的解读与分析，有助于我们理解特定时间段内，特定国家区域对于职前教师教育的目的诉求、规制及保障措施。通过历史维度对不同时间段内职前教师教育政策的变迁进行梳理，更加有助于我们从宏观层面把握职前教师教育的发展现状、路径及趋势，进而探究职前教师教育政策变迁的背景、原因、效果，最终立体、全面地审视其职前教师教育的整体发展状况。

（二）英国职前教师教育政策的独特性

第一，英国的法律及政策存在独特性。孟德斯鸠指出："英格兰的政策不为某一个人量身定制，而无视另一人，因此，人人自视为君王，享有政治自由。事实上，这个国家的人彼此之间与其说是僚臣，毋宁说是盟友。"也可以理解为，在英国，法律和政策的出台并不取决于一方独断，而是多方诉求的综合。英国的民主政治使法律和政策背后如同一场球赛，存在着多方争斗，多方对垒，在辩论和分歧中做出协调，最终以合法形式呈现。[2]

第二，英国职前教师教育政策的制定过程存在独特性。受英国传统经验主义影响，当英国人追寻事实时，他的方法是以严肃的态度，集中注意力，冷静观察和精密分析。[3] 受其影响，英国在包括职前教师教育政策在内的教育政策决策过程中形成了一种尊重经验的程序，即从问题开始，成立

---

① 朱旭东. 中国现代化教师教育体系建构研究 [M]. 北京：北京师范大学出版社，2014：1.
② ［英］艾伦·麦克法兰. 现代世界的诞生 [M]. 上海：上海人民出版社，2013：182.
③ 阎宗临. 欧洲文化史论 [M]. 桂林：广西师范大学出版社，2007：56.

调查委员会，再提出调研报告，形成白皮书，经公众讨论后制定相应法案。展开来说主要通过以下 3 个步骤：第一步，专家建议与职前教师教育政策问题的提出。政府组织来自各个行业的专家们集中对产生重大影响或引起社会广泛关注的教师教育热点问题进行探讨，来自不同领域的专家根据自己的学术基础，以及代表自己领域的群体利益对问题提出看法和建议，最后汇总提交至政府相关部门。第二步，教育政策议题的社会公开讨论。在第一步中提出的问题将印刷在英国影响力较大的报纸刊物上，通过各种途径加以传播，供民众阅读讨论，并提供专门渠道供民众将自己的意见反馈至政府。第三步，经专家研究、社会讨论之后，几近成熟的政策草案将提交至英国议会，通过上、下院进行表决最终决策出台。① 这样通过代表不同利益群体、不同阶层群体共同参与、商讨后制定出台的职前教师教育政策具有极大的特殊性。政策制定过程的复杂性、多元性也值得深入探究。

第三，二战后英国职前教师教育政策的变迁也存在独特性。一方面，二战后英国处于工党与保守党两大党派轮流执政的政治状态，两党政治的形态对英国教育政策制定和决策影响深远，职前教师教育政策的内容受政治影响很大。另一方面，二战之前的英国职前教师教育由教师与教会主导，政府对其干预力度较弱。二战之后，政府开始逐渐加强对职前教师教育的控制。英国学者指出："在新工党执政的 15 年里，英国的教师教育已经成为一个由政府严密控制的国家体系。这一行动的后果之一是，教师教育现在同不断变化的国家政治密切相连。"② 因此，英国职前教师教育政策的变迁与执政党的交替密切相关，英国职前教师教育发展的趋势也与轮流更替的执政党对于职前教师教育的理念密切相关。

综上所述，英国职前教师教育政策制定过程的多元性和复杂性，以及其变迁趋势的独特性构成了英国职前教师教育政策的特殊性。这种特殊性为我们多视角、多维度分析英国职前教师教育政策提供了基础，也造就了英国二战后至今从扩张数量走向追求卓越的职前教师教育发展道路。

① 吴遵民. 教育政策学入门 [M]. 上海：上海教育出版社，2010：133.
② JOHN F, OLWEN M, ANNE C, et al. Partnership, policy and politics：initial teacher education in England under New Labour [J]. Teachers & Teaching, 2008, 14 (4)：307–318.

（三） 我国职前教师教育改革的必然性

中华人民共和国成立之初，教育部于 1951 年召开第一次全国初等教育和师范教育会议，对各级各类师范教育机构进行统一规整，奠定了建国初期我国职前教师教育的基础格局。受限于建国初期薄弱的经济文化基础，我国借鉴苏联的师范教育制度，建立以中等师范学校、师范专科学校、师范学院/大学为培养主体，独立、封闭、定向培养的三级职前教师教育体系。① 然而，职前教师教育在十年"文化大革命"中受到严重摧残。20 世纪 70 年代，我国中小学师资队伍数量不足、质量下降、农村落后地区师资缺口大等问题逐渐暴露。同时，初步建立的师范教育体系遭受严重破坏，多数师资培训机构在"文革"期间停办，职前教师教育几乎成了无源之水。

20 世纪 90 年代后，随着改革开放的逐渐深入和社会经济文化事业的发展，大部分地区义务教育普及任务基本完成，我国对基础教育的需求由量转为质，对师资质量也提出了更高要求。此时，创建高素质、专业化的教师队伍成为了 21 世纪职前教师教育的首要任务，教师教育内部开始注重教师学历层次的提升和职前教师教育结构的调整。1999 年，教育部出台相关政策，明确提出了建立"以师范院校为主体，其他高等学校积极参与；中小学教师来源多元化；师范教师层次结构重心逐步升高；职前职后教育贯通"的开放教师教育体系。② 21 世纪起，全国师范院校开始了合并、重组、升格的浪潮，具体变化如下。第一，职前教师教育层次由三级变为二级，中师层次基本取消，五年制大专的小学师资培养模式开始崭露头角。第二，职前职后一体化的局面在机构设置方面基本实现。第三，北京师范大学、华东师范大学、湖南师范大学等少数质量上乘的独立师范学院得以保留，师范教育依然是其办学特色和重点学科，同时也开设了非师范专业。第四，部分综合性大学开设教育研究院，承担教师职前培养和继续教育的职责。我国也逐步确立了定向培养与非定向培养并存，综合、开放且灵活的职前

---

① 国家中长期教育改革和发展规划纲要（2010—2020 年）［EB/OL］.（2010 - 07 - 29）［2020 - 02 - 02］. http://www.gov.cn/jrzg/2010 - 07/29/content_ 1667143.htm.

② 朱旭东，胡艳. 中国教育改革开放 40 年·教师教育卷［M］. 北京：北京师范大学出版社，2018：5.

教师教育发展方向。

纵观我国职前教师教育政策的演变路径，不难发现其在紧跟社会宏观发展方向，服务于社会所需的同时，愈发注重微观层面政策的制定与落实。正确的政策制定方式和高效的政策落实程度推动我国职前教师教育发展取得一定成就。例如，基础教育教师数量供应充足，平均师生比下降；学前和基础教育教师的学历水平大幅度提升；职前教师教育机构办学体系和层次更加合理。同时，定向型与非定向型职前教师教育的矛盾、职前教师教育途径的多样化和生源的优质化等一系列问题仍然有待解决。

"努力造就一支师德高尚、业务精湛、结构合理、充满活力的高素质专业化教师队伍"是我国在2010年颁布实施的《国家中长期教育改革和发展规划纲要（2010—2020年)》中明确提出的要求，也对职前教师教育构成了艰巨挑战。[①] 科学合理地制定职前教师教育政策，按时落实政策内容，及时评估实施效果是解决上述问题的重要举措。剑桥大学艾伦·麦克法兰教授曾说："英格兰的教育制度是我们理解现代世界起源之谜的关键，正如中国的儒家教育制度是凝聚昔日中华文明的关键。"[②] 英国职前教师教育发展中遇到的问题、采取的政策措施，以及这些政策的制定和执行过程都将予以我国一定程度上的借鉴意义。

二、研究目的及意义

（一）研究目的

研究起源于问题，研究目的在于解决问题。本研究起源于二战后英国职前教师教育政策的发展变迁，在通读相关史实资料后，试图以引起变迁的主要因素"利益冲突与博弈"为着眼点。利益诉求的不同是导致政策变迁的原因，利益博弈是使得变迁得以发生的手段。而政策变迁的冲突又起源于利益纷争，事物的发展都是历经部分群体在利益的驱动下，通过各种

---

① 朱旭东. 中国现代教师教育体系建构研究［M］. 北京：北京师范大学出版社，2014：1.

② ［英］艾伦·麦克法兰，刘兆成. 现代世界的诞生［M］. 上海：上海人民出版社，2013：232.

活动，促使建立有利于实现自身利益的制度而实现的。① 通过进一步研究发现，二战后，英国职前教师教育政策的变迁实际上是各种与职前教师教育利益相关的利益团体为实现自身利益最大化而进行的博弈过程，博弈的最终结果通过"政策"这一合法性的成果得以实现。政策的制定、执行及变迁都是矛盾冲突的集中体现，也充斥着各个利益相关者的相互博弈。因此，想要真正认识英国职前教师教育发展的动力和变迁的原因，必须先研究其职前教师教育政策发展变迁中存在的矛盾运动，梳理并展现隐藏在职前教师教育政策背后的利益博弈。

综上可知，本研究以二战后英国职前教师教育政策为出发点，致力于解决以下 3 个层面的问题：第一，利益相关者视角下，二战后英国职前教师教育政策在不同阶段的主题是什么？为什么会形成该主题？不同阶段之间经历了怎样的转变？第二，导致职前教师教育政策呈现阶段性变迁的利益相关者是哪些？他们各自的利益诉求是什么？如何进行利益博弈从而影响到职前教师教育政策变迁？第三，二战后英国职前教师教育政策的特点是什么？导致特点形成的动因有哪些？对我国有何借鉴意义？

（二）研究意义

1. 理论意义

首先，有利于丰富我国对英国职前教育及职前教师教育政策的理论研究。教育政策既是教育研究的重要领域，也是近年来兴起的教育学分支学科，职前教师教育政策是教育政策研究的重要组成部分。纵观历史长河，各国职前教师教育政策的出台和颁布，无不强有力地彰显了国家对教师教育发展的高度重视。在职前教师教育发展进入新时期之际，党和政府更是从社会结构转型与教师教育改革的高度上，认识到教师教育优先发展战略地位的重要性。目前，我国学界对于职前教师教育政策研究中的国别取向，依旧以美国为重。因此，本研究对于丰富英国教育以及职前教师教育政策的研究成果及研究深度有重要的理论意义。

其次，有利于深化对英国职前教师教育研究的认识。近年来，国内学

---

① 梁淑红. 利益的博弈：战后英国高等教育政策的制定过程研究 [M]. 北京：光明日报出版社，2012：10.

者开始逐步重视英国职前教师教育研究，成果也呈现迅速增长的趋势，但依旧存在诸多研究薄弱领域。例如，对英国职前教师教育政策的研究多停留在介绍性梳理、背景分析、结果评析等宏观研究层面，对于政策出台的过程缺乏立体、多元的分析。对于政策阶段性的划分也基本停留在政治史或文化史层面，基于利益博弈的特点和趋势进行阶段划分的研究成果较少。因此，研究利益相关群体参与下的英国教师教育政策制定以及变迁原因和阶段划分，可以深化对英国职前教师教育的认识。

最后，有利于探索新的理论分析视角。利益相关者理论诞生和兴盛于美国的经济学、管理学和政治学界，随着其影响力的不断扩大，全球学界逐渐开始使用该视角研究教育相关问题。但目前此类研究成果在教育学界的研究广度和探索深度较为有限，从利益相关者的视角研究职前教师教育政策问题，在我国尚不多见。因此，该选题有其存在的价值。为什么出台这项政策？政策内容的制定依据是什么？哪些群体从这项政策中受益，又有哪些群体的利益因此受损？政策制定和实施过程中会产生哪些利益冲突？以何种方式协调或者化解冲突？从以上角度思考职前教师教育政策可以使我们的研究视域更为宽泛、立体，从而为教育政策研究打开一片新视域。①本选题以利益相关者理论为研究视角，对英国职前教师教育政策制定过程中所涉及的利益相关者及其利益诉求、表达方式和利益博弈进行系统探究，可以完善教育政策研究的理论视角，有助于更深入地理解教育政策的本质。

2. 现实意义

本研究同样可以成为我国职前教师教育政策制定的他山之石。虽然我国的政治体制、政策模式和英国不可同日而语，无法直接借鉴英国的做法。但针对我国职前教师教育改革以及职前教师教育政策制定过程中的一些问题和困境，英国的经验和教训可以提供有益的借鉴。

随着政治愈加民主化，我国的公共政策制定过程逐步公开化并更加关注民众的参与，尊重和协调大部分人的利益。但由于我国传统文化的影响和政策受外在环境制约的特性，政策在制定、实施过程，以及最终效果上

---

① 周世厚. 利益集团与美国高等教育治理——联邦决策中的利益表达与整合 [M]. 北京：中央编译出版社，2012：26.

依旧存在不尽如人意的现象。例如教师资格证的改革、师范生培养的改革等。对此，有些教师教育机构埋怨政策出台时没有考虑实际培养情况、学校负担以及人员管理任用上的缺陷，也没有预见到一些问题。因此，在对现行政策进行修正改进的同时，我们可以从理论上反思一下政策制定环节。为何没有在制定的时候充分预见可能出现的后果，以及为何没有在政策制定时充分考虑包括教师、学生、培养机构等在内的利益相关者的建议。

正如习近平总书记于2015年访英国期间发表演讲时指出，英国是最先开始探索代议制的国家，英国议会有"议会之母"之称，中国在全面推进依法治国的进程中，既要吸收中国古代的民主法治思想，也要借鉴世界各国的有益做法。① 本研究以二战后英国职前教师教育政策的变迁为例，不仅分析了英式民主制度下英国教育决策的程序民主和权力制衡机制，还分析了各利益相关者如何在法治的轨道上表达和追求自身利益诉求。笔者相信，这部分研究内容对于我国职前教师教育政策制定的民主化和法制化进程，以及职前教师教育的改革与发展也有一定的启发意义。

三、概念界定

本研究涉及的主要概念有教育政策（Educational Policy）、职前教师教育政策（Teacher Educational Policy，也称 Teacher Training Policy）、利益相关者（Stakeholder）。其中职前教师教育政策是本研究的核心概念。

（一）教育政策

关于教育政策，国内外学者定义如下。维基百科中将教育政策描述为："教育政策是教育领域的原则、规则及政府的政策制定，是用于规范教育领域行为，制定教育行业规则的总称。"② 也有学者认为："教育政策是教育领域的原则和政府决策，如同管理教育系统运作的法律和规则集合体。"③

———————————

① 新华网. 习近平英国议会演讲［EB/OL］.（2015 - 10 - 21）［2018 - 12 - 02］. http：// news. xinhuanet. com/world/2015 - 10/21/c_ 1116897539. html.

② Education Policy［EB/OL］.（2024 - 05 - 18）［2024 - 07 - 13］. https：//en. wikipedia. org/ wiki/Education_ policy.

③ BELL L, STEVENSON H. Education policy：Process, themes and impact［M］. London： Routledge, 2006.

在我国，《辞海》将"教育政策"精准概括为："政府或政党所规定的行动准则。"① 袁振国则进一步将其定义为："教育政策是国家或政党为完成一定时期内的教育任务所制定的行为准则。"② 叶澜提出："教育政策的制定者是政府或政党，主要内容是关于教育的方针及政策，展开来说即一定历史时期内，国家或政府在教育领域设定的总任务和总方针。"③ 还有学者围绕政策与法律的关系，将教育政策解释为："政府或政党为实现一定历史时期教育发展目标，依据教育方针、培养目标而制定的，协调教育内外关系的公共行动准则体系。"④ 以上几位学者均从静态角度去理解和定义教育政策。随后，孙绵涛将教育政策视作一个动态发展过程继续予以完善，将教育政策定义为一种有明确目的和固定组织的动态发展过程，是政治实体在一定历史时期，为实现一定教育目标而协调教育各要素之间关系所规定的行动依据及准则。⑤ 吴遵民从教育政策的对象及本质上将其定义为："以教育活动及其问题为研究对象，本质上是政府、政党和有关组织解决教育问题的一种政治性行为，是有关教育权力和利益的分配规定。"⑥

综上所述，从各学者对于"教育政策"所做出的概念界定中可以归纳出如下两个结论。第一，各学者对于"教育政策"的概念普遍存在的分歧点为：教育政策是一种静态的文本形式，还是一种动态发展的行为准则？第二，各学者对于"教育政策"也存在一个共同认知：教育政策体现了某一时期内，政府、执政党及国家关于教育活动所制定的方针、准则。因此，教育政策具备政治性、时段性、时效性、服务性及目的性。

本研究将"教育政策"定义为：政府或执政党所代表的公共权力机构，为实现特定时期内设立的教育领域目标，解决特定时期内出现的教育领域问题，通过固定的流程，平衡各方的发展，所协商制定的教育目的方针或行动方案；其下位概念包括基础教育政策、中等教育政策、高等教育政策、

① 夏征农. 辞海 [M]. 上海：上海辞书出版社，1999：19.
② 袁振国. 教育政策学 [M]. 南京：江苏教育出版社，1996：115.
③ 叶澜. 教育概论 [M]. 北京：人民教育出版社，1991：148.
④ 蔡连玉. 教育政策与法律 [M]. 北京：高等教育出版社，2012：4.
⑤ 孙绵涛. 教育政策学 [M]. 武汉：武汉工业大学出版社，1997：10.
⑥ 吴遵民. 教育政策学入门 [M]. 上海：上海教育出版社，2010：1.

教师教育政策、学校教育政策等与教育相关的子领域政策；其表现形式包括法案、方针、战略、规划、纲要、条例等外显的形式及相应的行动策略等动态行为。教育政策随着教育领域的发展而不断发展更新，是一个历经商讨、制定、执行、评价、反馈、再商讨、制定的循环过程。

（二）职前教师教育政策

早期的职前教师教育被表述为"师范教育"，产生于 17 世纪末的德国和法国，是旨在培养合格教师的一种教育模式。随着教育普及化程度的逐步提高和理念的更新，以及终身教育思想的影响，师范教育逐渐向高等教育层次发展，其开放程度日益提高，内涵也进一步拓展和延伸。1966 年，联合国教科文组织首次提出"教师教育"这一概念，将教师的培养分为职前教育、入职教育和在职教育 3 个连续阶段，更为准确地界定了新时代背景下教师教育的含义，也将其与旨在职前阶段培养教师的"师范教育"区别开来。英国教师教育与师范教育的首次严格划分处于 20 世纪 70 年代，《詹姆斯报告》（*The James Report*）提出"师资培训三段论"，将教师教育定义为包括普通高等教育、入职培养、在职培训 3 个阶段的连续性教育模式。①本研究主要针对教师入职前的普通高等教育阶段。

关于教师教育政策定义的表述大致如下。王立科将教师教育政策定义为：执政党或者国家为达到某个阶段的教师教育目标，实现一定历史阶段的教师教育任务而制定的行为准则或保障法规，其目的包括保障和规范教师教育行为活动。②孙绵涛对其概括性表述为："教师教育政策是教育政策的一种，是执政党和国家为调动教师积极性，提高教育质量，从而对教师的要求及待遇方面做出的准则性规定。"③陈永明在《教师教育研究》中将教师教育政策定义为："属于教育具体政策的，执政党和国家根据教育基本政策，为解决教师教育问题而制定的具体政策法规的总和。"④杨跃将这一概念深化扩展为："教师教育政策是政府、政党及其政治团体在特定历史时

---

① 易红郡. 战后英国高等教育政策研究 [M]. 长沙：湖南师范大学出版社，2016：89.
② 王立科. 我国教师教育政策发展三十年回顾与展望 [J]. 国家教育行政学院学报，2009（1）：30－35.
③ 孙绵涛. 教育政策学 [M]. 武汉：武汉工业大学出版社，1997：318.
④ 陈永明. 教师教育研究 [M]. 上海：华东师范大学出版社，2003：130.

期，为实现教师教育发展目标，解决教师教育发展中存在的问题，依据党和国家在该时期的基本任务、基本方针以及教育基本政策而制定的，关于教师教育发展和实践的行动准则。具体涵盖对教师培养、任用、考核、在职培训等层面的行为规定，还包括对教师工资、晋升、奖惩及其他福利和职业规划等方面的要求。"①

尽管目前学界对教师教育政策的界定不尽相同，但依旧可以归纳出以下几点共识。首先，教师教育政策的制定主体为执政党及国家教育相关机构，其针对对象为广大教师。其次，教师教育政策属于教育政策，教师教育政策同样具有阶段性、时效性及目的性。但在对教师教育政策目的的解读上，学者们表现出了不同态度。早期对教师教育政策进行界定的学者，多将其目的定义为实现教师教育发展目标、规范教师教育活动、解决教师教育问题。但随着教师专业化运动的兴起和教师社会地位的提升，越来越多的学者认为，教师教育政策不仅在于规范约束，同样在于保障教师利益，包括教师的专业化提升、福利待遇等方面。

综上所述，职前教师教育政策是教师教育政策的一个组成部分。因此，本研究将职前教师教育政策定义为：由政府或国家教育机构制定颁布的，针对教师入职前普通高等教育阶段，符合当下教育发展需要，为实现特定时间段内设立的职前教师教育发展目标，对培养、选拔、任用等教师教育相关活动作出规定，并保障教师相关权益的动态行为。其形式包含法案、报告、方针、战略、规划、纲要、条例。需特别指出的是，20世纪60年代起，"师范教育"这一概念也逐渐被"教师教育"这一理念所取代，世界各国开始致力于从师范教育向教师教育的转型。本研究针对的时间段为20世纪40年代至2015年，因此，20世纪40至60年代间，关于"师范教育"的教师教育政策也包含在本研究内。此外，学前教育已经发展为一门专门学科，因此，本研究中的"职前教师教育政策"主要针对中小学教师。

（三）利益相关者

米切尔·伍德对1963年至1997年有关利益相关者的代表性概念进行了

---

① 杨跃. 教师教育学 ［M］. 北京：北京师范大学出版社，2016：266.

汇总。① 其中，弗里曼与克拉克森的表述较为典型，具有一定代表性。同时，这两种概念界定的对比也凸显出当时学术界对此概念界定的不同意见。弗里曼认为："利益相关者是能够影响一个组织目标的实现，或者受到一个组织实现其目标过程影响的人。"② 这个概念直观且广泛地描述了利益相关者与组织之间的关系。与此相反的是，克拉克森认为狭义概念上的利益相关者是自愿或非自愿风险承担者："自愿的利益相关者承担着某种风险，这是由于他们在企业中投入了某种形式的资本、人力或财力、某种有价值的东西。而非自愿的利益相关者是由于企业活动使其承担着风险。"③ 此外，黑尔等学者提出："利益相关者是指那些对企业有合法要求权的团体。他们之间的联系通过交互性关系的建立而存在，即他们向企业提供资源，企业相应地满足其个人利益目标。"④

我国学者陈宏辉尝试结合关联性和投资专用性两个维度来界定利益相关者。在他看来，利益相关者是指那些在企业中进行了一定的专用性投资，并承担了一定的风险的个体或群体，其活动能够影响该企业目标的实现，或受到该企业目标实现的影响。这种定义将竞争对手、自然环境、非人物种等一些非利益相关者排除在外，使得利益相关者的内涵更加清晰和具体。既规定了利益相关者最重要的特质，又明确了利益相关者的边界。⑤

以上学者关于"利益相关者"的概念界定均基于经济学、管理学的学科领域，在教育学的学科视野中，我国学者在借鉴已有定义的基础上分化、演绎出符合我国学科实际的利益相关者概念。胡赤弟等人认为，利益相关者可以分解为"利益"和"相关者"，"利益"代表利益相关者的质规定

---

① MITCHELL R K, AGLE B R, WOOD D J. Toward a theory of stakeholder identification and salience: Defining the principle of who and what really counts [J]. Academy of management review, 1997, 22 (4): 853 – 886.

② FREEMAN R E. Strategic management: A stakeholder approach [M]. Boston: Pitman, 1984. 4.

③ CLARKSON, M. A risk based model of stakeholder theory. Proceedings of the European Concern? [M]. London: The Falmer Press, 2003.

④ HILL J. Stakeholder-agency theory [J]. Journal of Management Studies, 1992, 29 (2): 131 – 154.

⑤ 陈宏辉. 企业利益相关者的利益要求: 理论与实证研究 [M]. 北京: 经济管理出版社, 2004: 100.

性，而"相关性"代表利益相关者的量或程度规定性，两者缺一不可。据此，他们认为高等教育的利益相关者，是指对大学有一定"投入"的基础上，能从大学获得一定利益并产生一定影响的各类主体（个人或群体）。①由此推断出，其所指的"质的规定性"与学者陈宏辉定义中所指的"投资专用性"基本上是同义的，且胡赤弟所提的"量或程度规定性"又与陈宏辉定义中的"关联性"意义相似，胡赤弟对于高等教育利益相关者的界定与陈宏辉的界定可谓殊途同归。张国强认为，教育政策中"利益相关者"的界定尤为特殊，不同教育政策分配利益的范围不同，所涉及的利益相关者也有区别。不仅包括中央—地方、政府—教育行政部门、教育行政部门—学校、学校—教师—学生—家长之间的利益关系，还会涉及教育行政部门—企业等社会力量，学校—学校、地区—地区，以及各级各类教育之间的利益关系；不仅包括全局利益和局部利益，而且包括大量的部门利益和个人利益；不仅有直接利益相关者，还有大量的间接利益相关者。因此，应当根据教育政策所针对的对象和内容，具体问题具体分析具体界定。②

综上所述，本研究中的利益相关者是指，对于英国职前教师教育政策的制定具有合法参与权，与职前教师教育政策呈现出交互性利益影响关系的特定群体。即该类群体既参与了政策的制定，在参与过程中运用各种策略呈现或实现自身利益诉求，同时其利益又被政策实施的结果所直接影响。

（四）英国

根据英国国防部 2009 年发布的《英国地名指南》（*Toponymic Guidelines for the United Kingdom*），现代英国的定义是指：大不列颠及北爱尔兰联合王国（United Kingdom of Great Britain and Northern Ireland），通常称为联合王国（United Kingdom，UK），为君主立宪制国家，由英格兰、苏格兰、威尔士和北爱尔兰 4 个部分组成。事实上，关于北爱尔兰、苏格兰和威尔士民族主义的争论在历史长河中一贯强烈，截然不同的"文化民族主义"导致

---

① 胡赤弟，田玉梅. 高等教育利益相关者理论研究的几个问题［J］. 中国高教研究，2010（6）：15－19.

② 张国强. 教育政策中的利益相关者及其博弈逻辑［J］. 河北师范大学学报（教育科学版），2014（2）：90－94.

"英国"各辖区政治、教育等方面不尽相同。[①] 政治管理角度中，苏格兰和威尔士地区于 1997 年工党政府上台后建立了地方议会，在司法、交通、教育等领域拥有立法权和行政权。北爱尔兰地区基于 1998 年签订的《北爱和平协议》（又称《贝尔法斯特协议》）建立北爱尔兰地方议会，拥有立法权。[②] 在教育制度方面，北爱尔兰和苏格兰地区实行独立的教育体制和政策。威尔士虽拥有地方议会的教育立法权，独立管理辖区内的中小学，但许多制度政策均沿用英格兰地区。因此，本研究中的"英国"职前教师教育政策特指二战后英格兰和威尔士地区所施行的职前教师教育政策，北爱尔兰和苏格兰地区不在研究范围内。

四、文献综述

为了对国内外已有的相关研究成果有较为全面的回顾，笔者使用了多种类型的文献检索途径。纸质文献的获取主要来自中国国家图书馆、北京师范大学图书馆、湖南师范大学图书馆、湖南省图书馆借阅的馆藏书籍，以及当当网、孔夫子旧书网购买的相关著作。电子文献的来源主要有 3 类路径：第一类为不同类型的搜索引擎，如百度、必应、google 等。第二类为各种类型的资源库，国内如"知网""人大复印报刊资料数据库""读秀数据库"等；国外较为常用的"Taylor&Francis""JSTOR""CALIS""Springer""ScienceDirect"等。第三类为英国政府、官方组织机构在主流媒体的官方网站。为便于研究分析，根据本研究所针对的研究问题，拟从以下几个维度进行综述。

（一）关于英国教师教育的历史研究

笔者于中国知网搜索栏输入"英国教师教育""英国教师培训"，以关键词和主题为分类进行搜索，主题相关的文献共 910 篇。在高校图书馆，以及当当网、孔夫子旧书网、超星读书网检索"英国教师教育"，发现针对英国教师教育深入研究的著作并不丰富，更多研究散见于对国际教师或师范

---

① ［英］杰里米·布莱克. 英国简史［M］. 廖文静，译. 武汉：华中科技大学出版社，2016：219.

② 钱乘旦，许洁明. 英国通史［M］. 上海：上海社会科学院出版社，2017：353.

教育进行研究时涉及英国的教师教育。通过输入"teacher education in UK or England""teacher training in England"等关键词进行检索，可以发现英国学者对于本国教师教育进行的研究较为丰富，时间跨度包含 19 世纪至今，内容维度涵盖教师培训、教师教育、教师专业化等。通过对文献的梳理可初步判断，横向视域中，国内外学者对于英国教师教育的研究切入点主要集中在"培养模式""教育改革"这两个领域。纵向视域中则多以宏观视角，梳理剖析英国教师教育的发展历程。

1. 英国教师教育的历史发展研究

英国教师教育起源于 19 世纪，英国学者邓特在《英格兰和威尔士的教师培训：1800—1975》（*The training of teachers in England and Wales：1800—1975*）一书中，以历史叙事的方式整体回顾了 1800 至 1975 年间，英国教师教育的发展历程，但并未对其发展阶段做出划分。笔者大致将其总结为以下三个阶段：19 世纪初教会主导，培训学院承担的职前培训；19 世纪末教会淡出，大学加入，日间培训学院承担，包含职前培训和在职训练；二战后大学主导，地区师资培训组织承担，职前、入职、在职教育一体化的历史发展过程。① 大卫·克鲁克在《教师教育作为一个历史研究领域：回顾与展望》（*Teacher education as a field of historical research：retrospect and prospect*）中基于学科史的角度，以 History of Education 自 1972 年创刊以来出现的所有教师教育研究相关论文为研究对象，从政治、社会和教育变革的角度，探讨了教师教育研究的实例。他还提出，与教师教育相关的研究在 20 世纪 90 年代达到顶峰。②

与此同时，我国学者对这一时期内的英国教师教育进行了详细的脉络梳理与清晰的阶段划分。顾明远等主编的《世界教育大系·教师教育》以教师培训机构的发展为线索，简要梳理了 18 世纪到 20 世纪 90 年代英国的教师教育发展历程。③ 梁忠义根据英国教师教育发展的状态变化，将 19 世

① DENT H C. The Training of teachers in England and Wales（1800—1975）［M］. London：Hodder，1977.

② CROOK D. Teacher Education as a field of historical research：retrospect and prospect［J］. History of Education，2012，41（1）：57−72.

③ 顾明远，梁忠义. 世界教育大系·教师教育［M］. 长春：吉林教育出版社，2000.

纪至 20 世纪 70 年代的英国教师教育分为萌芽、初步发展、战后初期重建及 20 世纪 60 至 70 年代的提高完善这四个阶段，以便于读者更为清晰地掌握其发展脉络。① 华中师范大学李先军在其学位论文《英国近现代教师教育发展研究》中，将英国职前、在职、职后教师教育发展研究的时间范围扩大到从 18 世纪末至 21 世纪初，按照发展趋势，以导师制的产生、公立师范学校的创办、《麦克奈尔报告》和《詹姆斯报告》的发表等为时间节点，将英国教师教育的发展分为初创期（18 世纪末至 19 世纪末）、定型期（19 世纪末至二战前）、发展期（二战后至今）这三个阶段。通过回顾与审视英国教师教育的起源和各个历史发展阶段中的不同形态，对英国教师教育的发展进程做出客观评价。②

肖甦主编的《比较教师教育》同样按国别从历史演进、政策与管理制度、教师职前职后教育制度等维度，对包括英国在内的几个代表性发达国家以及中国的教师教育进行详细介绍和客观比较，从而提炼出各国教师教育的特色以及面临的问题。③ 靳希斌主编的《教师教育模式研究》针对教师教育中的时间顺序，按照职前、入职、职后 3 个阶段中所涉及的各个要素各种模式，对英国、美国等有代表性国家的教师教育模式发展与变革经验做了介绍，并总结出其教师教育模式的变化趋势。④ 穆雷和乔斯林·威沙特合编的《转型中的教师教育：英国教师教育发展前景》（*Teacher education in transition：the changing landscape across the UK*），整合了对英国 4 个地区教师教育的研究认识，并对各地区的教师教育发展前景做出深入剖析。研究表明，虽然英国各地区拥有独立的教师教育体系，但各地区之间的相互影响仍然一直存在。⑤

还有部分学者在关于"英国教育史"的研究中，对英国教师教育史进行了部分描述。《世界教育大系·英国教育》是我国专门研究英国教育的代

---

① 梁忠义. 教师专业化视野下的美英日韩四国教师教育的改革与发展 [M]. 长春：东北师范大学出版社，2002.

② 李先军. 英国近现代教师教育发展研究 [D]. 武汉：华中师范大学，2006.

③ 肖甦. 比较教师教育 [M]. 南京：江苏教育出版社，2010.

④ 靳希斌. 教师教育模式研究 [M]. 北京：北京师范大学出版社，2009.

⑤ MURRAY J, WISHART J. Teacher education in transition：the changing landscape across the UK [M]. Bristol：ESCalate，2011.

表性著作，该书采用编年史与专题史结合的方式，追溯了 18 世纪初至 20 世纪末英国教师教育的发展状况，对影响重大的教育政策、教育实践和机构演变都进行了详细的史实描绘。① 李家永于 1994 年出版的《当今英国教育概览》是我国较早针对英国教育展开系统性研究的著作。其第八章"师范教育与教师"，指明了英国教师教育的开端与初步发展，并对英国教师职前培训与在职进修，以及教师的薪资待遇晋升途径等进行了详细描述，一手资料丰富且翔实。②

以上文献均基于宏观历史视角，时间范围跨度广，对教师教育的长期发展脉络以及发展阶段变迁进行梳理与归纳。除此之外，还有部分研究以执政党年限或教师教育发展特点为着眼点，针对特定历史时期的教师教育加以分析。约翰·爱格利斯敦认为，分析教师教育变革的关键在于中小学工作的改变。因此，他以中小学为切入点，对 20 世纪 40 至 70 年代英国中小学工作状况的变化进行分析研究，最终提出这一阶段的教师教育的变革主要体现在以下 4 个方面：课程结构和内容的改变、教育技术的发展、专业经验呈现方式的发展和在职教师教育的加强。③ 王承绪、徐辉所著的《战后英国教育研究》在对 20 世纪 40 至 80 年代的英国教师教育进行描述与梳理的同时，提炼出了这一时期内英国教师教育面临的两大问题：教师教育的扩张与收缩和教师教育的数量与质量。同时，研究指出，战后英国教师教育的发展出现了一种循环式的钟摆现象，值得我们进一步深入探究。④

战后重建与共识政治时期结束后，撒切尔夫人领导的保守党于 20 世纪 70 年代末上台执政。伦·巴顿等学者在《英格兰教师教育与教师专业化中存在的问题》（*Teacher education and teacher professionalism in England：some emerging issue*）一文中，针对撒切尔执政时期的教师教育变革予以研究，认为历届保守党政府都致力于提升教师教育的质量、拓宽师资准入途径、改进教师的薪资与绩效管理制度，以上均可视为重构教师教育的目标、内容、

① 王承绪. 世界教育大系·英国教育［M］. 长春：吉林教育出版社，2002.
② 李家永. 当今英国教育概览［M］. 郑州：河南教育出版社，1994.
③ EGGLESTON J. Innovation in teacher education in England and Wales［J］. Paedagogica Europaea，1975，10（1）：43 - 71.
④ 王承绪，徐辉. 战后英国教育研究［M］. 南昌：江西教育出版社，1992.

结构和问责制度的过程。然而，政府所宣称的重构专业化，加强中央干预从而建立以实践能力为核心的教师教育新主题，在教师教育者们看来，更像是符合政治意义的"去专业化"。这也是教师教育发展过程所面临的最大问题。① 20 世纪末，阔别执政舞台数年的新工党重新入主唐宁街，约翰·富隆在《新工党和教师教育：一个时代的终结》（*New Labour and teacher education：end of an era*）中追溯了新工党政府前两届任期内教师教育的发展。研究认为，新工党继承了部分保守党政府时期的"教师教育遗产"，依旧注重师资质量提升和实践技能培养，政府也通过相关中介机构监督和保障教师教育质量。但教师教育本身已不再被视为重构职业精神的关键环节，教师教育也不再像过去那样具有关键的政治意义。从这个意义上说，新工党时期的教师教育标志着"一个时代的结束"。② 洪明在《英国教师教育的变革趋势》一文中概述了英国教师教育在 21 世纪初新工党政府时期的改革新举措，基于职前教师教育和教师专业化发展两个维度进行分析，总结出英国教师教育改革具有加强政府控制督导、注重教师教育一体化、加强专业化实践及推行教师专业化改革发展这几个特点。③

2. 英国教师培养模式研究

英国教师教育模式独具特色，从培养形式上看，分为职前培养、入职教育、在职培训 3 个阶段；从培养方式上看，主要有教育学士模式（又称 Bed 模式）、研究生教育证书模式（又称 PGCE 模式），以及各类在职培训项目。易红郡在《英国教师职前培养、入职培训和在职进修的一体化及其特征》一文中，通过对政策法案的梳理，探讨了英国教师职前培养、入职培训和在职进修的一体化及其基本特征。研究表明，英国教师职前培养阶段注重实践技能培训，采用独具特色的"基于学校"培养模式增强学生教学实践课程比重。而入职培训阶段有着桥梁和衔接的作用，应当予以重视。此外，在职进修阶段的形式灵活，内容多样化，值得我国借鉴。最后，该

---

① BARTON L, BARRETT E, WHITTY G, et al. Teacher education and teacher professionalism in England：Some emerging issues [J]. British journal of sociology of education, 1994, 15 (4)：529 – 543.

② FURLONG J. New Labour and teacher education：the end of an era [J]. Oxford Review of Education, 2005, 31 (1)：119 – 134.

③ 洪明. 英国教师教育的变革趋势 [J]. 比较教育研究, 2003 (4)：58 – 62.

文扼要分析了我国职前、在职、职后教师教育三阶段未能形成整体的原因，并根据英国的相关经验进行相应借鉴。①

较多学者将研究重心置于教师职前培养阶段，即我国的师范教育阶段。乔恩·尼克尔在《埃克赛特大学的 PGCE 培养模式：一种教师职前培训模式的选择》中针对 20 世纪初埃克塞特大学教育学院（School of Education, University of Exeter）PGCE 培养模式进行研究，并就其模试效果予以探讨。他对 PGCE 模式的内容与实施效果予以肯定，认为该校 PGCE 教师职前培养模式旨在培养学生基于反思实践者的态度、价值观、知识和技能，有助于全面提升预备师资质量。此外，该研究认为"以中小学为基地"的伙伴关系可以加强与中小学的密切合作，从而使大学理论知识与实践教学经验充分融合。

希拉对 PGCE 模式的评价持有不同意见。其《英国的教师培训新兴模式》（Emerging models of teacher training in England）一文以中学地理教师为例，对英国 20 世纪 80 到 90 年代兴起的"基于学校"的 PGCE 培养模式内容和效果进行探讨。作者认为，多元化的师资培训途径吸引了大量受训者参加，高校与中小学之间伙伴关系下的 PGCE 培养模式也的确增强了受训者的实践技能。但 21 世纪初的数据显示，职前教师教育参与者的数量呈递减趋势。政府在注重教师培养模式变革的同时，应增强教师职业的吸引力。在提升实践水平的同时，更应该促进学生自我价值感的提升。② 科林·埃亨通过对英、法两国学生就 PGCE 培养模式的相关问题进行调查和访谈，结合对两国具体培养内容、目标的阐述，分析了全球化教育改革背景下英国 PGCE 培养模式的变革与发展，并对"变革背景下，如何使学生接受新的培训模式，从而培养顺利进入教学领域的实践技能"这一问题进行了回答。③

部分文献倾向于借助宏观概述结合微观案例的研究方式，力求视野广

① 易红郡. 英国教师职前培养、入职培训和在职进修的一体化及其特征［J］. 高等师范教育研究，2003（4）：74 – 80.

② SHEILA K. Emerging models of teacher training in England［J］. International Research in Geographical & Environmental Education，2004，13（2）：197 – 204.

③ ASHER C, MALET R. Initial teacher training in the post-reform period：A sample of student opinion in England and France［J］. Compare：A Journal of Comparative and International Education，1999，29（1）：71 – 83.

阔的同时落脚清晰。王晓宇试图以职前教师教育机构的转型为线索，一窥英国职前教师培养模式发展的路径。研究认为，19 世纪至今，英国职前教师教育机构历经早期师资培训机构、日间培训学院、大学师资培训部、地区师资培训组织、大学教育学院和现代师资培训机构这六种形式，职前教师培养模式也从早期单一、封闭的"学徒制"走向多元、开放的 BEd、PGCE 等模式并行的现状。同时，以伦敦大学教育学院为切入口进行典型分析，从而使整个发展过程更为清晰直观。① 周琴主编的《综合大学教师教育的国际比较》将研究视野聚焦在综合大学上，以杜伦大学和爱丁堡大学为个案分析，从大学发展概况、管理体制、课程教学等维度对英国综合大学教师教育模式进行了较为全面的研究。同时，提出英国综合大学教师教育具有遵循国家标准、伙伴合作培养、课程体系多样化这几个特点。②

　　还有部分学者针对教师职前培养模式的研究中颇具特色的大学—中小学伙伴关系进行了深入探讨。与政府初衷和上述学者观点相悖的是，伙伴双方似乎并不乐于继续发展这一模式。根据 20 世纪末期，英国教师教育模式研究团队（Models of Teacher Education Project，简称 MOTE）调查结果显示，参与伙伴关系的中小学反应并不如中央政府设想的那般积极，中小学教师们更多表现出的是对工作的不堪重负。在中小学艰难应对其本职工作之际，PGCE 模式还需要中小学教师承担一线教学外的"导师"职责。需要将原本的工作时间分配于制定 PGCE 课程安排、指导 PGCE 受训者之中。只有极少数学校和教师自认为有能力承担这一责任。③ 此外，该学者在《教师培训的最新发展及其对教育"大学计划"的影响》（*Recent developments in teacher training and their consequences for the University Project in education*）中探讨了英国教师专业化形成的观念如何受到以学校为基础的教师教育影响。当下的情况是：中央政府通过教学标准规定的核心专业素养正在被一些校本教师专业化标准所补充甚至取代。该文还研究了这些现存的发展困境对

① 王晓宇. 英国师范教育机构的转型：历史视野与个案研究［M］. 上海：上海社会科学院出版社，2008.

② 周琴. 综合大学教师教育的国际比较［M］. 重庆：西南师范大学出版社，2011.

③ WHITTY G. Education reform and teacher education in England in the 1990s［J］. Journal of Education for Teaching，1993，19（4）：263－275.

于教师教育未来发展的影响。①

　　此外，在针对英国入职和在职教师教育模式的研究中，吉姆·麦克纳利认为，苏格兰地区实行的一年期教师入职培训模式，极大程度上改善了新教师毕业后直接进行课堂教学的弊端。尽管教师入职教育政策制定者对大学的角色没有明确界定，但大学确实起着不可或缺的积极作用。该研究还通过对教师入职教育利益相关者的界定和文献的回顾，为苏格兰新教师入职教育的发展和拟议的政策框架提供了背景。② 曼宁·凯瑟琳和霍布斯·安德鲁在《英国继续教育和职前教师教育中批判性和发展性的指导：导师和学生的观点》（*Judgemental and developmental mentoring in further education initial teacher education in England：mentor and mentee perspectives*）中以英国南海岸一所继续教育学院的培训教师和导师为例，该研究试图研究实习教师及其导师对于继续教育的看法，以及他们的指导经验和方法。该研究的结论突出了是否使用批判性和发展性方法进行实践指导的显著差异。③

　　西南大学博士研究生杜静的学位论文《英国教师在职教育发展研究》针对英国教师在职教育发展，主要沿着纵向（发展）、横向（动因）两个维度展开，从教师在职教育的目标、管理和实施等方面梳理 20 世纪 40 年代以来英国教师在职教育的现状，从而剖析出其特色、不足以及走向。④ 该文逻辑清晰，史料翔实，论证合理，对英国在职教师教育的发展路径及其动因进行了深入研究，从保障机制、培训模式、督查评估几个维度提炼出英国教师在职教育的特点。任学印在《教师入职教育理论与实践比较研究》中则主要针对"教师入职教育"这一特定阶段的教育政策进行梳理，以起步较早、体制较为完善、入职教育成效较显著的日本、美国、英国的教师入职教育政策为借鉴，比较我国入职教师教育改革，提出关于我国入职教育

---

① WHITTY G. Recent developments in teacher training and their consequences for the University Project in education [J]. Oxford Review of Education，2014，40（4）：466–481.

② Jim McNally. Developments in teacher induction in Scotland and implications for the role of higher education [J]. Journal of Education for Teaching，2002，28（2）：149–164.

③ CATHERINE M，ANDREW H. Judgemental and developmental mentoring in further education initial teacher education in England：mentor and mentee perspectives [J]. Research in Post-Compulsory Education，2017，22（4）：574–595.

④ 杜静. 英国教师在职教育发展研究 [D]. 重庆：西南大学，2007.

的理性思考。①

陈时见主编的《中小学初任教师入职教育的国际比较——侧重发达国家的主要经验与发展趋势》主要针对教师教育的入职教育阶段，通过总结英、美、日、法等国在教师入职教育方面的经验，梳理其入职教师教育历史沿革。该著作还对《2010"迈向卓越"教师入职培训项目》的内容和实施效果进行分析阐述，从而归纳出英国教师入职教育的特征。② 同样，卡尔文也选取了3个入职教育项目进行深入分析，探讨了入职教育政策、项目及其实施之间的关系。研究认为，对入职教育的目标的定义直接影响项目的内容。新教师十分需要指导教师引导和协助他们顺利进行教学实践，因此，指导教师的存在成为最受新教师欢迎的相关政策措施之一。③ 同年，奥布莱恩对苏格兰地区的教师入职教育实施效果予以评价，并提出相关改进建议。该研究认为苏格兰在2001年之前实行的两年制教师入职教育导致了一系列不良后果，例如教师的就业出现极大的不确定性，其入职期实际时间超过3年，不利于新教师在精神和身体上尽快适应教学工作。因此，作者认为应当实行新的入职教育政策来改善苏格兰教师入职教育的现状。④

安妮·坎贝尔则从教师专业发展的角度对教师在职学习进行研究。作者探讨了教师教育专业学习的近期政策背景，以及教师和学校对改进、发展教师专业化学习的看法的重要性，还分析了教师个人、学校和政府优先权之间固有的紧张关系。最后，该研究追溯了教师作为研究人员的演变：从1975年在Stenhouse的工作，到课程研究和发展；从专注于专业发展，到目前专注于指导、探究和专业研究于一体。该研究还认为，研究性学习是教师在职学习中培养教师专业素养和促进专业学习的有力工具。⑤

① 任学印. 教育入职教育理论与实践比较研究 [M]. 长春：东北师范大学出版社，2005.

② 陈时见，谭建川. 中小学初任教师入职教育的国际比较——侧重发达国家的主要经验与发展趋势 [M]. 重庆：西南师范大学出版社，2011.

③ CAVER C L, FEIMAN-NEMSER S. Using policy to improve teacher induction：Critical elements and missing pieces [J]. Educational policy, 2009, 23（2）：295 – 328.

④ O'BRIEN J. Teacher Induction：does Scotland's approach stand comparison? [J]. Research in comparative and international education, 2009, 4（1）：42 – 52.

⑤ CAMPBELL A. The policy context of teachers' workplace learning：The case for research-based professionalism in teacher education in England [J]. Workplace Learning in Teacher Education, 2013, 17（2）：169 – 182.

（二）关于英国职前教师教育政策的研究

在关于英国教师教育的研究中，"政策研究"占据了半壁江山。通过对已有关于英国教师教育政策研究成果的梳理，不难发现，从研究方向看，大部分学者偏好研究职前教育阶段。从研究逻辑上看，大部分研究偏向于历史维度，根据时间顺序对某一特定历史阶段内出现的职前教师教育政策进行宏观角度的梳理和述评，从而总结其变迁阶段和特点进行反思。部分研究基于政治因素，针对特定执政党时期内的职前教师教育政策进行述评和分析，提炼要点予以借鉴。还有部分研究从现实问题入手，通过对某一项职前教师教育政策进行文本分析，包括阐释该政策的出台背景和实施效果，从而寻求解决现实问题的对策。

1. 英国职前教师教育政策的历史研究

温迪·罗宾逊认为英国职前教师教育的政策、理论和实践经历了漫长的动荡历史。他简要梳理分析了 21 世纪前后 150 年职前教师教育政策的发展路径，最后落脚于讨论职前教师教育政策变迁过程中面临的两大经典矛盾：基于高校或基于中小学？知识至上还是技能至上？他认为这是职前教师教育发展中不可避免的"钟摆现象"。最后，温迪·罗宾逊对未来迅速变化的世界中职前教师教育发展作了相关展望。例如师资培训路径的多元化、知识积累与技能培训的平衡化等。[①] 英国巴斯大学的博士论文《英国教师政策：应对意识形态和经济环境变化的历史研究》按照政治编年史的叙述框架和因果分析框架，将英国 19 世纪初至 2008 年间的职前教师教育政策分为早期政府时期、战后政府时期、撒切尔政府时期和新工党政府时期 4 个阶段。同时，该文对每个阶段具有代表性的政策文本、培养模式，以及政治、社会环境进行具体阐述，并试图解释 4 个不同阶段之间政策变化的因果关系。

华东师范大学博士赵敏同样对二战后至新工党政府时期的英国职前教师教育政策进行了历史研究。与前者不同的是，该研究在按照政治因素进行阶段划分的同时结合了职前教师教育政策本身的特点，将这一历史时期

---

① ROBINSON W. Teacher training in England and Wales past, present and future perspective [J]. Education Research and Perspectives, 2006, 33 (2): 19 – 36.

内英国职前教师教育政策发展分为规模扩张期（1944—1972）、质量提升期（1972—1988）、课程认证改革期（1988—1997）、标准实施期（1997—2010）这四个阶段。该研究认为，二战后英国职前教师教育政策主要经历了注重数量扩张转为质量提升，注重理论转为加强实践，大学主导转为中小学合作，教师自治转为中央管控的变革。① 阿尔伯特、飞利浦和迈克所著的《职前教师教育的变革——教师教育性质变化》（*The transformation of initial education：The changing nature of teacher training*），通过追溯第二次世界大战后至今的职前教师教育政策，以及对职前教师教育变迁路径的考察，揭示了教师教育性质的变化，即教师教育产业化的过程。②

此外，还有学者更加关注英国职前教师教育政策治理角度的历史变迁。乔恩·扬在《教师教育系统研究：以职前教师教育治理为例》（*Systems of educating teachers：Case studies in the governance of initial teacher education*）一文中分析了20世纪80年代至21世纪初英国和加拿大政府与大学在制定职前教师教育政策方面的相互作用。该研究以吉登斯提出的3种不同的教师教育管理模式：国家主导的政治模式、大学主导的制度模式、教师组织为主导的专业模式，利用这一概念框架，考察了英国、加拿大曼尼托巴省和加拿大不列颠哥伦比亚省三种截然不同的职前教师教育治理模式。对这一时间段内专业模式转向国家主导的政治模式的原因及结果予以探究。③ 努森·安德鲁在《职业、表现和政策：教师，考试，英格兰和威尔士》（*Profession，performance and policy：Teachers，examinations and the state in England and Wales*）一文中，针对1846—1862年间英格兰和威尔士地区的教师教育状况，解释了19世纪的英国国家如何通过结构化考试和考试结果来操纵教师的专业地位，以适应国家在不同发展阶段的优先次序，这种历

---

① 赵敏. 英格兰与威尔士中小学教师职前教育政策发展研究（1994—2010）[D]. 上海：华东师范大学，2019.

② ABBOTT I，WHITEHEAD P，RATHBONE M. The transformation of initial education：The changing nature of teacher training [M]. London：Routledge Falmer，2019.

③ JON Y. Systems of Educating Teachers：Case Studies in the Governance of initial teacher Education/Jon Young [J]. Canadian Journal of Educational Administration and Policy，2004，32：10 – 16.

史性的叙述参照当今以考试为基础的教师薪酬制度改革。①

　　在对英国职前教师教育未来发展趋势的研究中，杨秀玉概括性地梳理英国二战后至20世纪90年代初以中小学为基地的职前教师教育政策文本。在回顾英国教师教育发展沿革的同时，展望未来。最终，从宏观角度提出英国二战后至20世纪末教师教育发展呈现出以下六个趋势：第一，逐步转向中央集权的职前教师教育治理模式。第二，职前、入职、在职三位一体的师资培训模式逐渐定型。第三，教师教育日益强调教师胜任力的培养。第四，职前教师教育中大学与中小学合作培养的模式愈发受推崇。第五，逐渐提倡以提高教师专业水平为核心的评价考核制度。第六，重视普通教师培养特殊化。②

　　瓦莱丽·霍尔斯特德匠心独具地采用了矩阵分析的研究方法，创设了由个人主义、社会主义、理想主义、实用主义4个坐标轴组成的4个象限。研究认为，1970年至2000年，英国职前教师教育政策经历了由第二象限（个人主义/理想主义）到第四象限（社会主义/实用主义）的转变。在对未来发展趋势的展望中，作者从具体培养目标出发，希望未来英国职前教师教育政策可以转变至个人主义、实用主义象限，增加个人责任感和多样性选择的自由，同时培养其解决实际问题、化解社会矛盾的能力。③《比较教育政策》一书主要介绍了英、法、德、俄、美等十国的教育政策的演变及其教育决策的过程，在第二章中对英国教育现行体制做了简单介绍，随后，对英国自20世纪80年代以来的教育政策进行系统梳理，最后对英国教育政策的制定过程，以及发展趋势作出了分析预测。④ 安妮·杰思曼认为，教育质量和教师队伍是全球性问题。为此，在《对澳大利亚和英国职前教师教育政策的批判性分析：过去，现在和未来》 （*A critical analysis of initial teacher education policy in Australia and England：Past，present and possible*

---

① ANDREW T. Profession，performance and policy：Teachers，examinations and the state in England and Wales，1846—1862 ［J］. Pedagogical Historic，2016，52 （5）：507 – 524.

② 杨秀玉. 英国教师教育的发展趋向 ［J］. 外国教育研究，2002 （12）：50 – 52.

③ HALSTEAD V. Teacher education in England：Analysing change through scenario thinking ［J］. European journal of teacher education，2003，26 （1）：63 – 75.

④ 王晓辉. 比较教育政策 ［M］. 南京：江苏教育出版社，2009.

future）一文中，作者在第一部分回顾了过去 10 年的职前教师教育，明晰了当前推动英格兰和澳大利亚教师队伍准备的政策方向。第二部分则着眼于未来，推测可能会对未来 10 年教师队伍产生影响的关键变化。然后，就未来教师队伍成员应当具备的知识、信念、价值观、承诺、角色和责任提出建议。最后，提出了职前教师教育应对这些可能变化的建议性对策。①

关于英国职前教师教育政策的历史研究同时散见于各比较教育视角的文献之中。祝怀新所著的《封闭与开放：教师教育政策研究》基于宏观的国际视野，通过对英国、美国、德国、瑞典等西方国家及日本、新加坡等代表性的亚洲国家教师教育政策发展的沿革梳理，以及对教师教育中大学与学校之间关系变化所影响到教师教育变革情况的分析，最终总结出英国教师教育政策的发展趋势是从封闭走向开放，从单一走向多元，并最终落脚于以质量为本的教师教育政策。② 杜晓利所著的《教师政策》一书主要对包括职前教师教育在内的教师政策进行分析与研究，包括：各国在政策层面对教师的定位；教师政策分析的基本方法与过程；各国关于教师政策的主要内容，以及各国教师政策研究的范式比较。最终将视野落脚到本国教师政策，进行反思总结。③

部分对教育政策、教育改革法案或是高等教育政策进行研究的专著，也存在着英国职前教师教育政策研究的身影。《教育政策的国际比较》探讨了当前英、法、美等国教育政策的历史演变、现状和内容，以及其教育政策在制定或实施中面临的问题，通过以上典型国家教育政策的比较研究总结出对我国的借鉴意义。④ 以上著作都基于国际教育政策研究的宏观视角，对教育改革过程中颁布的教育政策或法案进行文本分析，通过对各国教育政策的历史变迁进行梳理，明晰其发展路径及现状，从而对其发展趋势和动向做出展望。《战后英国高等教育政策研究》详细解读了二战后至 21 世纪卡梅伦政府时期的高等教育政策文本，其中也包括奠定英国师范教育基

① ANNE M. A critical analysis of initial teacher education policy in Australia and England：Past, present and possible future ［J］. Teacher development articles，2009，13（4）：321 – 333.

② 祝怀新. 封闭与开放：教师教育政策研究 ［M］. 杭州：浙江教育出版社，2007.

③ 杜晓利. 教师政策 ［M］. 上海：上海教育出版社，2012.

④ 吴遵民. 教育政策的国际比较 ［M］. 上海：上海教育出版社，2009.

础及后期发展的各时期教师教育政策，并总结了包括职前教师教育在内的高等教育政策趋势，以及其决策过程的影响因素，向读者展示了基于政策制定缘起及过程窥探英国教育政策的新视角。① 包括美国、英国、法国、德国、日本、意大利、印度、中国等 11 个国家在内的《大国教育战略研究》系列丛书从比较教育的角度切入，从宏观层面评述经济、教育大国的教育战略及其对社会发展的影响，其中强调了教育事业在国家发展中的战略地位。其中，何伟强所著的《英国教育战略研究》对战后 50 年英国政党政治与教育战略整体布局进行了历史性梳理，并针对新工党时期的教育战略定位、政策文本进行深入性解读。最后，对联合政府教育战略的走向予以展望。② 以上文献均基于开阔的国际视野，通过横向梳理和比较国际具有代表性国家的教师教育政策，最终为我国职前教师教育的改革提供借鉴意义。

　　2. 特定阶段英国职前教师教育政策的研究

　　二战后至今，英国在政治史上经历了战后"共识政治"时期、保守党政府时期、新工党政府时期和联合政府时期，职前教师教育政策也在一定程度上受到政治环境影响。因此，大部分学者将研究视野置于个别执政者执政时期或党派执政期，试图通过对此期间出台的职前教师教育政策进行研究从而归纳出职前教师教育的影响因素和时期特征。

　　战后"共识政治"时期，英国职前教师教育受战争摧毁，损失惨重。因此，重建与扩张迫在眉睫。阿德里安·贝尔对 20 世纪 50—70 年代英国职前教师教育机构变革的路径进行了考察。研究发现，在此期间，职前教师教育机构经历了 3 个不同的阶段：教师培训学院、教育学院、高等教育学院。每个阶段中知识的结构、文化、组织都是不同的。而这三个阶段分别对应韦伯的 3 种理想教育类型：魅力型教育、教养型教育、专家型教育。同时，在这个过程中职前教师教育完成了大学化转向和规模的扩张。③ 温迪·罗宾斯在《1910—1975 年英国教师专业化政策中的问题》 （*Willing enthusiasts or lame ducks? Issues in teacher professional development policy in*

　　① 易红郡. 战后英国高等教育政策研究 ［M］. 长沙：湖南师范大学出版社，2016.
　　② 何伟强. 英国教育战略研究 ［M］. 杭州：浙江教育出版社，2014.
　　③ BELL A. Structure, Knowledge and social relationships in teacher education ［J］. British Journal of Sociology of Education，1981，2（1）：3 – 23.

England and Wales 1910—1975）中对战前和战后共识政治时期的职前教师教育政策进行梳理与研究。首先，该研究认为这是英国教师专业发展演变的关键阶段。其次，教师参与规模、资源的有限程度、以皇家督学团为中心的督查系统，以及卓越与救赎的意识形态这四个问题是教师专业化发展过程中面临的核心问题。最后，作者还对《麦克奈尔报告》和《詹姆斯报告》进行分析，考察了其内容以及如何影响教师专业化过程。①

1979 年大选中，撒切尔夫人带领的保守党顺利通过选举，开启了长达十余年的保守党执政序幕，包括职前教师教育政策在内的教育政策也开始了大刀阔斧般的改革。《保守党执政时期（1979—1997）英国教师政策研究》考察了保守党政府执政时期教师政策的背景，并从教育政策、待遇政策和管理政策 3 个维度对保守党政府时期的教师政策进行述评。该研究认为，保守党时期中央集权化明显、中小学话语权提升，以及大学和教师专业自主权下降对当时的职前教师教育发展有着重大影响。② 杰夫·惠迪也认为这一时期职前教师教育领域中央集权特征明显。保守党政府执政后期，即梅杰政府时期，英国职前教师教育政策主题由数量转向质量，开始注重对教师实践技能的培养。SCITT、ATS 等政策的实施拓宽了师资培训途径，也意味着中小学在职前教师教育领域权力的扩大和责任的提升，以及逐步将大学和教师教育者的权力边缘化，最终实现中央政府"民主"外衣下的"集权"。③

约翰·富隆在《伙伴关系的再定义：职前教师教育的改革还是革命》（*Re-defining Partnership：Revolution or reform in initial teacher education*）一文中也谈到，保守党政府时期出台的以中小学为中心的职前培养计划实际上实现了高校与中小学之间的权力转移，这一举措增强了职前教师教育领域的市场化竞争，提升了学生的教学实践能力，也使高等教育机构对学生的

---

① ROBINSON W, BRYCE M. Willing enthusiasts or lame ducks? Issue in teacher professional development policy in England and Wales 1910—1975 [J]. Pedagogic Historic，2013，49（3）：345 – 360.

② 相岚. 保守党执政时期（1979—1997）英国教师政策研究 [D]. 上海：华东师范大学，2013.

③ WHITTY G. Education reform and teacher education in England in the 1990s [J]. Journal of Education for Teaching，1993，19（4）：263 – 275.

影响更为间接。① 此外，《重塑教师专业化》探究了英国 20 世纪 90 年代职前教师教育政策的出台背景，对主要政策文本及其实施效果进行了分析与调查。最后，分别基于中小学和高等教育机构的角度探讨了它们对职前教师教育的影响。②

新工党时期，约翰·富隆在《让教学成为 21 世纪职业：托尼·布莱尔的大奖》（*Making teaching a 21st century profession：Tony Blair's Grand Prize*）中针对托尼·布莱尔执政时期为了实现将教师转化为"21 世纪职业"所出台实施的教师教育政策进行研究，其中包括：职前教师教育的作用转换，培养"专注"性的策略，以及对于教师专业知识的重新定义等。③ 安东尼·亚当斯和维特尔在《教师教育危机：关于欧洲的思考》（*The crisis in teacher education：An European concern*）中针对 20 世纪 90 年代至 21 世纪初欧洲地区教师教育出现的危机进行了分析和反思。其第一部分对英国的描述中，通过对这一时期英格兰和威尔士地区教师教育文本的解读及其效果的反思，提出了今后英国职前教师教育发展的路径建构。④

此外，还有学者对新工党政府时期和联合政府时期的职前教师教育政策进行比较研究。相关研究认为，新工党政府的职前教师教育政策反映了国家监管和自由市场相结合的过程。而联合政府则致力于建立新的问责制度，希望减少政府行政干预，将权力下放从而增强学校自主性。⑤ 然而有学者并不认同此观点。乔安娜等学者在《沉默的声音：大学与教师在英国教师教育政策话语中的消失》（*Silence voice：The disappearance of the university and the student teacher in teacher education policy discourse in England*）一文中提

① FURLONG J. Re-defining partnership：Revolution or reform in initial teacher education？ ［J］. Journal of Education for Teaching，1996，22（1）：39 – 55.

② ［英］约翰·富隆，伦·巴顿. 重塑教师专业化 ［M］. 马忠虎，等译. 北京：北京师范大学出版社，2010.

③ FURLONG J. Making teaching a 21st century profession：Tony Blair's Grand Prize ［J］. Oxford Review of Education，2008，34（6）：727 – 739.

④ ADAMS A，TULASIEWICZ W. The crisis in teacher education：A approach ［M］. Boston：Pitman，1984.

⑤ BURN K，CHILDS A. Responding to poverty through education and teacher education initiatives：a critical evaluation of key trends in government policy in England 1997—2015 ［J］. Journal of Education for Teaching，2016，42（4）：387 – 403.

出，联合政府扮演着表面的极简主义，实则操控和行使了重大权力，通过职前教师教育政策的颁布分散了大学的话语权。其通过对大量政策文本的解读发现，"大学"一词的出现频率逐渐降低甚至被忽略。①

3. 英国职前教师教育政策的文本研究

在关于二战后至 20 世纪末英国职前教师教育政策的研究中，大卫·克鲁克通过对《麦克奈尔报告》的出台背景、委员会成立过程、报告出台过程，以及围绕两个方案展开的利益博弈进行了详细的论述，对报告结果产生的原因也进行了合理分析。作者提出，尽管以大学为基地的职前教师教育使学生的理论素养显著提高，但教学技能也随之削弱。这一观点也为随后英国职前教师教育政策主题转向注重实践埋下了伏笔。② 杨光富对《詹姆斯报告》出台的政治和教育背景、政策制定的过程，以及该政策对英国职前教师教育产生哪些影响都进行了深入且详细的研究。研究表示，该政策的出台是界定英国进入教师教育一体化模式的分界点，对世界各国教师教育的发展也产生了积极影响。③ 英国历史学家布雷恩·西蒙则通过对莱斯特大学教育学院教授、自由党党魁和全国教师工会前任主席关于《詹姆斯报告》内容的访谈探究报告出台对社会各界的影响。其中，全国教师工会前任主席对报告内容表示明确反对。④《当代外国教育改革著名文献·英国卷》上下册收录了 20 世纪 80 年代后英国影响较大的教育政策文本，如《1988教育改革法》《高等教育——应对新的挑战》等。⑤

1997 年大选新工党上台执政后，开始陆续制定和出台关于英国职前教师教育各方面的相关标准。玛利亚等学者针对英国职前教师教育发展的关

---

① MCINTYRE J, YOUENS B, STEVENSON H. Silenced voices：The disappearance of the university and the student teacher in teacher education policy discourse in England ［J］. Research Papers in Education，2019，34（2）：153 – 168.

② CROOK D. Universities, teacher training, and the legacy of McNair, 1944 – 94 ［J］. History of Education，1995，24（3）：232 – 245.

③ 杨光富. 英国教师教育宪章：《詹姆士报告》的出台及影响 ［J］. 外国中小学教育，2010（6）：1 – 5.

④ SIMON B. On three insiders' views of the James Report ［J］. British Journal of Teacher Education，1975，1（2）：237 – 257.

⑤ 吕达，周满生. 当代外国教育改革著名文献·英国卷 ［M］. 北京：人民教育出版社，2004.

键框架——《合格教师标准》（*Standards for qualified teacher status*）进行探讨。探讨主要集中于政策中的 3 项主要建议，分别为：（1）语言是中心，是人权；（2）早期鉴定及干预的必要性；（3）家庭氛围服务的发展。该文还回顾了在《合格教师标准》政策实施后失败或成功的效果，以便更好地改进。莎莉·埃尔顿等学者基于对价值观的探讨，以英国《2012 教师标准》为研究文本，采用访谈法等实证研究方法，对英国在校教师和学生关于《2012 教师标准》中体现出价值认同感的看法予以调查，最终结论得出：由于《2012 教师标准》强调了国家认同感的培养，一些教师觉得自己有理由在学生身上培养英国国民性，并认为有些教师在体现英国国民性方面不够突出。正如史密斯在 2012 年提出的担忧一般，这些标准会导致教师将价值观等同于隐藏的、无可争辩的白人标准和中产阶级标准，并无意识地对不符合这一立场的学生进行侮辱。① 桑迪舒克等学者在《开始教学》（*Begining teaching*）一书中的"教师专业标准：归纳、专业学习与认证"（Teacher professional standards：induction，professional learning and certification）章节，介绍了澳大利亚、加拿大、英国和美国基于教师标准的教师专业化过程。作者主要目的在于提高人们对教师标准中关键问题的认识，因此，探讨了教师标准政策和实施过程。②

　　在针对 21 世纪出台的职前教师教育政策研究中，许明在《英国教师教育专业新标准述评》一文中主要针对英国学校培训与发展署于 2007 年出台的《合格教师资格标准与教师职前培训要求》的政策内容、出台背景作出说明分析。③ 艾莉森·杰克逊（Alison Jackson）考察了"学校直培（School Direct）"政策的出台背景、政策内容和实施状况，研究表明，"学校直培"项目的出台意味着中小学在职前教师教育领域地位的再一次提升，中小学开始拥有主动挑选受训学员和合作伙伴的权力，以及自行选择、培训和聘

　　① ELTON S，LANDER V，REVELL L，et al. Whose values? An investigation into teachers' and student teachers' perceptions of values identified in the 2012 Teachers' Standards in England ［EB/OL］.（2015 – 09 – 08）　［2018 – 11 – 20］. https：//www. eera-ecer. de/ecer-programmes/conference /20/contribution/33997/.

　　② SCHUCK S，AUBUSSON P，BUCHANA J，RUSSELL T. Begining Teaching ［M］. Berlin：Springer，2012.

　　③ 许明. 英国教师教育专业新标准述评 ［J］. 比较教育研究，2007（9）：73 – 77.

任理想合格教师的权力。① 王璐在《提升职业吸引力、提高职前教育质量
——英国教师教育改革最新趋势》一文中，通过对英国教育部在 2010 年和
2011 年先后颁布的《教学的重要性：学校白皮书》与《培训下一代优秀教
师》两个政策文本的分析，总结出了近几年英国教师教育改革的三大趋势：
第一，吸引卓越人才选择教师职业；第二，提高职前教师教育准入和办学
标准；第三，提升教师地位和待遇，稳定教师队伍。② 李琼、高丹兴阳、裴
丽通过对《教学的重要性》这一政策文本的分析，针对"在全国范围内建
立新的'教学学校'联盟（a national net-work of teaching schools）"这一条
例展开研究，阐述了英国"教学学校"政策的出台背景、核心特色、实践
效果及对我国职前教师教育改革的启示。③

（三）关于英国职前教师教育政策影响因素的研究

英国职前教师教育政策的内容与变迁在很大程度上受一定时期内社会
环境、文化、政治的影响。早在 1986 年，阿德尔曼就在《教师教育在英格
兰和威尔士：过去 20 年》（*Teacher Education in England and Wales：The past
20 years*）中对 20 世纪 60 年代至 80 年代间，英格兰和威尔士地区的教师教
育发展做了描述。他认为，英国 20 世纪中下旬教师教育的质量与社会人口
增长率息息相关。从 1956 年到 1964 年，英国出生率的"膨胀"导致培养
教师的 157 所教育学院学生名额大幅增加。从 1962 年到 1972 年，接受教师
教育的学生人数翻了一番。但在 1975 年第三、第四和第五社会阶层的出生
率开始每年平均下降 6.6%，这又直接导致教师教育学校的减少和倒闭。④
伊恩·门特等学者在《英国教师教育：基于对英格兰及苏格兰地区职前教
师教育专业化知识的考察》（*Making teachers in Britain：Professional knowledge*

---

① JACKSON A, BURCH J. School direct, a policy for initial teacher training in England：Plotting a principled pedagogical path through a changing landscape [J]. Professional Development in Education, 2016, 42 (4)：511 – 526.

② 王璐. 提升职业吸引力、提高职前教育质量——英国教师教育改革最新趋势 [J]. 比较教育研究, 2012 (8)：20 – 24.

③ 李琼, 高丹兴阳, 裴丽. 扎根于实践的教师教育改革：英国教学学校政策与启示 [J]. 全球教育展望, 2016, 45 (10)：103 – 113.

④ ADELMAN C. Teacher education in England and Wales：The past 20 years [J]. European Journal of Education, 1986, 21 (2)：175 – 179.

for initial teacher education in England and Scotland）采用比较研究法，对英格兰及苏格兰地区在 2002—2004 年间出台的职前教师教育政策进行分析述评。研究表明："全球化"的发展趋势导致英格兰和苏格兰即便是基于不同的地域文化和社会情况，两个区域之间教学的定义以及合格教师的标准非常类似。① 帕特丽夏则基于现代化对英国和中国教育的影响做了对比研究。其在第一章中对 20 世纪 80 年代英国教育政策变革的社会背景、政治影响做出了简要分析。②

除此之外，还有大量学者认为教师教育培训机构和政治意识形态对职前教师教育政策的制定和变迁起着决定性影响，并围绕以上因素进行深入研究与探讨。

1. 教师教育机构与职前教师教育政策

英国职前教师教育起源于 19 世纪，由师资培训学院承担培训工作。20 世纪起，为了提升教师的理论素养和师资培训的学术地位，大学开始以各种形式参与职前教师教育，继而形成高等教育机构主导职前教师教育的局面。随着社会发展，政府和民众逐渐开始重视教师的实践教学技能。因此，中小学开始逐渐融入职前教师教育领域，成为了继高等教育机构外的教师教育机构。

在围绕大学与职前教师教育政策的研究中，约翰·托马斯以大学参与教师教育为起点，阐述了 19 世纪末至 20 世纪末这一个世纪内英格兰、苏格兰和北爱尔兰地区的教师教育的变革与发展，将"教师教育大学化"的过程贯穿于英国职前教师教育的发展历程中。③ 谌启标在《教师教育大学化的比较研究》中以大学化为切入口，对 19 世纪初到 20 世纪末的英国职前教师教育政策演变进行了史学梳理，并以表格形式呈现出英国职前教师教育大学化的多元培养模式，通过对其大学化后的培养课程、质量保障、实践环

---

① MENTER I，BRISARD E，SMITH I. Making teachers in Britain：Professional knowledge for initial teacher education in England and Scotland ［J］. Educational Philosophy and Theory，2006，38（3）：269 - 286.

② POTTS P. Modernizing Education in Britain and China ［M］. London：Routledge Falmer，2003.

③ THOMAS J B. British universities and teacher education：A century change ［M］. London：The Falmer Press，1990.

节的分析，总结出英国教师教育大学化的改革趋势。① 姚文峰在《英国教师教育大学化的政策研究》中对英国最初的职前教师教育模式"大学走读训练学院模式"到现在的"大学本位教师教育"过程进行了政策性的探讨。同时，对其开拓多样化师资准入途径、开辟职前教师教育机构专业认证、提升合格教师资格标准和定期监督评估等特点予以肯定。②

无独有偶，海伦·帕特里克也认为大学在英国职前教师教育的发展历程中发挥着至关重要的作用。因此，其以大学与英国职前教师教育的关系发展作为研究着手点，对 1888—1984 年间的教师教育发展状况进行了梳理与分析。海伦认为，大学对职前教师教育的参与一直被视为对大学地位和自主权的威胁。因此，各大学对教师教育的态度一直十分矛盾，这对英国教师教育的发展有着重大影响。③ 鲍勃也针对英国大学与教师教育之间的关系进行了研究与探讨，在《大学对教师的教育和培训起作用吗？政策与实践的国际分析》（*Do Universities have a role in the education and training of teachers? An international analysis of policy and practice*）中提出，教师教育已成为世界各国教育体系发展和完善的一个重大问题。在大多数国家，培训教师的责任由大学承担，这有助于提高教学的地位。但是，随着教师教育受到越来越多的批评，一些人认为由大学负责的教师教育过于理论化，在满足教师在课堂上的实际需求和实践操作方面效果不佳，甚至对教师教育有负面影响。此书通过对一系列由著名学者进行的独特案例的研究试图解决以上问题，提出可行的解决方案。④

然而，前伦敦大学教育学院院长约翰·富隆基于高等教育领域教师教育者的立场对此提出了不同看法。在《高等教育在职前教师教育中的作用》（*The role of higher education in initial teacher training*）一书中，包括约翰·富隆、理查德·史密斯在内的数十位学者通过对高等教育致力于职前教师教

---

① 谌启标. 教师教育大学化的国际比较研究 [M]. 福州：福建教育出版社，2008.

② 姚文峰. 英国教师教育大学化的政策研究 [D]. 福州：福建师范大学，2004.

③ PATRICK H. From cross to CATE：The universities and teacher education over the past [J]. Oxford Review of Education，1986，12（3）：243–261.

④ MOON B. Do universities have a role in the education and training of teachers?：An international analysis of policy and practice [M]. London：Cambridge University Press，2016.

育发展的历史回溯，以及对职前教师教育自身复杂性的剖析，提出高等教育对职前教师教育具有毋庸置疑的引领作用这一核心观点。研究认为教学不仅是一项复杂的技术性活动，更是一种深刻的"道德性"活动，需要高等教育引领学生明辨是非，追求真理。此外，关于"理论与实践"孰轻孰重这一问题，作者认为，理论先于实践，进而能阐明实践。教师在获得了理论视角后，将会更有效、更聪明地付诸实践。高等教育有助于职前教师教育的质量保障、理论提升和持续性发展，培养教育思想家而非训练有素的工匠。① 约翰·富隆在其另一本著作《教育，改革与国家》（*Education，reform and state*）中就重塑教师专业化的问题进行探讨。作者认为，20 世纪 50 至 90 年代英国职前教师教育主题经历了学者型教师—专家型教师—实践型教师的培养目标，大学在这一变革过程中发挥着不可替代的引导性作用。②

此外，艾格尼丝以中小学里的职前教师教育导师（school-based tutor）为研究对象，探讨了他们的工作职责和效果。中小学导师的职责包括参与学生的职前培训和引导新教师的入职教育，中小学作为职前教师教育和教师入职教育的培训基地，可以增强学生的实践技能，丰富学生的教学经验。但是，如何将资源合理分配和运用于中小学本职工作和职前教师教育工作是当下和未来都需要解决的问题。③

2. 政治意识形态与职前教师教育政策

二战后，英国开启了独特的两党轮流执政政治模式。工党和保守党两大党派人员构成和所代表的阶级截然不同，指导其活动的意识形态也截然不同。因此，许多学者认为二战后英国教育政策的变迁与政治环境和执政党意识形态息息相关，职前教师教育政策也不例外。

玛格丽特·威尔金围绕"职前教师教育：意识形态与文化的对话"这一主题进行了长达 200 多页文字的探讨与剖析。首先，作者开宗明义地指明了意识形态及其实践活动的本质；继而以《罗宾斯报告》为例，具体分析

---

① FURLONG J, SMITH R. The role of higher education in initial teacher training ［M］. London：Routledge，2013.

② PHILLIPS R，FURLONG J. Education，reform and the state ［M］. London：Routledge，2001.

③ MCMAHON A. The role of school-based tutor in the professional development of teachers ［J］. The Journal of Education，1981，163（2）：184 – 199.

政治意识形态对职前教师教育政策的影响。在探讨撒切尔执政时期职前教师教育变革的过程中，作者指出该时期内职前教师教育重实践技能的主题与新右派"效率至上"的意识形态相吻合。同时，该时期内的职前教师教育政策变革也可视为执政党意识形态与传统教师教育文化之间的利益博弈。① 史蒂芬·鲍尔在《政治与教育政策制定——政策社会学探索》（*Politics and policy making in education*：*Explorations in policy sociology*）一书中通过访谈法和文献分析法，根据对政策制定的利益相关者们的采访和相关政策文件分析，试图考察撒切尔执政时期教育政策的变迁路径及其特点。研究反映了这一时期英国政府、意识形态、市场与教育变革之间的关系；同时，在第三章中提到了新右翼政府对当时英国职前教师教育政策制定以及教师教育发展产生的影响。② 英国教育与政治学者丹尼斯·劳顿在其专著《教育与工党意识形态（1900—2001）》（*Education and Labour Party ideologies 1900—2001 and beyond*）中对战后艾德礼、威尔逊、卡拉汉和布莱尔执政时期工党政府的意识形态及其继承与嬗变进行了梳理与分析。作者认为，工党不同执政时期的教育改革意识形态与该时期的执政党意识形态紧密相连。③

赵静和武学超围绕执政党与教师意识形态的对峙，对20世纪70年代至21世纪初保守党政府和新工党政府时期教师教育政策进行述评。研究表明，20世纪80年代末开始，职前教师教育政策成为了英国政府与大学之间的意识形态斗争的领地，执政党的意识形态逐渐渗透进职前教师教育政策中。④ 英国教师教育模式研究团队（Models of Teacher Education Project）项目调查结果明确指出，20世纪80年代起，职前教师教育逐步成为政府和教师教育者之间意识形态斗争的区域。中小学的作用日益增强，高等教育机构作用

---

① WILKIN M. Initial teacher training：The dialogue of ideology and culture［M］. London：The Falmer Press，1996.

② ［英］史蒂芬·鲍尔. 政治与教育政策制定——政策社会学探索［M］. 王玉秋，孙益，译. 上海：华东师范大学出版社，2003.

③ LAWTON D. Education and labour party ideologies 1900—2001 and beyond［M］. London：Routledge Falmer，2005.

④ 赵静，武学超. 英国教师教育政策的演变及评析［J］. 教育发展研究，2006（2）：69 - 73.

相应减弱的直接动因是中央政府史无前例的全面干预。同时，这场变革与指导中央政府的新右派意识形态密切相关。①

事实上，新右派意识形态是新自由主义意识形态和新保守主义意识形态的结合，新自由主义强调多样化途径和选择自由，新保守主义强调标准化和权威的绝对性。因此，英国职前教师教育政策忽略理论观点，鼓励中小学主导，强调职前教师教育提供者的多样性均体现出了新自由主义和新保守主义意识形态的结合。② 甚至有学者将 20 世纪 80—90 年代的英国职前教师教育政策视为一种"政治强奸（Political Rape）"。时任英国《教育与教学》期刊副主编的吉尔罗伊认为，保守党政府以新右派意识形态中市场化的理论干预职前教师教育领域，将教师教育者视作生产者，将学生和家长视作消费者。为此，中央政府通过政策途径削弱生产者的权力，增加消费者的权力。③

（四）关于利益相关者理论的研究

1. 国内研究现状

中文的"利益相关者"一词译自英文单词"stakeholder"，也有学者将其译为"利害相关者"。该概念于 20 世纪 60 年代由美国斯坦福研究院首次提出，而后随着越来越多的商学和企业管理学研究者对"利益相关者"概念的界定和使用，"利益相关者理论"逐渐得以形成。

（1）关于利益相关者理论的研究

由英国学者加文·凯利、多米尼克·凯利及安德鲁·甘布尔主编，我国学者欧阳英翻译的《利害相关者资本主义》为我国学界较早出现的，关于"stakeholder"理论及其相关运用的研究。书中首先对"利害相关者"做出了理论上的概念界定，以及该理论在美国、英国及信息工业化的第三次革命中的运用。随后，通过对政治维度、社会维度，以及经济维度中利害

---

① FURLONG J. Reforming teacher education, re-forming teachers: Accountability, professionalism and competence [M] //Education, reform and the state. Routledge, 2002: 130 – 147.

② CHILDS A. The work of teacher educators: an English policy perspective [J]. Journal of Education for Teaching, 2013, 39 (3): 314 – 328.

③ GILROY D. The political rape of initial teacher education in England and Wales: A JET rebuttal [J]. Journal of Education for Teaching, 1992, 18 (1): 5 – 22.

相关者理论运用的论述及案例分析，更为全面、系统地对该理论展开讨论，最终在结论中提出实现利害相关者资本主义的途径包括可转让技能、所有权、信任关系及政治权利。该书作者认为，通过建立决策与责任程序，政治权力允许个体在组织内部行使发言权，包括参与一系列政策规定与法律规定。① 同年，另一本由美国学者所著，我国学者翻译的《战略管理——利益相关者方法》问世。该著作基于对企业管理问题的探讨，对利益相关者做出了概念界定以及理论的历史梳理，在第三章中对使用该理论的方法论框架建构进行了详细说明，最后通过实例分析对利益相关者战略的制定、实行及相关的利益冲突进行了研究阐释。②

在我国学者对于利益相关者理论的研究中，万建华所著的《利益相关者管理》对利益相关者的界定方法以及理论应用方法进行了研究阐释。研究表明，利益相关者理论方法包括战略性方法和多重信托方法。战略性方法将利益相关者们视为企业替股东谋求利润时应考虑的因素，即有可能促进或阻碍企业实现其战略目标的工具。多重信托方法不止将利益相关者们视为运用经济和政治权力的人，并非领导与从属关系，而是处于与股东完全平等的位置，可以参与企业决议。③ 张玉堂在《利益论——关于利益冲突与协调问题的研究》中，突出了人在利益实现过程中的主体地位，即利益相关者的重要性。该研究从利益相关者的冲突与协调两大维度入手展开论述，在利益冲突论中，对利益冲突的实质、发生、演变和展开的过程进行了梳理，将利益相关者之间存在的冲突分为对抗性冲突和非对抗性冲突两类。在利益协调论中，对利益协调的目标及途径进行了阐释。最后，研究落脚于当代中国社会的利益协调问题，对困境及出路进行了阐释和建构。④

（2）关于利益相关者理论在教育学领域的运用研究

近些年随着"跨学科研究视野"的兴起，越来越多的教育问题研究开

---

① ［英］加文·凯利，多米尼克·凯利，安德鲁·甘布尔. 利害相关者资本主义［M］. 欧阳英，译，重庆：重庆出版社. 2001.

② ［美］爱德华·弗里曼. 战略管理——利益相关者方法［M］. 王彦华，梁豪，译. 上海：上海译文出版社，2006.

③ 万建华. 利益相关者管理［M］. 深圳：海天出版社，1998.

④ 张玉堂. 利益论——关于利益冲突与协调问题的研究［M］. 武汉：武汉大学出版社，2001.

始运用利益相关者的理论视角切入。教育研究界对"利益相关者"的研究带有明显的应用性，针对自己的研究主题略加修改，在界定"利益相关者"概念的基础上，围绕着"利益"和"利益相关者"对所要研究的对象或主题进行分析。

在我国教育研究界，"利益相关者理论"最早被高等教育研究者运用。胡赤弟于 2005 年发表的《高等教育中的利益相关者分析》是我国较早且较系统地将利益相关者理论运用于教育领域的研究成果。该研究认为，利益相关者能够提供一个有效的分析框架，通过它我们可以重新理解大学制度的本质。① 对我们理解高等教育领域中利益相关者的分类、相互制约博弈及如何影响高等教育发展有很大帮助。近年来，我国教育研究界对于利益相关者理论的运用进一步扩展到了职业教育领域；对教育制度和教育政策的研究，研究者开始采用该视角研究教育制度和教育政策中的利益相关者，以及它们之间的利益关系、利益冲突、利益分配和利益均衡等问题。根据对已有文献进行归纳梳理，可将我国学者在教育研究界对"利益相关者"理论的运用分为以下两个方向。

第一，基于利益相关者视角对高等教育的研究。《利益相关者参与下的高等职业教育办学模式改革研究》通过对我国改革开放以来高等职业教育办学情况和国外发达国家高等职业教育办学情况的综合比较，基于米切尔对利益相关者的分类方法，采用实证分析的研究方法，对高等职业教育利益相关者的分类和属性予以区别，并阐明高等职业教育中利益相关者的利益需求与冲突，最终提出我国高等职业教育办学模式的对策。《大学与大学治理——基于利益相关者价值优化的视角》一书从探索大学价值链环节中的利益相关者价值关系以及利益诉求出发，设计大学的治理结构，并从利益相关者之间的动态博弈演化的视角，研究大学治理结构从现实状态到理想状态的演化路径，在此基础上提出推动演化进程的对策与建议。张世义的博士学位论文《利益相关者理论视角下的高校学前教育专业本科人才培养研究》基于利益相关者理论视角，对我国学前教育专业人才培养中的利益相关者进行分类，并对其属性特点予以分析，剖析其在学前教育专业人

---

① 胡赤弟. 高等教育中的利益相关者分析 [J]. 教育研究，2005（3）：38－46.

才培养中的利益要求表达，最终尝试构建出相关改革路径。

此外，李福华将我国高校的利益相关者界定为核心利益相关者：教师、学生和管理人员；重要利益相关者：校友和财政拨款者；间接利益相关者：与学校有契约关系的当事人；边缘利益相关者：当地社区和社会公众。①《高等教育中外合作办学的现实困境与发展策略——基于利益相关者的视角》一文将研究视野投射至国际高等教育领域，认为中外合作办学的合作方跨越国界，是双方在动机各异、利益需求不一、资源水平有较多差异的情况下组成的经济文化利益共同体。该文阐明了中外政府、教师及学生之间利益博弈的现实困境，提出各利益相关者对利益最大化追求是合作办学发展的内在动力，并对高等教育中外合作办学的发展提出建设性策略。②《论利益相关者视野下英国技能培训政策的变迁》提出，对于英国教育培训制度而言，利益相关者主要包括政府、企业、工会、教育机构和学习者等。这些利益相关者对教育培训制度都有各自的利益诉求，并通过不同的方式对教育培训制度产生影响。③

第二，基于利益相关者视角对教育政策的研究。周世厚所著的《利益集团与美国高等教育治理——联邦决策中的利益表达与整合》从整体上呈现了美国利益集团政治的特征及生态环境，基于此环境提出美国利益集团政治中的高等教育即利益聚合与利益调节相平衡的观点。并从历史纵向的维度对美国高等教育利益集团参与联邦高等教育政策制定的演变历程加以梳理，呈现出利益集团参与高等教育治理博弈过程的规则、利益诉求及手段，最后，在结语部分对美国高等教育利益集团参与高等教育政策制定的意义与局限性进行评价与反思。该研究综合采用了利益集团论、系统论、博弈论3种理论构建分析框架，深入且全面地分析了美国高等教育政策制定过程中各利益集团相互作用的过程、规则及策略，清晰勾勒出影响政策制定的过程，从新的视角打开了国内学者研究美国高等教育的大门。

---

① 李福华. 利益相关者理论与大学管理体制创新 [J]. 教育研究，2007（7）：36-39.
② 周虹，陈时见. 高等教育中外合作办学的现实困境与发展策略——基于利益相关者的视角 [J]. 清华大学教育研究，2017，38（1）：31-36.
③ 王雁琳. 论利益相关者视野下英国技能培训政策的变迁 [J]. 比较教育研究，2008，（11）：86-90.

同样是将研究落脚于利益相关者对政策制定过程影响，在《利益的博弈——战后英国高等教育政策的制定过程研究》一书中，作者以战后英国高等教育政策的制定过程为研究对象，对英国二战后到 20 世纪末期高等教育政策的制定过程进行系统梳理，生动鲜活地还原了不同利益群体的利益诉求，揭示了隐藏在教育政策背后的生动和激烈的博弈。在此基础上，其借鉴新制度经济学的制度变迁理论及政策制定过程理论——支持联盟框架，匠心独具地将影响政策制定的因素置于系统动力学的框架之中，动态展现这些因素相互影响、相互作用的过程，最后，提出利益驱动是战后英国高等教育政策变迁的主要动因。

李峻将研究视野回归至我国教育政策制定与变迁上，在其博士学位论文《我国高考政策变迁研究——基于"利益相关者理论"的分析》中提出我国高考政策变迁历程是各个利益相关者利益格局不断调整的过程，也意味着高考政策变迁历程是在利益相关者之间"利益冲突—调整—阶段性均衡—冲突—阶段性均衡"的循环博弈模式下实现的。该研究通过对高考政策与利益相关者博弈过程的探究，以及对高考政策变迁的机理予以分析，发现利益相关者们的非合作博弈会导致个体理性与个体理性、个体理性与集体理性之间的冲突，造成利益总量的漏损。其认为只有通过合理的制度安排和利益冲突取向规划，才能尽量减少冲突，达成合作，最终探索出高考政策利益均衡模式的建构途径。①

相比之前对利益相关者如何影响政策制定及实施过程的研究，贺祖斌、蒲智勇将研究落脚点置于政策改变后，对不同利益主体所造成的影响及应对措施上。2015 年起，教育部全面实施了中小学教师资格考试改革，这一政策的改变也必定引起不同利益主体的应对和协调。其在《利益相关者视角下教师资格考试改革的思考》中提出，报考者、地方师范院校和社会培训机构是教师资格考试改革最主要的三大利益相关者。该文就这三大主要利益相关者群体提出了促进教师资格考试改革的策略分析。② 此外，《师范

① 李峻. 我国高考政策变迁研究——基于"利益相关者理论"的分析 [D]. 武汉：华中科技大学，2009.

② 贺祖斌，蒲智勇. 利益相关者视角下教师资格考试改革的思考 [J]. 教师教育研究，2017，29（2）：61 – 65.

生免费教育政策的价值分析——基于利益相关者的实证研究》以相关利益主体调查的事实数据为基础，对师范生免费教育政策从社会价值、个体价值两个方面，以及教育公平、个体发展两个维度进行价值分析。最终得出政策对促进免费师范生个人价值的发展具有约束性，政策的社会价值高于个人价值倾向的结论。该研究另辟蹊径地将利益相关者理论与教育政策价值维度分析相结合，剖析了教育政策的实施在社会价值与个体价值维度之间的取舍情况，为我们更客观、辩证地分析教育政策影响提供了可借鉴的视角。①

2. 国外研究现状

利益相关者理论起源于美国，早期也有学者将利益相关者称为"利益集团（Interest Group）"。亚瑟·本特利是在 20 世纪首位提出并系统论述利益集团政治理论的学者。他在《政府进程》（*The process of government*）一书中提到：社会是不同利益集团复杂的组合，各集团均作用于政府，政府的所有行为都是由利益集团相互作用的结果。政治过程实际上是利益集团与政府的互动过程，没有利益集团的话政治过程将不会持续下去。② 1984 年，美国著名经济学家弗里曼的经典著作《战略管理：一个利益相关者方法》不但掀起了学术界利益相关者讨论的热潮，而且拉开了将利益相关者理论实践运用于实践的序幕。弗里曼在这个著作中试图揭示利益相关者和企业战略管理之间的交互影响关系，将利益相关者定义为"任何能够影响组织目标的实现或受这种实现影响的团体或个人"。③

教育的发展与政策的制定属于政府的政治行为之一，与利益相关者息息相关。布劳恩指出，利益相关者对政策决策者很重要。因为它们可能提供有价值的政策资源，例如信息、专业知识和政治支持，从而极大程度上影响政策的内容和偏向。④ 受到亚瑟·本特利的影响，各国学者开始将利益

---

① 白贝迩，谭苗苗. 师范生免费教育政策的价值分析——基于利益相关者的实证研究［J］. 教育理论与实践，2017，37（19）：25–29.

② BENTLEY A F. The process of government［M］. Cambridge：Belknap Press of Harvard University Press，1967.

③ FREEMAN R E. Strategic management：A stakeholder approach［M］. Boston：Pitman，1984.

④ BRAUN C. The captive or the broker? Explaining public agency-interest group interactions［J］. Governance，2012，25（2）：291–314.

集团、利益相关者理论融入教育研究的视野中，关于利益相关者视角下的教育领域研究成果累累。

（1）基于利益相关者视角对高等教育的研究

玛蒂娜在《欧洲高等教育领域中的利益相关者组织：探索跨国政策动态》（*Stakeholder organizations in the European higher education area：Exploring transnational policy dynamic*）中，基于欧洲高等教育政策分析，通过将研究聚焦于多层次、多特征的六大欧洲高等教育领域利益相关者组织，分别为：欧盟大学、欧洲非大学机构、ESU 代表学生、EI 学术人员、ENQA 质量保证机构和欧洲商业雇主，由此分析欧洲高等教育政策的变迁、立场的转变，以及这些变化发生的原因与利益相关领域之间的联系。[①] 由美国国家高等教育改进中心（National Center of Post-Secondary Improvement）主持的，关于对高等教育利益相关者展开的三部曲系列报告《向利益攸关方提交的关于高等教育状况和成效的报告》（*A report to stakeholders on the condition and effectiveness of post-secondary education*）则从学生、家长、教学人员、雇主、政府人员、社团领导者等利益相关者着手，针对他们做了一系列问卷调查，从而根据调查情况得出结论。

其中，报告一聚焦于近期毕业的大学生，研究人员向他们提出诸如"你认为高等教育让你学到了什么？你学习的内容对你是否有帮助？给予了你哪些方面的自信？"等关于高等教育质量的问题。结果显示，63％的被采访者认为经过高等教育，他们在组织信息以及与他人交谈时感到有自信；61％的被采访者则认为自己在分析信息和执行任务时感到自信；但是，只有不到一半的人（48％）对他们在必要的关键环节——即找到一个研究主题、查找信息的能力有信心。在针对大众的调查报告中，研究人员对1000 名 18岁以上的公民进行了电话访问，访问主题为大众对于高等教育的看法，尤其对于高等教育政策的评价，公众将关注重点放在高等教育质量和费用、学生的积极性和责任、多样性和自主权及收入等方面。其中，吸引最优秀的教师、追求更高的学术标准和控制支出是公众普遍认为高等教育较为优

---

① VUKASOVIC M. Stakeholder organizations in the European higher education area：Exploring transnational policy dynamic [J]. Policy and Society, 2017, 36（1）：109 – 126.

先的追求。在针对雇主们展开的调查中，雇主们对于高等教育的现状和前景都表现十分积极，表示看好。①

此外，在利益相关者的参与对高等教育发展所产生的影响方面，英国学者巴尔加斯等在《高等教育机构组织变革的可持续发展利益相关者网络：英国的案例研究》（*Sustainable development stakeholder networks for organizational change in higher education institutions：A case study from the UK*）基于可持续发展的理论视野，对利益相关者与高等教育组织变革之间的关系进行了调查研究。作者认为，利益相关者们在政策的决策、制定和实施环节所具备的能力应当被承认。并且，利益相关者参与或被排除在外的原因，以及它们相互作用的结果就是高等教育组织变革的核心。除此之外，利益相关者的参与还可以帮助解决高等教育可持续发展政策实施中的领域差异。② 莱德罗斯和兰斯切也持相似观点，他们认为每个利益相关者都有可能影响高等教育机构的不同部门和活动，而这些部门和活动反过来又可能推进一个深度制度化的过程。③

（2）基于利益相关者理论对教育政策的研究

阿曼达等学者将与教育政策相关的利益相关者界定为：家长、教育工作者、商业利益相关者及纳税人。他通过研究利益相关者对南卡罗来纳州教育政策的看法，从国家对地方政策制定、政策执行和意义建构的角度，对利益相关者的意见进行了研究，从而探讨他们对问责制政策与其拥护者的态度之间的关系。④ 无独有偶，英国学者布拉德罗利也将研究视野置于2010 年以来问责制实施的分析。其研究方法基于"政策社会学"理论，并考虑了导致政策"变革轨迹"的具体要素，即包括政府代表、公众咨询和

---

① GUMPORT P. A report to stakeholders on the condition and effectiveness of postsecondary education [J]. Change：The Magazine of Higher Learning, 2001, 33 (3)：27 – 42.

② VARGAS V, LAWTHOM R, PROWSE A, et al. Sustainable development stakeholder networks for organizational change in higher education institutions：A case study from the UK [J]. Journal of Cleaner Production, 2018, 208 (10)：733 – 740.

③ RANDLES S, LAASCH O. Theorising the normative business model [J]. Org Environment, 2016, 20 (1)：53 – 73.

④ WERTS A, SALA M, LINDLE J, et al. Education stakeholders' translation and sense-making of accountability policies [J]. Leadership and Policy in Schools, 2013, 12 (4)：397 – 419.

公众反馈在内的利益相关环节。因此，其研究目标是分析一个想法如何成为一次会议演讲的关键部分、一份宣言的一部分、一项公众咨询项目，然后是学校制定的一项政策；以及在此过程中涉及哪些利益相关者的意见，又排除了哪些利益相关者的意见。他提出：利益相关者不仅仅是对政策的制定做出了贡献，更重要的是，他们也是构成政策的要素之一。① 加勒在《批判政策社会学：以史学、考古学和宗谱学为政策分析的方法》一文中同样提出了诸如"为什么政策议程上有一些项目而没有其他项目""为什么一些人可以参与政策的制定而不是其他人""如何调节这些因素之间的相互作用模式"等问题，实则是对利益相关者之间权力的博弈影响政策制定这一观点的肯定。②

伊恩和莫伊拉以苏格兰地区职前教师教育与早期专业发展为例，从利益转移的角度探讨中央政治权力下放对苏格兰教育政策制定的影响程度。值得一提的是，该文献探讨了苏格兰政策群体权力下放前，不同利益相关者之间的密切关系。作者提出，把主宰教育的责任从伦敦的英国政府转移到爱丁堡的苏格兰行政院，可能会滋生其他利益相关者的不安情绪。且新工党做法的影响在苏格兰可能没有在英格兰那么普遍，苏格兰的变革进程也似乎没有英格兰那么激进，步伐比在英格兰缓慢。③ 汤姆·舒勒和卡罗琳·班福德以社会资本的使用作为核心研究概念，将继续教育政策中的利益相关者界定为：政策制定者、雇主、职前教师教育提供者、继续教育培训机构、决策者和分析师。个人访谈紧随小组访谈之后，被用来更深入地探讨问题。作者还提到，这些利益相关者实际上是以学生为中心，围绕学生组成的关系网，如果关系网中越多的相关者支持继续教育，那么社会将越趋

---

① BRADBURY A. Slimmed down assessment or increased accountability? Teachers, elections and UK government assessment policy [J]. Oxford Review of Education, 2014, 40 (5): 610 – 627.

② TREVOR G. Policy trajectories: Treading the discursive path of policy analysis [J]. Discourse: Studies in the Cultural Politics of Education, 2001, 16 (5): 393 – 407.

③ MENTER I, HULME M. Is small beautiful? Policy-making in teacher education in Scotland [M]. Policy and Politics in Teacher Education. Routledge, 2013: 57 – 68.

向于终身学习型社会。① 也可以理解为，继续教育利益关系网与继续教育政策的制定息息相关。

（五）研究述评

从以上关于"英国教师教育"这一主题的研究成果中，可以发现国内外学者呈现出较大差别。第一，国内学者偏向于以历史纵向维度对英国教师教育相关政策、模式、课程的演变进行探索，从而把握其历史发展轨迹，总结演变规律。相对于国内学者较为宏观的研究视角，国外学者更偏好基于微观视角，以当下现实中发生的问题为切入点，从而反观历史，或者对英国教师教育某个时期阶段或某次改革进行述评和批判性反思，以及对其教师教育的实施效果进行测评。第二，国内学者关于英国职前教师教育的研究成果更多地散见于国别教育研究或教师教育研究等综合性的文献中，即更多的文献是在对世界教育、世界师范教育、世界教师教育等相关主题进行研究的同时，有部分涉及对英国教师教育的研究，针对性的研究文献数量较少，研究角度和涉及领域并不如美国教师教育相关研究那般多样化。而国外研究成果中，英国学者针对本国教师教育所进行的研究成果颇丰。当然，也不乏在针对欧洲地区教师教育的研究中涉及英国的。关于除英国、中国外的第三方地域中，澳大利亚地区的学者更偏向于对英国教师教育进行政策类研究和比较性研究，笔者推断这或许与澳大利亚曾为英国的附属殖民地有关。

在关于"职前教师教育政策"这一主题的研究趋势中，就笔者搜集的文献所展现出的研究现状而言，国内职前教师教育政策研究趋势可归纳为如下几点。第一，对政策文本的引用、解读与分析，以政策梳理述评型和政策评论型为主。该类研究以介绍性为主，通过对某一段时间或某项教师教育政策进行文本解读，分析其产生的背景、意义，从而对其作出评价。第二，政策的实施与建议，即通过对职前教师教育政策的具体实践进行效果评价，揭示出该政策在实施过程中产生的问题，进而对教师教育政策的

---

① SCHULLER T, BAMFORD C. A social capital approach to the analysis of continuing education: evidence from the UK Learning Society research programme [J]. Oxford Review of Education, 2000, 26 (1): 5 – 19.

发展提出改进性或创新性的实施建议。第三，在国别教师教育政策的研究中，依旧以美国为主，其余发达国家为辅。在此类文献中，作者们的研究目的大部分是学习发达国家经验，以期为我国提供学习借鉴之处。但值得一提的是，2010 年以来，越来越多的学者开始将研究视野置于与我国国情及教育发展轨迹相似的发展中国家，如非洲、印度等。此外，从单纯性的国外政策文献述评，逐渐转向基于国内职前教师教育政策所产生的问题，尝试从国外类似情况中寻求解决办法的问题型研究。

国外学界对于职前教师教育政策的研究趋势很大程度上与国内类似，通过对政策进行阶段性梳理或针对性述评，从而做出评价或提出建议。但与国内研究成果不同的是，国外对于教师教育政策的研究角度更为多元化，学科视野更为广泛，不乏从政治学、哲学、社会学等跨学科视角对教师教育政策进行解读的成果。此外，我国学者将研究重心大部分放在对于教师教育政策本身的文本分析，但对于该政策前期形成的原因、影响政策制定或实施的因素等较少涉及。而国外学者对于政策制定的过程与制定策略，以及影响政策的人员都做了不同程度的分析与研究。尤其在对影响政策制定和变迁的动因研究上，国外学者的研究更加具体、深入和多元。许多研究并非基于宏观的政治、经济、文化、社会四因素展开分析，而是深入挖掘史料，分析和组织其关键信息，从政党政治、意识形态、相关机构等角度批判性地分析职前教师教育政策如何受其影响、哪些方面受其影响，以及政策的变迁又交互性地对外界造成了什么影响。这种宏观考察结合微观探究的研究逻辑，更为立体、客观地向读者呈现并剖析了英国职前教师教育政策。

大部分国内外学者不约而同地偏向于将"利益相关者""利益集团"论与高等教育、教育政策两大教育研究领域相结合。部分学者对教育研究领域中所存在的利益相关者做出了分类及界定，通过梳理其利益诉求及实现诉求的手段，呈现出利益相关者与教育研究领域多维度的联系，也为其他学者更深入、多元地探讨提供了基础，包括探讨利益相关者对高等教育的管理、多方治理、组织结构变更，以及教育政策的制定、出台、实施所造成的影响等。此外，我国部分学者还将研究视野落脚于职业教育的领域，有不少著作及学位论文探究了利益相关者对于我国职业教育的影响及作用。就研究结论而言，可以发现国内外学者均承认利益相关者对于高等教育及教育政策的发展、变迁起着非常大的影响作用，不同领域的利益相关者通过不同的方式进行博弈，表达和实现自己的利益诉求。这一结论也意味着教育学研究视角和方向的转变。

综上所述，学界对英国教师教育政策这一主题的研究较为丰富，国内学界虽然成果稍有欠缺，但也呈现出正比例增长的趋势。研究方法大部分为文献研究法、比较研究法等质性研究方法，也有一部分采用如访谈法、问卷法等实证方法，且使用实证研究方法的趋势近十年来越发凸显。研究视角大部分基于史学视角或者比较教育视角。但这也反映出英国教师教育政策研究领域研究方法较为单一，不够多元化；质性为主，实证少见；本学科研究视角为主，跨学科研究视角少见；偏好基于史料进行分析归纳，缺乏基于问题进行的批判性思考。而基于利益相关者理论视角对教育领域问题进行的研究中，大部分学者将研究视野投射至高等教育、教育政策及职业教育领域，国别研究视域中也以美国为主，英国较少涉猎。以上成果为本研究奠定了进一步扩展的基石，而对于同一问题存在的分歧意见也能抛砖引玉，启发笔者做出进一步思考，为本研究提供足够空间。

五、研究方法

（一）文献研究法

本书的研究对象是教育政策，而政策是一定历史时期内服务于政党或国家发展目标及路径的产物，因此，本书的研究首先建立在对 1945 至 2015 年间英国职前教师教育历史发展的基础上。而教育政策可以集中体现出一定阶段内职前教师教育的发展趋势及发展目标，将职前教师教育政策制定过程中的利益冲突梳理清楚，更加有助于理清职前教师教育政策的发展历程。关于英国职前教师教育的历史梳理、各阶段政策和法案文件的文本材料，以及描述教育与政党、社会之间关系的文献等都为本文的展开奠定了基础。本研究所用的"文献法"中的"文献"首先包括英国政府、政党、公共机构及相关社会组织发布的报告、政策、年报、会议记录、调查数据结果甚至书信往来、人物自传等一手史料文献。以上一手史料对本研究提供了研究原料。同时，也涵盖国内外已公开发表的，有关英国二战后职前教师教育政策的专著、期刊论文、学位论文、会议论文等二手研究成果。

前人的研究成果为本研究提供了研究基础和分析思路。此外，《泰晤士报》《太阳报》、BBC 等主流媒体的报道也从侧面完善了文献资料，为本研究提供更加多元化的信息渠道。对上述文献材料的分析、整理、论述和引用不仅增加了本研究的真实性和客观性，而且使本研究的内容更加生动、全面。

（二）历史研究法

历史研究法指研究者通过对历史资料的收集与分析，拟置身于过去时空的场域中，按照历史发展的顺序描述、解释和理解历史时期中发生的行动和事件，也可视作比较研究法的一种形式，惯用于国别史、政治史、教育史等领域研究中。历史研究不是断章取义地分析某个时间段内事物发展的现状，而是系统地、纵向地研究它们以往的发展及其变迁的原因。通过对各种历史事件的关系梳理而理出因果线索，演绎出导致事物现状的原因，或推测其未来发展趋势。本研究严格遵循历史研究法的研究范式，在系统整体地研究二战后至今英国职前教师教育政策变迁的同时，还研究政策呈现出不同阶段性特征的原因，即引起政策呈现出阶段性变化的因素。纵向横向相结合，以便于更深入地探析二战后英国职前教师教育政策的动态发展。

（三）政策分析法

政策分析法是个人、团体、研究机构对现行或计划实行的组织政策、决策程序和活动中的情况、问题，以及公众对它们的反映信息进行系统的调研、观察，并做出定量和定性分析的过程。其目的在于协助政策制定者继续坚持或改进政策目标，实现社会发展和大多数人的利益。这一概念最早由美国政治学家林德布洛姆提出，他认为政策分析在政策制定过程中具有普遍性。

六、研究视角及思路

（一）研究视角

研究视角指由某一门学科本身所固有的某些特定基本范畴构成的一些分析研究资料和建构研究逻辑的基本范式。① 正是通过这些基本范式，研究

---

① 谢维和. 教育活动的社会学分析：一种教育社会学的研究［M］. 北京：教育科学出版社，2000：60.

者可以将相关现象和问题用逻辑框架整合起来进行分析，发现新的研究问题域，形成不同于以往的洞见，从而获得对研究问题的新认识。

1. 利益相关者理论解析

利益相关者理论的起源可追溯至20世纪80年代美国经济学界关于"谁是企业的所有者"这一问题的激烈讨论，学界对于推崇股东支配企业的"股东至上理论"和坚持利益相关者支配企业的"利益相关者理论"存在着不同争议。① 随后，以弗里曼、多纳德逊、米切尔等为代表的一批经济学家和管理学家不断对利益相关者理论进行完善，并取得了丰硕成果。②

利益相关者（stakeholder）本意是指在某一项活动或某企业中下了"赌注"（stake）的人，这些"赌注的拥有者"会与活动或企业的盈亏呈现出正相关联系，即他们的收益或受损与活动或企业的盈亏息息相关。直至20世纪60年代，随着越来越多的经济学学者对"利益相关者"概念的界定和使用，"利益相关者理论"逐渐得以形成，并呈现出阶段性发展。其兴起的显著标志是弗里曼于1984年出版专著《战略管理——利益相关者方法》（*Strategic management：A stakeholder approach*）。该著作首次对利益相关者理论进行了系统性研究，对利益相关者进行了明确的概念界定，并翔实阐述了利益相关者理论在企业战略管理中的运用。此后30年间，以弗里曼为代表的利益相关者理论认同度较高。但随着研究的深入和实践的发展，弗里曼理论定义过于广泛，界定方法不够全面化的缺陷逐渐暴露。为此，米切尔·伍德通过总结20世纪60—90年代期间各学者对利益相关者的概念界定，梳理出其定义的共同点和争议之处，最终确立通过3个属性分别计分的"评分法"（score-based approach）来对利益相关者进行界定和分类。

具体而言，在弗里曼提出利益相关者概念后，其概念框架经历了从广泛定义到多维细分再到属性计分的发展脉络。这样的发展变化也同样体现在了管理实践中，企业管理实践领域经历了"利益相关者影响"到"利益

---

① 陈宏辉. 企业利益相关者的利益要求：理论与实证研究［M］. 北京：经济管理出版社，2004：1

② 张世义. 利益相关者理论视角下的高校学前教育专业本科人才培养研究［D］. 南京：南京师范大学，2014.

相关者参与"再到"利益相关者共同治理"的变化过程。① 利益相关者理论也从适用于企业经营的经济学理论，逐渐发展至管理学、社会学、政治学、教育学等跨学科研究中。同时，在理论研究和实践应用方面都得到进一步发展。

2. 利益相关者理论视角的适切性

利益相关者是政治学的一个重要研究对象和领域。"人们为之奋斗的一切，都与他们的利益相关。"② 马克思认为，利益关系是社会关系的本质，社会现状是各种利益角逐与博弈的结果。教育活动是人类社会的特有现象，与利益之间存在着密不可分的联系。首先，教育是社会利益结构的组成部分，何人接受何种教育都可以视为利益资源在不同主体间的分配。其次，教育活动的背后隐藏着不同个体、群体之间的利益关系，即与利益相关者之间存在着密不可分的联系。在此基础上，教育改革实则是对教育中利益结构的调整，即改变个体之间在教育资源上利益分配的关系和格局。③

在公共管理领域内，政府与其他社会组织群体势力共同构成了相互依存，又相互制约的管理体系。④ 政府与社会组织、个人之间存在着权力和利益的互动纽带，其运作逻辑强调行为者之间关于利益分配的对话与合作，公共政策领域也是如此。"政策是对全社会的利益价值做权威性的分配。"⑤其根本目标是以实现公共利益为核心的社会整体利益最大化。但在政策制定运行的各个环节，为实现、维护和发展自身利益，参与政策的各类利益相关者会通过博弈互动，争取自身群体利益。⑥

教育政策是一种典型的公共政策，它的本质内容应该包括利益、公共权利和公民权利 3 个基本方面，教育政策需借助于公共权力来实现和调整各

---

① 王身余. 从"影响""参与"到"共同治理"——利益相关者理论发展的历史跨越及其启示 [J]. 湘潭大学学报（哲学社会科学版），2008（11）：28－35.

② 马克思，恩格斯. 马克思恩格斯全集：第 1 卷 [M]. 北京：人民教育出版社，1995：82.

③ 马健生. 论教育改革过程中的利益冲突 [J]. 教育科学，2002（4）：1－3.

④ 唐霞. 英国高等教育质量保证体系 [M]. 北京：北京师范大学出版社，2012：128.

⑤ ［美］戴维·伊斯顿. 政治生活的系统分析 [M]. 王浦劬，译. 北京：华夏出版社，1999：4.

⑥ 周国雄. 博弈：公共政策执行力与利益主体 [M]. 上海：华东师范大学出版社，2008：98.

方教育利益要求和利益关系。在教育政策的形成过程中，各利益相关者都会把自己的利益诉求投入教育政策制定系统中。政府将依据自身的利益需求，对复杂的利益关系进行调整，实现对社会教育资源的权威性分配。因此，教育政策的表面形态是政府或国家针对教育及其相关领域所制定的、静态的政策文本及其总和，但实则是教育利益分配与博弈的体现和结果，是利益的"显示器"和"调节器"，也是各个教育利益主体之间相互作用的动态循环过程。① 教育政策制定和实施的结果同样反映出不同集团、不同阶层及不同个体的利益。作为利益的平衡器，教育政策不仅集中体现了不同阶段中教育矛盾的聚焦点，也集中反映了各个利益相关者的呼声和愿望。

由此可见，将利益相关者作为教育政策分析的切入点具备相关合理性，利益视角在本研究中的适切性也不容置疑。英国学者布拉德罗利提出："导致政策变革的具体要素包括政府代表、公众咨询和公众反馈在内的利益相关环节。一个想法如何成为一次会议演讲的关键部分、一份宣言的一部分、一项公众咨询项目，然后是学校制定的一项政策，以及在此过程中涉及哪些利益相关者的意见，又排除了哪些利益相关者的意见，这一过程对于教育政策来说至关重要。利益相关者不仅仅是对政策的制定做出了贡献，更重要的是，他们也是构成政策的要素之一。"② 因此，基于利益相关者理论视角，通过对二战后英国职前教师教育政策变迁过程中牵涉到的利益相关者及其利益诉求和各自之间的利益博弈进行分析，更加有助于深入探究影响英国职前教师教育政策制定及变迁的各种动态因素，从而进行更深入、全面的分析。

（二）研究思路

1. 分析框架

本研究的对象为二战后英国职前教师教育政策，即以政策文本为研究切入点，通过剖析相关政策的出台过程、文本内容，及其价值意义，梳理二战后英国职前教师教育政策变迁的历史脉络。

---

① 李峻. 我国高考政策变迁研究——基于利益相关者理论的分析 [D]. 武汉：华中科技大学，2009.

② BRADBURY A. Slimmed down assessment or increased accountability? Teachers, elections and UK government assessment policy [J]. Oxford Review of Education, 2014, 40（5）：610 - 627.

教育政策的分析包括政策内容分析、过程分析和价值分析 3 个维度。首先，教育政策内容分析包括政策背景分析和文本分析两部分。政策背景分析即政策问题的缘起和依据是什么，教育政策目标是什么，教育政策的目标群体是谁，教育政策问题发生的社会、经济、文化等环境如何，政策文本分析即对特定政策文本进行内容分析和话语分析，对文本内容进行阐释。其次，教育过程分析即对教育政策的形成过程、执行过程及政策结果进行分析，即探讨教育政策如何形成、如何执行、何人参与等问题。最后价值分析也可理解为政策出台的影响及其评价，即分析教育政策所表现出的外在价值（政治价值、经济价值和文化价值）和内在价值（对政策目标领域有何影响）。同时，本研究的理论视角为利益相关者，希望以此为落脚点，窥探二战后英国职前教师教育政策变迁的路径、特点及动因。

综上，本研究以公共政策分析方法为基础框架，结合教育政策分析理论和利益相关者理论，按照政策背景—政策形成—政策文本—政策价值—政策中的利益博弈的理论框架考察二战后英国职前教师教育政策的变迁。在历史梳理与回顾的过程中，并非简单地叙述性堆砌史料，而是围绕政策分析的阶段与流程重新安置史料，在历史梳理过程中融入笔者的理论预设，以期更加深入、生动地解释导致战后英国职前教师教育政策变迁的动因，同时得出相应结论。

2. 具体思路

本研究面向二战后英国职前教师教育政策的制定及变迁，以利益相关者理论为研究视角，结合教育政策分析框架，采用文献研究法、历史研究法、政策分析法。纵向维度上，以政党交替为阶段划分依据，探究不同历史时期英国职前教师教育政策的阶段性议题和政策变迁的历史脉络；横向视域中，对政策制定背景、政策文本、政策价值予以分析。试图考察以下问题：第一，利益相关者视角下，战后英国职前教师教育政策在不同阶段的主题是什么？为什么会形成该主题？不同阶段之间经历了怎样的转变？第二，导致职前教师教育政策呈现阶段性变迁的利益相关者是哪些？他们各自的利益诉求是哪些？如何进行利益博弈从而影响职前教师教育政策变迁？第三，战后英国职前教师教育政策的特点是什么？导致特点形成的动因有哪些？对我国有何借鉴意义？具体研究思路如下：

绪论部分对研究缘起、研究目的与意义、概念界定、文献综述及反思、研究方法、框架与思路作出说明。

第一章至第四章基于纵向的历史变迁维度，根据二战后英国执政党交替的时间，拟将二战后英国职前教师教育政策的变迁分为 4 个阶段。而后对这四个阶段中具有代表性的职前教师教育政策进行制定背景阐述、文本分析，揭示政策形成过程中的利益冲突与博弈。

第五章总结影响战后英国职前教师教育政策变迁的利益相关者，以及不同阶段中职前教师教育政策所发生的转变，从而推断出导致政策变迁的内外动因，以此对全书进行理论性提升。

结语部分，概括性地提炼出二战后英国职前教师教育政策变迁的脉络特征，并针对我国职前教师教育政策的制定和发展提出启示。

第一章
二战后"共识政治"时期的职前教师教育政策：
重建与扩张

　　然而，旧世界恢复起来了，我们回到荒芜的田野和破落的车间，重燃自古以来贫富之间的旧恨新仇；我们的胜利就是我们的失败。

　　——赫伯特·里德：《致 1940 年的一位应征士兵》①

　　英国职前教师教育起源于 18 世纪初期。随着初等教育的发展，英国开始出现早期职前教师培训。当时，由教会团体负责，以导生制、见习教师制为主的英国职前教师培训还属于非正规的教育模式。19 世纪初开始，由私人开办的早期教师培训机构开始逐渐发展，当时英国出现了教会与私立并存的职前教师培训模式。英国大学也随之开始介入职前教师教育，但其主要是为中学教师提供短期培训课程。19 世纪末，英国政府开始与大学合作建立日间训练学院，通过拨款介入初等学校教师培训工作。大学参与师资培训以及地方政府与大学合作开办日间师资训练学院，标志着英国职前教师教育的层次开始向高等教育靠拢。20 世纪 20 年代后，随着初等教育的扩张和中等教育的发展，原本的日间师资训练学院已无法满足学校对教师在数量和质量上的需求，英国各界对职前教师教育的学术性提出了更高要求。此时，大学内部设立的教师培训部（或教育系）开始取代日间师资训练学院，进一步地承担职前教师培训的职责。

　　"二战"结束初期，英国遭受重创，经济基本上陷于瘫痪。英国记者在

---

　　① ［英］阿萨·布里格斯. 英国社会史［M］. 陈叔平，译. 北京：商务印书馆，2015：287.

报道中描绘道："虽然战争已经结束，但战争的环境在某些方面依旧存在。"① 此时，英国政府面临的最大问题是为国家重建、经济恢复创造条件。这重建的 30 年也被许多历史学家称为"共识政治（concensus）"时期，在国内问题上，大家都同意由政府保证范围广泛的福利制度；都同意以政府作为可被接受的执行者；都同意继续保持混合经济。在对外问题上，与美国结成伙伴关系，反对苏联。这一时间段内的职前教师教育也经历着恢复与重建，师资数量的扩充和师资培训的"大学化"成为这一时期职前教师教育政策的重点。

第一节 "共识政治"时期职前教师教育政策的背景

"所有社会，在民族危机和重大事变时期之后都尝试过重大教育改组。"② 教育重建同样是第二次世界大战后英国面临的重大课题。克莱门特·艾德礼带领的工党地位迅速上升，在战后第一次大选中赢得选票成为执政党，英国也由此拉开工党与保守党交替执政的序幕。同时，为迅速结束二战后内忧外患的局面，尽快重建国家发展经济，两党达成政治共识，施行凯恩斯主义建设福利国家，并取得一定成效，使英国的经济水平和社会状况得以恢复甚至赶超战前水平。③ 此时，英国职前教师教育主要由地方师资培训学院和大学的教师培训部负责。其中，地方师资培训学院负责培训初等学校教师，大学教师培训部负责培训中学教师。19 世纪末至 20 世纪初，英国基础教育的普及和中等教育的拓展对当时师资的数量、教学能力、专业水平都提出了更高要求。此外，二战期间许多教师教育机构被迫疏散甚至临时停办。师范培训班人数锐减的同时，英国社会迸发"婴儿潮"

---

① LOWE R. Education in the Post-War Years：A Social History［M］. New York：Routledge，1988：54.

② ［美］卡扎米亚斯，马西亚拉. 教育的传统与变革［M］. 福建师范大学教育系，译. 北京：文化教育出版社，1981：231.

③ LAWTON D. Education and labour party ideologies 1900—2001 and beyond［M］. London：Routledge Falmer，2005：54.

（baby boom）现象，学龄儿童人口不断增长。因此，师资数量的匮乏与教师质量的欠缺成为战后至 20 世纪 70 年代间英国职前教师教育所面临的首要考验。[①] 英国职前教师教育在此时代背景之下艰难走上了战后紧急扩张的重建之路。

一、凯恩斯主义指导下的国家干预

凯恩斯主义产生于 20 世纪 30 年代爆发的世界性经济危机。1932 年，英国经济降到历史最低点。与此同时，英国失业人数占就业人口总数的 16.8%。[②] 作为主流经济学的自由放任新古典主义已经无法适应当时的社会经济情况，英国政府迫切需要一种"直接干预"的新经济学力挽狂澜，摆脱危机。此时，主张国家适当干预经济，用国家力量的"有形之手"调整市场的凯恩斯主义应运而生，成为 20 世纪 30 至 60 年代英国执政党的经济指导思想。凯恩斯主义帮助政府缓解了周期性经济危机，推动了战后初期和 20 世纪五六十年代西方国家的经济繁荣，奠定了国家垄断资本主义发展的基础。尤其在二战后，国家干预的意识形态在英国各个领域和不同执政党手中得到了全面实施，经济领域中凯恩斯主义与政治领域中社会民主思想交织，对职前教师教育影响颇深。

（一）国有化政策的实施

二战后英国第一任首相艾德礼执政的头三年，把包括银行、煤矿、铁路、电力、煤气、交通运输、通信、医院等在内的一些民生性行业收归国有。在这些行业中就业的雇员也占到英国产业雇员总数的 20% 左右。企业国有化后，政府并不直接负责管理，而是建立相应的经济管理实体，如煤炭局、电力局等作为财产所有权的体现者，以政府代理人的身份负责经营。国有化并不是对原企业主私有财产的剥夺，国家以证券形式给予原企业主的赎买金甚至超过了其企业的价值，从而保证他们获得稳定的收入。企业国有化并未改变英国的经济基础，无论从工业结构、经济效益或是资源分

---

① DENT H C. The Training of teachers in England and Wales（1800—1975）［M］. London：Hodder，1977：11.

② ［苏］弗·格·特鲁汉诺夫斯基. 英国现代史［M］. 秦允衡，译. 北京：三联出版社，1979：168.

配来看，私营企业仍起主导作用。尽管如此，政府对经济的控制能力无疑得到了提高。1961 年，国有企业固定资产占全国固定资产总额的 19.6%，其产值占国内生产总值的 9.8%，就业人数占总就业人数的 8.8%。① 国有化政策一方面使英国在二战后初期摆脱了经济困境，另一方面也促进了一些工业部门的技术改造。在政府的帮助下，部分传统工业部门恢复较快。1947 年，英国工业已恢复到战前的水平，失业率下降到 2% 以下。可以说，艾德礼执政的这六年中，国有化政策在最大程度和最高效率上缓解了英国的经济困境。

1951 年，保守党再次掌权，时年 76 岁的丘吉尔再次上台执政。他在延续工党政府工商业国有化的基础上，进一步加大了政府对市场和生产的控制程度，并拉动内需刺激消费和经济发展。1953 年 2 月，他在马盖特保守党大会上的公开演讲中谈道："毫无疑问，新增加的负担将落在国家的财政上……保持政府供给粮食的义举与本国生产的有效刺激相协调一致不是一件容易的事……财政部用这样或那样的形式给予资金补助是必要的。我们辛勤地工作去解决棘手的市场和生产中的问题，请相信我们会公正地、令人充满信心地应对生产者，而不会把过重的担子加在纳税者身上，也更加不会拒绝消费者（我们都是消费者）。"② 这些政府干预政策也取得了较大成功。20 世纪 50 年代期间，英国经济保持平衡增长，失业率也保持较低的数据，国民收入增长较快，国际收支趋于平衡。在此时期内，英国贸易也在 20 世纪首次实现收大于支。然而，进入 20 世纪 60 年代以来，经济滞涨又初现端倪。新任财政大臣塞尔温·劳埃德缺乏经验，对经济形式的把握不够灵活，保守党政府接连治理无效，50 年代的繁荣兴旺早已不复存在。

1964 年，重回执政舞台的工党在其大选宣言《新英国》中理想化地表示，执政后会"在国家计划指导下充分运用和开发技术资源，合理利用民族智慧、科学创新和医药发明的天赋"。③ 然而，威尔逊上任伊始就面临近

---

① CRAFTS N F R, WOODWARD N. The British economy since 1945 [M]. London：Oxford University Press, 1991：405.

② [英] 温斯顿·丘吉尔. 我绝不与这个世界妥协：丘吉尔演讲集 [M]. 陈钦武，译. 南京：江苏人民出版社，2017：263.

③ NOEL G. Harold Wilson and the New Britain [M]. London：Gollancz, 1964：142.

7 个多亿的财政赤字，通货膨胀率不断上涨，英镑也一度贬值，现实迫使他将改善经济困境作为当下首要任务。为此，工党政府开始施行财政、物价和收入政策等计划经济手段。工党政府成立了涵盖 11 个地区的"经济计划局"和"经济计划委员会"，负责筹划制定各地区经济开发战略计划。次年，工党政府成立定价与收入委员会，其首要任务是游说资方和工会接受价格控制，增加收入。由于国际收支状况恶化，价格和收入政策也在实施一年后不了了之。工党政府的干预政策并未使经济获得持久和稳定的增长，直至 20 世纪 60 年代末，英国失业人口已增至 50 多万，通货膨胀率高达 8%。加上工党政府企图通过法律途径加大对社会干预的行为招致群众的极大不满，最终导致工党政府在 1970 年失去政权。

（二）福利国家的建立

对于在 20 世纪 30 年代受到经济危机重创的英国来说，第二次世界大战无疑是一剂猛药。经济的衰退导致了人民生存现状的窘迫，也激化了社会矛盾。饱经战争摧残的民众开始渴望和平，期待安定的生活住房和稳定的生存环境。医疗和社会服务都是百废待兴，安置大量的复员军人更是迫在眉睫。

英国关于福利国家的最初构想来自经济学家贝弗里奇于 1942 年 12 月发表的一份关于社会保险及有关服务的报告。根据这份报告，当时的英国联合政府宣布在战后将建立一套从"摇篮到坟墓"的福利制度。但贝弗里奇的报告在 1945 年受到了来自保守党内部的种种责难，丘吉尔在理智指出实现这种福利政策实现难度的同时，忽视了战后英国民众强烈要求提升生活质量和生存保障的呼声。相较之下，艾德礼的眼睛看准了日渐困乏的现实：和平的"血、汗、眼泪和劳苦"。① 在题为《让我们面对未来》的竞选宣言中，工党承诺除了要对许多经济部门实行国有化之外，还要建立全面的社会保险制度并实行国民医疗保健。最终，实现了惊人的复苏，奇迹般地赢得了 393 个席位，并在下议院获得了 146 个席位。多数评论人士将此次胜利归因于选民对社会改革的强烈愿望，以及避免重返两次世界大战之间的经

---

① ［英］J. E. D. Hall. 工党一年［M］. 费孝通，等译. 北京：生活·读书·新知三联书店，2012：56.

济萧条和失业时代的决心。在接下来的 6 年里，工党政府基于国家干预的经验，在混合经济和更广泛的社会福利体系（包括国民医疗服务体系）基础上，构建了二战后的政治共识，建立起"福利国家"的初步框架，开启了英国的福利新时代。

之后 20 年间，通过两党政治共识下相继出台的《国民保险法》《国民医疗保险法》《住房法》等法律的保障及实施，福利制度基本确立起来。福利政策已形成一个巨大的网络，覆盖了全体公民的基本生活需求。根据 20 世纪 80 年代的统计，英国 5600 万人口全体享受免费医疗，930 万老年人享受国家的基本养老金，430 万无收入或者低收入者领取补助金。事实上，战后几十年的英国虽基本上消除了赤贫现象，但并没有消除贫困。与此同时，福利政策也暴露出一些弊端。政府过度强调福利国家建设，相关支出不断增加，民众对福利的需求也随之增加。毫无疑问，这导致福利政策成为英国财政支出中的巨大漏洞。工党政府上台时出现 3.5 亿英镑的赤字，直至撒切尔夫人上台前的 15 年中有 8 年出现赤字。① 资金的大量投入虽然使社会发展水平达到一个新的高度，但也使财政开支的承受能力达到极限。20 世纪 70 年代后期，失业人口剧增，失业津贴急剧上升，人们的期望值也越来越高，福利制度面临着严峻考验。

在凯恩斯主义中心思想的指导下，战后 20 多年间英国两党形成了国家干预的共识，在经济政策上实行国有化政策，在分配政策上推行福利国家制度。虽在一定时间段内缓解了英国二战后水深火热、萧条颓靡的国家情况，但 20 世纪 60 年代末期失业率飙升与通货膨胀共存的"英国病"使英国又一次面临严峻考验，也为职前教师教育的困难重建和紧急扩张设置了重重阻碍。

二、英国基础教育的广泛普及

从 1870 年的《福斯特法案》到 1902 年的《巴尔福法案》，直至 1918 年《费舍法案》的出台，英国普及国民初等教育的目标基本得以实现。随

---

① 钱乘旦. 英国通史：二十世纪英国. 第六卷：日落斜阳 [M]. 南京：江苏人民出版社，2016：79.

后，工党政府于 1918 年提出"人人受中等教育"的口号，并将其视为工党教育政策的基础。① 英国也从此踏上初等和中等教育一体化衔接的国民基础教育之路，《1944 教育法》的颁布和实行也意味着英国基础教育广泛普及的目标基本实现。法案主要通过再延长义务教育年限、大力增建基础教育学校（小学和中学）、提供拨款等措施基本保障了学龄儿童及青少年人人接受基础教育。与此同时，该举措也对中小学师资的数量及质量提出新要求，对当时的职前教师教育造成了巨大影响和挑战。

（一）义务教育年限的延长

1918 年，《费舍法案》首次提出通过延长学生法定离校年限来发展和普及基础教育。法案规定，义务教育的法定离校年龄提高至 14 岁，取消小学学费。事实上，只有约 10% 的儿童有资格升至文法中学继续学习，导致初等学校中超龄学生越来越多。同时，英国公众对中等教育的需求愈加强烈，要求扩大中等教育普及度的呼声也越来越高。就英国工人来说，他们要求的不是中心学校，也并非部分时间制继续学校，他们要求的是一切正常儿童接受至 16 岁的全日制中等教育。② 1926 年，首届工党政府教育委员会发表题为《关于青少年的教育》报告（又称《哈多报告》），建议以 11 岁为分界线将基础教育分为初等和中等教育两段制体系，这也意味着中等教育成为独立阶段，每个儿童至少可以接受 4 年的中等教育，全国范围内将儿童最低离校年龄提高至 15 岁也因此变得顺理成章。1929 年 7 月，工党政府顺势在宣言中明确指出，希望提高中等教育的学习年限，即将义务教育的离校年龄从 14 岁提升至 15 岁，同时希望该项改革从 1931 年 4 月起正式实施。③这一举措也将义务教育年限的再一次延长提上日程。《1936 教育法》根据建议将离校年龄提高至 15 岁，但因战争的原因并未成功实施。

尽管二战前已经有法案提议建立与初等教育相衔接的中等教育，政党也呼吁给更多的人创造接受中等教育的机会。实际上，当时英国中等教育

---

① 易红郡. 从冲突到融合：20 世纪英国中等教育政策研究 [M]. 长沙：湖南教育出版社，2005：188.

② 瞿葆奎. 教育学文集·英国教育改革 [M]. 北京：人民教育出版社，1993：33.

③ PARKINSON M. The Labour Party and the organization of secondary school education，1918—1965 [M]. London：Routledge&Kegan Paul，1970：21.

不仅在总量上无法满足"人人接受中等教育"的愿景，在与初等教育的衔接上也存在平行、重叠的问题，这在很大程度上与英国战后社会重建的总体步伐方向不一致。因此，《1944 教育法》（又称《巴特勒法案》）应运而生，将解决中等教育的普及问题作为法案重点内容。该法案再次作出明确规定，延长义务教育年限 1 年，从原来的 14 岁延长至 15 岁，并为日后再次延长做准备。法案第三十五条规定，义务教育年龄是指 5 岁至 15 岁之间的年龄。因此，5 岁至 15 岁之间的儿童将被视作义务教育年龄的儿童。① 此外，工党于 1945 年的宣言在"教育与休闲"议题下，承认《1944 教育法》是向前迈出的重要一步。"工党将不仅致力于使法案产生法律效力，更注重其实际效果的产生。包括尽早将离校年龄提高至 16 岁。"②

（二）基础教育学校的扩建

为保证足够的初等学校和中等学校满足学龄儿童的入学要求，《1944 教育法案》在第八条中规定，由地方教育当局负责保证初等学校和中等学校的开办。其中包括各地教育当局应当负责保证本地区初等和中等学校的数量。第十一条进一步明确地方教育当局要向教育和科学国务大臣提交本区"教育发展计划"，以"保障在本地区将设立足够的初等学校和中等学校，并表明为实现该目的所应采取的措施"。第十二条关于初等教育和中等教育的地方教育令提出："教育和科学国务大臣在批准地方教育当局递交的地区发展计划后，将立即为该地区颁发地方教育令，列举当地教育当局负责维持的郡立和民办学校。同时，地方教育令将制定条款，规定在地方教育当局为提供初等或中等教育所开设及资助的学校中，哪些属于初等学校，哪些属于中等学校，哪些是临时开设兼施初等及中等教育的学校。"③ 此外，法案还对教育科学部以及地方教育当局对基础教育的经济保障予以补充说明。例如，公费为学生提供必要的医疗检查和医学治疗；地方教育当局负责向在校生提供牛奶、膳食和点心；向本地区的初等教育和中等教育，以及继续教育机构提供娱乐活动、社交训练和体育训练的设施等。

---

① 瞿葆奎. 教育学文集·英国教育改革 [M]. 北京：人民教育出版社，1993：173.

② DALE I. Labour Party General Election Manifestos, 1900—1997 [M]. London：Routledge，2000：58.

③ 瞿葆奎. 教育学文集·英国教育改革 [M]. 北京：人民教育出版社，1993：150.

《1944 教育法》在强调基础教育普及建设的同时，对职前教师教育也有所提及。其在第六十二条中指出，教育科学国务大臣以及地方教育当局在师资培训方面应承担职责。教育科学国务大臣应当保证为基础教育提供足够的师资，为地方教育当局维持的学校、学院和其他教育机构培训合格师资。同时也有权要求地方教育当局为履行师资培训职能所花费的开销提供正当的捐款。① 此外，在所有郡立学校中，教师任命将由地方教育当局负责。除地方当局外，任何人无权解雇教师。在所有受助民办学校中，由学校董事会任命教师，由地方当局确定受雇教师人数，地方当局可以要求解雇教师。至此，地方教育当局在教师任命和解雇方面的权力得以正式确立。这一规定也意味着，地方教育当局对师范教育的参与度极大提升，负责和发展职业前教师教育成为地方教育当局的法定职责。

在此时期，英国政府通过政策法案、资金拨款等方式将教育重建的重心放在了基础教育的普及和中等教育的扩张发展上。自 20 世纪起不断延长的义务教育年限在一定程度上加速了英国初等和中等教育普及化的进程。同时，以国家法案的强制性手段扩展了基础教育的普及度，保证了学龄儿童的在校学习时间。增建基础教育学校、提供额外的福利保障和拨款支持也进一步保证了英国基础教育的稳定发展。与此同时，这一举措对中小学师资的数量和质量也有所影响。这意味着中小学需要更多具备相应知识水平和教学能力的合格教师，以保证延长的学习期限中教学工作的正常开展与运行。同时，这也意味着新增的教师应当在法案正式实施之前尽快地完成招募和培训，对教师培训学院等机构的工作强度和质量也相应造成挑战。② 1955 年，保守党领导人在"教育"议题宣讲中，回顾了英国政府为应对二战后学生数量的巨大增长而"创纪录"地兴建新学校和培养教师的成绩。并提出，接下来的 5 年，"我们将提供 100 万所新的中小学场所，并以每年 6000 名的速度培养教师"。③ 建立致力于培养中学师资的大学教师培

---

① 瞿葆奎. 教育学文集·英国教育改革 [M]. 北京：人民教育出版社，1993：193.

② DENT H C. The training of teachers in England and Wales（1800—1975）[M]. London：Hodder, 1977：103.

③ DALE I. Conservative Party Election Manifestos, 1900—1997 [M]. London：Routledge, 2000：98.

训部是基础教育的扩张对职前教师教育造成影响的标志之一。中等教育的普及和发展也成为影响大学对教师培训的参与程度、推动大学与师资培训学院之间利益博弈的动因之一。

三、中小学师资数量和质量的欠缺

受第一次世界大战的影响，英国职前教师教育的师资供需本就处于不平衡的状态。加上 20 世纪初经济环境恶劣的影响，二战前的英国职前教育已经面临着重重困难。然而，二战对于职前教育的毁灭性打击远胜于第一次世界大战，大量男性学员被征兵服役，许多教师培训机构也因战争被迫关停甚至倒闭，培训机构的教学质量也日益降低。与此形成鲜明对比的是，战后英国新生人口的迅速扩张导致学龄儿童人数的陡增，英国中小学和职前教师教育师资数量与质量之间的矛盾也进一步激化。

（一）二战后英国人口急速扩张

自 1945 年以来，英国和英国人民的生活都发生了巨大的变化，这些变化对社会带来重大的影响远比那些主导经济的政治家所做的事情影响更大。英国变化的主要驱动力是人口前所未有的急剧增长。[①] 实际上，这也是二战后西方国家"4664"现象在英国的体现。"4664"现象指 1946—1964 这十八年间，德国、美国、英国等国数以千万的"婴儿潮世代"（Baby Boomer）出生。人类学家维拉·埃利奇认为，二战后人们对婚姻和家庭的渴望愈发明显，亲密关系和家庭生活成为抚慰战争生灵涂炭的一剂良药。这很大程度上能够解释二战后超出各国预期的婴儿潮现象。这一现象从 1939 年开始盛行于西欧并延续到 20 世纪 50 年代，对于人口下降的悲观预测，已经不复存在。[②] 英国的新生儿出生率在二战后急剧上升，在 1947 年达到高峰，随后有所下降，接着再次攀升，至 1966 年形成一个小高潮。据英国官方数据统计显示，20 世纪 50 年代，英格兰和威尔士人口增加约 250 万，到 1961 年

---

① ［英］杰里米·布莱克. 英国简史［M］. 廖文静，译. 武汉：华中科技大学出版社，2016：190.

② ［英］马克·马佐尔. 黑暗大陆：20 世纪的欧洲［M］. 赵博文，译. 北京：中信出版社，2018：225.

增加 4600 万。① "婴儿潮"现象导致的新生人口暴增，也促使二战后初期英国的中小学学龄儿童数量暴涨。在校学生数量的陡增给原本就在恢复重建阶段极为不稳定的师资数量造成了巨大考验，师资培养结构失衡、合格师资严重短缺等一系列问题也接踵而至。据统计，1956 年至 1964 年间出生率的"激增"导致当时 157 所教育学院的受训学生名额大幅增加。从 1962 年到 1972 年，教师教育专业的学生人数翻了一番，在 1972 年达到 11.4 万的峰值。②

事实上，人口统计学从来不可能与经济学相分离，而且人口结构变化的趋势也越来越多地影响政策的制定，这首先体现在教育方面。中小学和大学的教育经费数额以及运行，都决定于"人口膨胀"。1949 年，皇家人口委员会就在报告中提出："对于出生率变化所产生的影响，政策也会相应地有所改变。"③ 而这一时期人口因素对教育尤其职前教师教育发展的影响比任何时期都要显著。显然，二战后至 20 世纪 60 年代末期出生人口的大幅度上升影响了职前教师教育政策从《迈克奈尔报告》到《罗宾斯报告》中的相关建议的制定。

（二）师资培训机构不堪重负

20 世纪初直至二战结束时期，英国职前教师教育的教师培训机构主要由师资培训学院和大学教师培训部负责，其中师资培训学院的师范生是英国中小学教师的主要来源。受自身水平限制和战争带来的不利影响，英国传统师资培训机构所存在的弊端也逐一暴露凸显。

首先，教师培训机构基础设施差，长期不受国家重视。英国师资培训机构规模偏小，加上二战后经济恢复期财政拨款不足，社会地位也相对低下。导致培训学院地位低下的两个缘由是贫穷和规模过小。"大多数培训学院的主要问题是他们的贫困以及由此产生的所有问题。"④ 1938 年，在 83 所

---

① LAWSON J, SILVER H. A social history of education in England [M]. New York：Methuen&Co, 1973：428.

② ADELMAN C. Teacher education in England and Wales：the past twenty years [J]. European Journal of Education, 1986, 21（2）：175 – 179.

③ [英] 阿萨·布里格斯. 英国社会史 [M]. 陈叔平, 译. 北京：商务印书馆, 2015：372.

④ THOMAS J B. British universities and teacher education：A century change [M]. London：The Falmer Press, 1990：40.

培训学院中，有 60 所的学生人数少于 150 人。二战对培训机构的摧毁程度远胜于一战时期，包括培训机构校舍在内的大量建筑被摧毁，学校和公共设施成为废墟。仅存的培训机构中，50% 的教师培训学院缺乏绘画室、体育馆和实验室；近 60% 的教师培训学院没有添置电影放映机；超过 30% 的教师培训学院缺少用于教育的广播设备。① 在此环境中培训的师资成员数量十分不稳定，学员流失现象频发。

其次，二战迫使许多本应参加或正在参加教师培训机构课程的男学员被征兵入伍，许多师资培训机构关停甚至倒闭，对师范教育造成了严重的破坏。据统计，大学教师培训部的学生从战前 1938—1939 学年的 970 人下降至战后 1941—1944 学年的 50 多人。② 1942—1943 学年，教师培训男校的学员人数下降至 1938—1939 学年的四分之一。相反的是，由于女性学员在 1914—1918 年间被迫通过从教来完成国家服役（national service），战争时期教师培训女性学员的人数并未低于战前水平，甚至在 1943—1944 学年间开始赶超战前。③ 在校学生不断减少的同时，毕业生也面临着失业困境。英国史学家邓特谈道："他们（在校生）还没有明白 20 世纪 30 年代初期世界范围内的经济大萧条是怎么回事，二战已经在他们身边爆发了。"④ 此外，由于一些教师培训学院位于战争危险区域，部分培训学院的校舍被临时征用于军方，还有少部分培训学院为了躲避战争不得不将学生分批转移至不同的地区和机构，导致大量教师培训学院因战争而受到损害。⑤

此外，培养中小学教师的传统主力军——师资培训学院，之前一直属于继续教育系统。其学院毕业后获得的是普通教育证书而非学位证书。其中获得高级水平的毕业生升入大学继续学习，其余的则成为中小学教师的

---

① THOMAS J B. British universities and teacher education：A century change［M］. London：The Falmer Press，1990：40.

② STEWART W. Higher education in Postwar Britain［M］. London：Macmillan，1989.

③ DENT H. The training of teachers in England and Wales（1800—1975）［M］. London：Hodder，1977：111.

④ THOMAS J. British universities and teacher education：A century change［M］. London：The Falmer Press，1990：111.

⑤ DENT H. The training of teachers in England and Wales（1800—1975）［M］. London：Hodder，1977：112.

主要来源。有学者声称："现行的师资培训学院所采用的一直是源于 19 世纪培训学院'狭隘、机械和束缚'的方法。"① 师资培训学院不够专业、教学质量低下，不足以培养合格的中小学教师的观点也受到了英国社会各界的普遍认同。

英国师资培训机构设施老旧、数量减少、培训水平不足等弊病导致其教学质量低下，培养的学生无法胜任教师岗位承担教师职责等问题一一暴露，师资培训机构不堪重负，加上战后学龄人数的暴增，无疑让当时的职前教师教育雪上加霜，最终导致了二战后中小学师资数量的短缺和质量的低下。

第二节 强调数量扩张的职前教师教育政策

为了尽快满足基础教育的普及和延长义务教育年限的需求，处于重建与恢复期的职前教师教育开始了扩张之路。一方面，通过《麦克奈尔报告》《罗宾斯报告》《詹姆斯报告》的发布，在学员数量和机构数量上实现了大规模增长。另一方面，原本由教育学院主导的职前教师教育逐渐走上大学化的进程，大学在职前教师教育领域的话语权不断扩大。职前教师教育大学化的过程中也隐含着利益的博弈与妥协。

一、《麦克奈尔报告》：扩大职前教师教育办学规模

二战后重建时期，师资数量短缺和质量低下成为这一时期英国职前教师教育首个需要解决的问题。与此同时，大学与教师教育之间存在已久的矛盾持续激化。政府希望加强大学与教师培训学院之间的联系，从而扩大大学对职前教师教育的参与度，及其在职前教师教育发展中的责任。依靠大学在理论素养上的优势来提升合格师资质量，提高职前教师教育的学术水平与社会地位。但大学内部并未主动接纳这种联系，甚至一度抵触。在

---

① PATRICK H. From cross to CATE：The universities and teacher education over the past ［J］. Oxford Review of Education，1986，12（3）：243 – 261.

此矛盾激化的背景下，麦克奈尔委员会（McNair Committee）应运而生，随后颁布了战后英国职前教师教育发展史上的重要里程碑政策——《麦克奈尔报告》。①

（一）《麦克奈尔报告》的出台

1. 麦克奈尔委员会的建立

二战前夕，英国存在数百所师资培训机构，即教师培训学院。由于管理的松散与体制的缺陷，加上大学在参与教师培训中"冷漠"的态度，使这些教师培训学院与大学之间并未形成紧密联系与良性合作。这也导致当时英国教师培训体系出现"良莠不齐"的状况，不同的教师培训学院使用着不同的培训方案和培训标准，并未形成完整、统一的教师培训制度。为此，教育署于1925年任命以伯纳姆为主席的委员会调查公立小学教师的培训情况。② 在委员讨论会上，官方建议将全国教师培训学院与大学紧密结合，成立联合考试委员会（The Joint Board Scheme）。具体做法是将全国的教师培训学院纳入11个地区组织之中，每个地区组织与一所大学或大学的教育学院建立联系，从而成立联合考试委员会。该委员会的代表由教师培训学院、地方教育当局、教师团体和大学组成，进一步拉近了大学与教师培训学院之间的联系，也使大学在教师教育中承担更大的责任。大学教授汉弗莱认为，虽然委员会的建议在一定程度上会影响大学的自治与学术地位，但也确保了培训学院将保持在高等教育的主流范围之内，有利于培训学院质量与学术地位的提升，虽然大学并不完全接受这种做法。③ 最终，委员会决定保持原建议，设立11个联合考试委员会。

事实上，大学在会议中模棱两可的态度让地方教育当局感到担忧。尤其当伦敦大学国王学院的校长巴克（Barker）教授用毫无热情的语气表示："大学愿意与政府合作设立联合考试委员会，更多的是出于公共责任感，而

---

① PATRICK H. From cross to CATE：The universities and teacher education over the past［J］. Oxford Review of Education，1986，12（3）：243－261.

② THOMAS M. Teacher training：The church colleges，1890—1944［D］. University of Leicester，1982.

③ CROOK T. Education and the Professions［M］. London：Routledge，1973：49.

.

非自身利益。"① 同时，牛津大学拒绝参与该计划，剑桥大学也只与一所培训学院建立联系。这两所古老的大学声称，由于它们久负盛名，因此不宜参与区域联合委员会组织，以免影响自身的学术名誉与自治权力。② 对培训学院而言，虽然这些学院热衷于与大学建立联系，但它们似乎无法以任何方式加强这种联系。就大学而言，它们对教师培训学院和教师教育缺乏热情，甚至有些抗拒。在 1932 年起草的一份教育委员会讨论文件中，明确使用诸如"曼彻斯特大学副校长不太感兴趣"和"伯明翰大学所起的作用很小"等短语来表示大学的态度。培训学院的校长多布森也将大学与培训学院的联系描述为"虚幻的""不切实际的"。③ 大学与培训学院由此产生的不满和愈演愈烈的矛盾也激发了麦克奈尔委员会的诞生。

1942 年，为增加大学在教师培训中承担的责任，提升教师培训的理论素养与学术水平，政府决定设立新的调查委员会（即麦克奈尔委员会），致力于对现有教师和青年领导者的补充、招聘与培训进行调查，并以报告形式提出应急性方案。④ 教育委员会教师分会（Teacher's Branch at the Board of Education）主席伍德（S. H. Wood）爵士提议，由大学副校长担任调查委员会的主席。因此，教育国务大臣巴特勒（Bulter）任命利物浦大学副校长的阿诺德·麦克奈尔爵士成为委员会主席。《泰晤士报教育副刊》（*Times educational supplement*）也赞同此决定，评论道："由于大学将来必然在很大程度上与教师培训密切相关，也应该密切关注青年领袖的培训。因此，任命大学的副校长担任主席，是为之振奋的消息。"⑤

2. 麦克奈尔委员会成员观点的争论

"大学与培训学院以何种方式建立联系"迅速成为麦克奈尔委员会的首个关键问题。几乎每一个提交书面或口头诉求的专业团体都有自己的利益

---

① NIBLETT W. The university connection [M]. Windsor：NFER, 1975：45.

② PATRICK H. From cross to CATE：The universities and teacher education over the past [J]. Oxford Review of Education, 1986, 12（3）：243-261.

③ NIBLETT W. The university connection [M]. Windsor：NFER, 1975：45.

④ DENT H. The training of teachers in England and Wales（1800—1975）[M]. London：Hodder, 1977：112.

⑤ CROOK D. Universities, teacher training, and the legacy of McNair [J]. History of Education, 1995, 24（3）：232-245.

诉求。对培训学院校长来说，他们中大部分人迫切需要通过与大学加强联系来解决未来发展的问题。弗兹敦学院（Furzedown College）校长布拉德利女士推测："除非这种联系本身能够有所进展，它才有助于解决实际问题。"哈德斯埃弗里希尔学院（Avery Hill College）的校长康塞特博士希望未来的培训学院能成为大学校内系部。

麦克奈尔显然惊讶于不同利益团体对大学与培训学院联系的重视程度。1942 年秋季，他在给大学校长与副校长委员会（Committee of Vice-Chancellors and Principals，以下简称 CVCP）成员——达夫教授的一封信中承认，教师职业者对大学的尊重使他相信，大学"必须做的不只是表面姿态"。"我认为他们（教师培训学院）将大学视为天生的领导者。同时，他们对未建立更实质化的联系，未得到大学更多的领导表示出失望。大学应认识到，他们必须在职前教师教育领域承担起重大责任，但目前大学不愿意以学位的形式承担这种责任。"然而，在随后的几个月里，麦克奈尔的立场逐渐趋于保守，他对大学将被学生淹没的前景以及战争结束后的额外责任感到担忧。

与此同时，委员会的内部矛盾于 1943 年初春激化。布里斯托大学的副校长菲利普·莫里斯是一位现代主义者，他相信大学除了保持他们的学术传统地位，也应当为了满足战后教师培训需求而扩大自身责任，伍德也这么认为。同年 3 月，伍德在一份"强制性（forcible）"备忘录中提出了他关于"大学教育学院"的提议，麦克奈尔则授权将这份备忘录分发给委员会各成员阅读。① 伍德的提议在更大程度上考虑了大学的责任，认为教师培训学院的学生都应该成为大学的成员。然而，这份提议中关于大学生人数将迅速翻倍的预测令麦克奈尔大为震惊，也暴露出委员会主席和秘书之间因观点不同所产生的意识形态鸿沟。麦克奈尔随后着手起草一份反对提案，在伍德寻求统一模式的地方，麦克奈尔支持"多样化和实验"，坚持认为"一些大学将比其他大学做得更多"，并反对伍德关于大学有能力"无限期扩张"的推论。他认为，大学的主要目的是"培养领袖"，但他们"必须时

① CROOK D. Universities, teacher training, and the legacy of McNair [J]. History of Education, 1995, 24 (3)：232 – 245.

刻保持警惕，以免沦为培训机构而不是教育机构"。

在伍德看来，麦克奈尔对于大学的认知过于保守。在伍德致伦敦国家委员会（LCC）教育官员的一封信中，他对学术保守主义的失望显而易见。他认为"大学害怕被影响和被打扰，希望没有人会注意到他们"，但他想"把大学从隐蔽的角落拉出来，给大学一个机会，为教师培训和教学专业做出应有的贡献"。为此，伍德提出了大学建立教育学院培养未来教师，并为该专业学生授予学位的方案建议。伍德甚至认为，如果在这件事上大学置之不理，从长远发展来看，这将是一场教育灾难。①

出乎意料的是，伍德的提议与麦克奈尔的观点完全相悖，并且不愿意做出让步。为此，当巴特勒在《1943 年白皮书》② 初稿中敦促伍德支持"教师培训的贫困待遇"时，伍德也要求麦克奈尔放弃他对大学教育学院提案的反对意见。麦克奈尔坚定地认为这两项提议有着本质上的区别，应该邀请 CVCP 成员投票表决。观点相悖的两份提议载于委员会第 141 号文件，该文件随后送交至各大学校长、教育学教授、培训学院校长和首席教育干事手中。1943 年夏末，麦克奈尔委员会与这些利益团体进行了会议洽谈。当时巴特勒已经公开发布《教师紧急培训与招募方案》白皮书，各界人士对该阶段教师培训的发展也表现出极大兴趣。国会议员塞尔玛·卡扎莱特·凯尔（Thelma Cazalet Keir）认为，麦克奈尔委员会的最终建议将"对教师培训计划未来的成败至关重要"。③ 经委员会进一步商榷后发现，伍德的方案支持者更多，但磋商不置可否的性质决定了委员会的意见仍然分裂，不同观点集中于秘书和主席两大派系之间。因此，当 1944 年 5 月报告最终发布时，报告对两项相互竞争的建议作了冗长的叙述。《麦克奈尔报告》成为

---

① CROOK D. Universities, teacher training, and the legacy of McNair [J]. History of Education, 1995, 24 (3): 232 –245.

② 《1943 年白皮书》，又称《教师紧急培训与招募方案》（*Emergency scheme for the recruitment and training of teachers*），是教育委员会主席巴特勒于 1943 年 10 月在国会下议院宣布的方案。意在解决当时师资需求增加所带来的问题。方案建议实施为期一年（48 周）的密集师资培训课程，合格人选在中小学进行服务后，再回培训学院延续两年培训课程。引自 DENT H C. The training of teachers in England and Wales（1800—1975）[M]. London: Hodder, 1977: 114.

③ CROOK D. Universities, teacher training, and the legacy of McNair [J]. History of Education, 1995, 24 (3): 232 –245.

委员会矛盾激化的产物，报告的最终结果也被视为观点博弈后的妥协。

（二）《麦克奈尔报告》的内容

1944 年 5 月，《教师和青年领袖》（*Teachers and youth leaders*）报告（即《麦克奈尔报告》）如期发布。报告分为 4 个部分。第一部分内容关于中小学教师和一般培训的组织，包括教师培训、鉴定、供给现状以及未来规划、薪资待遇及重要培训署和地区师资培训组织的建立。同时，此部分所占篇幅比例最大，存在争议最多，对后期教师教育影响也最为深远。第二部分内容关于青年学院的青年领导人和教师，针对其人员配备、工资和养老金、年龄和培训内容、课程性质及时长、培训资格及选拔方法、进修课程及在职义工课程等进行了相关阐述与规定。第三部分内容则关于技术学院的教师，包括对其发展现状、未来规划、资格要求进行分析与界定，同时提出了加强工商合作和技术教育的几点建议。在第四部分中，委员会还考虑了威尔士的特殊需要和其他一些重要问题。如幼儿学校、特殊学校、乡村地区的教师培训与供应，图书馆、短期课程等教师在职提升途径，以及针对女性教师的生理教育等。最后，委员会针对以上内容，从教师招聘、培训组织、课程内容、服务条件等方面总结出 40 条建议。其中 4 条建议对当下及未来的教师教育起着重要影响。

1. 扩大教师供给来源

关于未来教师需求量可能到 7 万人，而现有机构无法满足这一问题，报告提出如下建议：

（1）师资培训机构扩大招生范围。原本培训学院及大学只招收有意担任教师的中学生，未来应涉及公学毕业生。

（2）取消女性教师结婚必须离职的规定。由于每年中小学教师流失人数中，约有 8000 名是因女性结婚而被迫离职。报告建议应让其返校继续担任教师，并彻底取消这一不合理的规定。

（3）聘用兼职教师。中小学师资成员均为全职教师，但二战后许多素质良好的毕业生处于失业状态，其中不乏受过专业教师培训的学员。因此，报告建议教育委员会鼓励地方教育当局及学校聘用合格者为兼职教师，从而缓解二战后师资压力。

2. 培训制度由 2 年延长为 3 年

委员会谴责了现有混乱且失调的教师培训、招聘、供给制度，认为现存制度无法满足未来发展需要。大多数教师培训学院狭小、破旧，两年制课程过于简短和匆忙。大部分学生并非在生活中成熟，而是在匆忙中生存。此外，现行制度最大的弊病在于负责教师培训的 100 所机构并没有遵循一致的师资培训模式，混乱失调、毫无秩序的培训模式导致其培养出的师资良莠不齐。

为此，报告建议 18 岁之后的学生应接受为期 3 年的教师培训。若申请者为大学毕业生，则需接受为期 1 年的集中补充训练。另外，在完成培训课程至教育委员会认可其教师资格之间，必须在中小学实习 1 年。换言之，传统培训学院为期 2 年的教师培训制度应延长至 3 年。

3. 成立中央培训委员会

报告建议教育委员会下设中央培训委员会（Central Training Council），就教育委员会师资供给和培训问题提供意见与建议。委员会成员约 3 至 5人，主席为专职，人选由教育委员会主席任命，执行教育委员会的决议。同时，就教师的供应及培训事宜，向教育委员会提供意见。在过去的 30 年里，没有任何一个时期出现过教师人数急剧增加的情况。这也意味着过去的管理制度不足以应对现状。委员会现在必须承担的义务，不是接管现有的培训学院或设立新的培训学院，而是确保有足够数量和质量的培训机构，并将其并入国家培训系统统一管理。同时，以年度报告的形式汇总其年度工作状况供大众参考。报告认为中央培训委员会应当是独立的中介机构。有权向教育委员会提出建议，但并不完全受教育委员会的管控。当然，视察和监督培训学院的工作仍然由教育委员会负责，负责监督和视察的巡视员可供中央培训委员会所用。此外，关于教师培训尤其是拨款事宜的条例依然由教育委员会制定。

4. 成立地区培训组织（Area Training Organization，ATO）

虽然委员会成员一致同意关于创建中央培训委员会和地区培训组织的建议，但成员们在如何定义这一机构，以及如何定义合作的本质上有着严重的意见分歧。换言之，成员们对在一个区域的基础上，由什么组织如何合作负责教师教育和培训这一问题有着不同观点和提议。以委员会秘书伍德为主的一些成员认为，培养合格教师的责任应当由大学承担，并建议设立"大学教育学院（University Schools of Education）"。即由大学的教育学院与现有教师培训学院共同培养合格教师，加强教师培训学院与大学的联系。相反地，以委员会主席麦克奈尔为主的其他成员则建议设立"联合委员会（The Joint Board Scheme）"，此方案不主张另设大学教育学院，而是应当加强现有联合考试委员会与大学的联系。两种方案之间的主要争议点在于大学在教师教育中应该扮演的角色。委员会分别在报告的第163至182段和第183至196段中详细说明这两个方案，也将委员会内部就大学与教师教育关系这一问题所产生的利益矛盾淋漓尽致地展现出来。

A方案，又称大学教育学院方案，由伍德、克拉克爵士、曼德爵士、托马斯、莫里斯提出，认为大学应该承担起师资培训和教师教育的主要责任，主张在每一所大学内设立教育专业学院（Schools of Education），即由师资培训学院和大学共同合作而组成的有机联盟。大学教育学院应负责将大学毕业生与非大学毕业生置于统一机构和系统内进行培养，对所有希望获得合格教师资格的学生进行培训与评价工作。同时，此方案试图结合地方教育当局，提供机会给包括技术学院、艺术学院、音乐学院在内的非师资培训机构建立合作。因此，大学教育学院不仅招收18岁以上的学生，也提供包括在职教师等所有年龄和职业阶段的课程培训，意在使大部分人都有资格参加短期提升性课程。如此一来，大学教育学院将取代现有的大学师资培训部，大学教育学院委员会也将取代联合考试委员会，负责本部及附属机构学生的考评与测试。在行政管理方面，各附属教师培训学院在内部组织及财务上受大学教育学院的指导，在校长及高级行政人员的任命上没有自主权。同时，大学教育学院的人事任命也由相对应的大学决定。① 概言之，A方案建议将职前教师教育纳入各大学羽翼之下，纳入由各教师培训学院组成的系统，负责本地区的教育。②

---

① 即 University Training Department，UTDS。此处译为大学师资培训部主要因为其地位、性质、功能只是培训师资，与大学内部常规意义的学院、系部不同。引自 RICHARDSON C A. The education of teachers in England, France and U. S. A. [M]. Paris: UNESCO, 1953.

② PATRICK H. From cross to CATE: The universities and teacher education over the past [J]. Oxford Review of Education, 1986, 12 (3): 243 – 261.

B方案，又称联合委员会方案，由麦克奈尔爵士等另外五名委员会成员提出。与A方案相反，B方案并不主张另设大学教育学院，而是主张加强现有各地区联合考试委员会与大学的联系。具体建议如下：第一，重组后的联合考试委员会负责组织该地区的师资培训工作。其中大学师资培训部与教师培训学院各自独立，但与教育委员会及中央培训委员会保持直接联系。联合考试委员会除原有职责外，还提供在职教师训练和教学实习。第二，中央培训委员会成立后应尽快巡视所有联合考试委员会成员，与其管辖内的大学及教师培训学院就该区教师教育发展等问题做进一步商讨。第三，每一区的大学应受邀提名为该地区各教师培训学院管理团体的代表之一。大学的校务会议则应当邀请相关培训学院出任代表。第四，虽然大学培训部和教师培训学院的考试内容有所不同，但通过其中之一的考试均可获得由教育委员会认证的职业资格证明，即"教育文凭"。如果是大学教育文凭，应该奖励进行更高级别的学习。第五，联合委员会应负责为授予上述职业资格而对大学培训部和教师培训学院的学生进行考试和评估。第六，联合委员会应同大学和教师培训学院协商，以便采取可能需要的任何步骤，使它们具备进行研究和调查的能力。第七，为了使可利用的资源在大学培训部和教师培训学院之间实现相互运用，在距离及其他因素允许的情况下，大学和教师培训学院应通过联合委员会的机制进行充分的资源互用。

概言之，麦克奈尔等人认为，联合委员会制度比大学教育学院制度更加灵活。它涉及在执行一项共同任务时各机构的平等联系，而不是使大学成为教师培训学院的"抚养者"。此外，通过使中央培训委员会与教师培训学院建立直接关系，可以为中央培训委员会的权力和影响力提供更大扩展空间。

不可否认的是，虽然以上两个方案的观点有着鲜明的差异性，但它们都赋予了地区培训组织认可各类师资培训课程与模式的权力。此外，该组织有权对学生进行最终评估，向教师委员会进行合格师资认定推荐，而教育委员会始终保留视察各地区培训组织工作的权力。同时，报告中阐明的A、B方案也代表着委员会内部矛盾的呈现。通过对两个方案内容进行具体分析可以发现，其根本矛盾点在于"在职前教师教育的发展中将大学置于何种位置"。大学、教师培训学院、教育委员会，以及中央培训委员会之间的利益博弈也将决定报告发布后矛盾的解决方案与方式。

（三）《麦克奈尔报告》的结果与影响

《麦克奈尔报告》的发表标志着关于大学对教师培训责任的辩论进入一个更加公开、激烈的阶段。对培训学院而言，A 方案获得了几乎垄断性的支持。学院和教育部门的教师协会（Association of Teacher in Colleges and Departments of Education）迅速记录了他们对大学教育学院方案的支持。① 然而，在报告发表之初，大学普遍对 A、B 两种方案都表示拒绝。从大学内部的反馈来看，他们始终坚持，教师培训是"一种技术性的技艺"，与大学高深的学术水平和理论研究的主题相悖。一位大学副校长也指出："要求大学对此感兴趣，这实在是一件令人讨厌的事情。"但大学内部教育学的教授却普遍表示支持方案 A，尤其是麦克奈尔委员会的成员——伦敦大学教育学院主任弗雷德·克拉克教授，在宣传方案 A 上十分尽力，影响颇大。此外，比起方案 A，方案 B 更加难以被众多大学所接受，大学更加恐惧创建一个新的外部机构会对大学自治权造成影响。② 经过内部商讨，他们建议实施修改版的 A 方案，即 C 方案。C 方案支持建立非学院的大学教育机构，即由大学领导但不属于大学的一部分，具有独立于大学及训练学校之外的法律地位，财政补助应当直接由教育部发放。③

此时，另一个相关利益团体——大学校长与副校长协会（CVCP）对《麦克奈尔报告》的反应显得尤为迟钝，并没有在短时间作出官方的选择。看到对手在宣传方面的杰出才能，麦克奈尔变得焦躁不安。同年 6 月，他致信小组委员会的成员西布利（Sibly），游说其支持方案 B。作为一种软弱的妥协，小组成员同意支持方案 B，并作为 CVCP 官方意见上报至教育委员会主席巴特勒处。然而，六名成员中只有半数出席教育委员会。巴特勒认为，这是 CVCP 态度不端所作出的草率决定，委员会不予接受。随后，教育委员会副秘书罗伯特·伍德爵士向巴特勒提出："如果大学不愿承担更多的责

---

① CROOK D. Universities, teacher training, and the legacy of McNair, 1944 – 94［J］. History of Education, 1995, 24（3）: 232 – 245.

② NIBLETT W. The university connection［M］. Windsor: NFER, 1975: 45.

③ DENT H. The training of teachers in England and Wales（1800—1975）［M］. London: Hodder, 1977: 114.

任，则有可能由国家接管培训教师的全部责任。"巴特勒也明确表态，除非各大学提出"真正积极的建议"，否则这将是最后的方案。最后通牒产生了显著的效果，越来越多的声音开始支持方案 A。雷蒙·普里斯特利爵士在伯明翰大学医学院（University of Birmingham Faculty of Medicine）发表演讲时表示："如果资源充足，大学应该更接近于采用方案 A。为了教师和大学自身的利益，大学不应该对教师培训撒手不管。"①

出于两害相权取其轻的想法，也迫于社会各界的压力，大学尝试在纯粹的学术目标和国家的职业需求之间达成妥协。最终，大部分的大学同意接受方案 A 的改良版本，即保留由大学领导负责的"地区培训机构"形式，但放弃"大学教育学院"的组织形态，改为由地区培训组织提供服务与管理，由大学提供职员和场所。方案 A 与改良版方案之间最大的区别在于大学培训部并非完全被地区培训组织所吞没，当参加地区培训组织的活动时，它仍然保持了自身的独立性。最终利益妥协的结果即成立以大学教育学院为核心的地区培训组织（Area Training Organization，ATO），充分利用大学的学术资源与设备条件，统一各地区师资培育标准，提升英国职前教师教育的学术水平。

《泰晤士报教育副刊》提到："教师作为一个整体，在塑造我们的社会，从而决定我们的命运方面发挥着主导作用。仅这一点就使《麦克奈尔报告》成为我们这个时代最重要的文件之一。"②《麦克奈尔报告》的出台打破了长期以来英国职前教师教育机构的孤立状况，加强了大学与师资培训学院之间的联系，确立了大学在教师培训中的领导地位。在统一各地区师资培训标准，打破以往中学教师与小学教师培训界限的同时，也提升了教师培训在英国社会的地位。英国学者托马斯表示，该报告具有惊人的先见之明，它认识到大学在提高培训学院水平方面所产生的重要影响。最重要的是，它承认了培训学院可以与包括大学教育学院、技术学院、艺术学院等同区

---

① The Dairy Review. Vice-chancellor Priestley [N/OL]. (2016 – 06 – 20) [2019 – 5 – 28]. http：//thediaryjunction. blogspot. com/2016/07/vice-chancellor-priestley. html.

② CROOK D. Universities, teacher training, and the legacy of McNai [J]. History of Education, 1995，24（3）：232 – 245.

域内的机构进行合作，同时，以这种方式形成区域文化资源的中心。① 但大学迫于无奈，在两害相权取其轻的思想下作出了仓促的妥协。虽然在一定程度上增强了大学在职前教师教育中的责任，但本质上并未将"教师培训"与"高等教育"融为一体相提并论，许多学者依旧无法摆脱"教师培训即低下的技艺训练"这一历史性观点，教师培训学院地位依旧没有得到根本性的提升。教师教育真正的"大学化"进程未完待续。此外，为满足二战后职前教师教育对数量的需求而盲目放低准入要求，扩大师资培训量这一仓促的应急性策略也为日后师资数量过剩和质量低劣埋下隐患。

二、《罗宾斯报告》：提高职前教师教育学术地位

与两次世界大战期间相比，政府和公众对教育的看法都发生了巨大的变化。除家长和学生的需求增加外，这种变化还体现在教育经费的筹措上。20 世纪 50 年代开始，英国教育支出在不断增长的国民收入中所占的比例越来越大。② 《罗宾斯报告》出现在一个公众舆论与批评扩大化的时代，也是20 世纪英国最著名的报告之一。它与 20 世纪初期的《济贫法报告》、20 世纪中期的《贝弗里奇报告》共同以影响力之大、影响范围之广、社会关注度之高而著称。③ 经济的持续增长、国际竞争、民众的迫切需求都在《罗宾斯报告》之中清晰体现。这一颁布于 1963 年的报告为英国未来 20 年的高等教育发展勾画了蓝图，同时，也将教师培训纳入了高等教育的范畴一同发展。

（一）《罗宾斯报告》的出台

1961 年，时任英国首相的哈罗德·麦克米伦任命伦敦大学经济学院院长兼《经济学家》期刊主编的罗宾斯教授为高等教育委员会的主席，并授权其对当下高等教育的相关问题进行调查，主要包括考察英国全日制高等

---

① THOMAS J. British universities and teacher education [M]. Bristol: The Falmer Press, 1990: 42.

② JOHN C. From insider parliament: The Robbins report [J]. Contemporary Physics, 1964: 308 –310.

③ CARSWELL J. Government and the university in Britain: Programme and performance, 1960—1980 [M]. New York: Cambridge University Press. 1985: 38.

教育的模式，以及根据国家的需要和国情，就高等教育长期发展计划的制定和发展的原则，向女王陛下的政府提出建议。此外，委员会还特别关注对"现存高等教育模式是否应当改变；是否需要增加新的院校；为协调各类院校共同发展，是否应当对当前的安排作出调整或更改"。① 委员会成员共 12 人，除主席罗宾斯教授外，4 位来自大学，3 位来自工商业界，2 位来自小学，1 位来自伦敦教育委员会，剩下 1 位来自教师教育领域。其中，伦敦教育学院院长莱昂内尔·埃尔文、伦敦教育委员会主席哈罗德·谢尔曼、布里斯托大学副校长菲利普·莫里斯这三位成员在报告中对于职前教师教育的建议方面发挥了关键性作用。莱昂内尔·埃尔文因在《罗宾斯报告》中对职前教师教育提出的前瞻性建议而广受赞誉。他以一贯的谦虚态度明确表示，自己是菲利普·莫里斯"称职且积极的助手"。莱昂内尔·埃尔文撰写了报告第十章的初稿，其建议主要反映了他长期以来对政府、大学和教师培训之间关系的看法。②

委员会在不到 3 年内召开了 111 次会议，正式取证 120 余位证人，收到 412 份书面备忘录，最终于 1963 年 10 月发布报告。然而，在报告正式发布前的两个月，教育部官员已经知道了委员会关于职前教师教育的建议。负责教师培训的教师科主任欧哲思于同年 8 月在教育部内部传阅的一份题为《教育学校》的文件中集中讨论了《罗宾斯报告》关于大学与培训学院合并建立"教育学院"的建议。在承认其可行性和有效性的同时，也提到了教育部的几个保留意见。第一，教师培训学院是大众扩招方案的一部分，任何重建计划都应当推迟，尤其是当地方教育当局得知他们将失去对培训学院的行政控制后，他们可能会撤销合作。第二，教育部将失去其目前对教师培训人数、制度和课程的直接控制，从而削弱其向学校提供足够工作人员的能力。第三，目前培训学院对其所使用的公共资金负有责任。一旦他们加入大学的行列，恐怕会像大学一样变得不负责任。因此，文件最后得出的结论是："介于快速建立教育学院和长期推迟这一建议之间，直到培训

---

① DENT H. The Training of teachers in England and Wales（1800—1975）[M]. London：Hodder, 1977.

② TAYLOR W. Robbins and the education of teachers [J]. Oxford Review of Education, 1988, 14（1）：49 - 58.

学院制度进一步成熟。"即暂时性地推迟合并的建议。事实上，在 10 月 3 日最后一次关于《罗宾斯报告》的内阁讨论会明确提出，官员们建议教育部长反对立即对教师培训学院进行行政和财政方面的改制，主要原因是教育部不想失去对教师教育的控制权。①

为了游说政府拒绝罗宾斯的建议，教育部部长爱华德·波伊尔于 1963年 10 月 14 日递交了内阁委员会的文件。该文件在《罗宾斯报告》正式发表之前，总结了对教师培训的建议，预测了各利益团体可能作出的反应，并表现出教育部大臣对教师供应问题的担忧。报告表示：（1）不应大规模地改变教师培训学院的行政和财政体制。（2）如果大学愿意提供帮助，将会有更多经过精挑细选的培训学院学生可以获得攻读学位的机会，不必做出这些根本性的改变。②（3）教育部在发布官方意见之前对教师教育的部分应当保持沉默，静待与《罗宾斯报告》的利益相关团体，尤其是大学的反应。总之，这份文件坚持认为教师培训学院应当由地方教育当局负责和控制。可以采用学术合并的方式增强大学的援助，而非学术、行政甚至财政方面的整体合并方式。财政和行政管理权应当掌握在地方教育当局手中。③

综合各利益相关团体的建议与观点，罗宾斯委员会最终于 1963 年 9 月正式向政府提交《高等教育委员会报告》（又称《罗宾斯报告》）。报告拟定了到 1980 年为止的英国高等教育中长期发展规划。英国学者西蒙表示："《罗宾斯报告》的出现开创了一个伟大且充满活力的高等教育时代……传媒界、公众和各政党都对高等教育特别是大学教育充满热情与关注。"④ 然而，在报告公布之前，政府和教育部因报告中教师教育相关部分所展开的利益斗争也为报告最终的结果埋下伏笔。

---

① GODWIN C. The origin of the binary system ［J］. History of Education，1998，27（2）：171 - 191.

② 根本性的改变即教师培训学院与大学合并成立教育学院，将教师培训学院的行政和财政管理权由地方教育当局转移至大学手中。

③ GODWIN C. The origin of the binary system ［J］. History of Education，1998，27（2）：171 - 191.

④ SIMON B. Education and social order，1940—1990 ［M］. London：Lawrence&Wishart. 1991：241.

（二）《罗宾斯报告》的内容与结果

《罗宾斯报告》围绕英国高等教育的扩张、未来需求、课程，以及教育学院与教师培训、教育技术学院与继续教育、高等教育的未来模式等相关主题撰写了长达 335 页的报告和 6 本总数近 2000 页的附件。其中，以下关于高等教育和教师教育变革方面的建议影响深远。

在高等教育方面，《罗宾斯报告》针对高等教育的未来扩招、组成结构、管理制度作出了相应建议：

第一，对英国高等教育的发展与扩张作出了规划。如表 1－1 所示，20 世纪初至今，英国接受全日制高等教育的学生数量一直呈上升趋势，近 10 年接受高等教育的学生总数从 122000 增至 216000，几乎呈现翻倍性的增长。为此，委员会保守预测，未来 20 年英国全日制学生数量将从 1962 年的 21.6 万激增至 1980 年的 56 万。1967 年，整个高等教育系统的学生总数应增加一倍。1980 年将比 1962 年增加 2.5 倍，总数预计达到 55.8 万。要使适用于高等教育年龄组中的大学生所占比例提升两倍，从业人员中接受过高等教育的比例同样也应当提升两倍。为扩大全民参与高等教育的机会，报告明确提出"谁有资格谁入学"的口号。鼓励凡是成绩和能力符合资格的学生，都应当有接受高等教育的权利。

表 1－1 接受全日制高等教育的学生人数（1900—1963）①

年份	教育机构			
	大学	教师培训	继续教育	所有全日制高等教育
1900	20000	5000	—	25000
1924	42000	16000	3000	61000
1938	50000	13000	6000	69000
1954	82000	28000	12000	122000
1962	118000	55000	43000	216000

第二，对高等教育的结构变革提出了建议。为充分接纳大规模的新增学生数量，报告首次提出英国的高等教育机构应当进行变革，创建由传统

---

① Committee on Higher Education. The Robbins Report（1963：15）［R/OL］.（1963－10－01）［2019－06－01］. http：//www. educationengland. org. uk/documents/robbins/robbins1963. html.

的高等教育主力军——大学为首，教育学院、继续教育的高级课程学院一并发展的新模式。换言之，委员会认为，曾经的教师培训学院和继续教育学院都应当拥有升格为高等教育机构的资格。报告建议，将10所高级技术学院升格为大学，新建6所大学和5所科学与技术教育特殊研究机构，以及合并教师培训学院与大学教育系，成为大学的教育学院，颁发大学学士学位。当然，大学在高等教育扩招过程中仍然应当承担主要责任。

第三，对高等教育的管理制度提出建议。报告认为由教育部负责所有教育机构、部门的发展并不科学，尤其在高等教育大力扩张的情况下，教育部的工作量也大为提升，难免出现力不从心、疏于管理的情况。此外，不同阶段的教育机构管理方式也有所不同，不适合一并管理。为此，委员会建议任命专职主管高等教育的大臣，成立艺术与科学部（Ministry of Arts and Science）和高等教育委员会（Higher Education Committee），从行政和财政方面共同管理高等教育机构，教育部只负责中小学校教育和继续教育中的非自治部分。同时，设立全国学位授予委员会对继续教育机构中拥有高级课程的技术学院进行学位授予。

关于职前教师教育的发展，《罗宾斯报告》认为，大学与教师培训学院之间的联系还未达到它应达到的目标。教师培训学院被排除在大学生活的主流之外，几乎没有一个教师培训学院的学生在毕业时能获得大学的学位，教师培训学院的教师和学生也未能参与大学的各种活动。[1] 罗宾斯本人也表示："当你访问教师培训学院时，你会觉得正在和那些把自己作为二等学术公民的人打交道，他们受到的待遇与大学教师截然不同。"[2] 为此，报告对职前教师教育的形式和内容提出了如下建议：

第一，教师培训学院的平均规模应当扩大，每所学校不低于750人。据统计，全国共有146所培训学院，其中1所在校生超过1000人，126所在校生不足500人。表1-2显示了1958年、1962年和1970年的培训学校数目和规模。但是，近100所培训学院的学生人数还不到250人，长此以往将不

---

[1] Committee on Higher Education. The Robbins Report（1963：15）［R/OL］.（1963-10-01）［2019-06-01］. http：//www. educationengland. org. uk/documents/robbins/robbins1963. html.

[2] ELVIN L. Encounter with education［M］. London：University of London Institute of Education. 1987.

利于培训学院和职前教师教育的发展。

表1-2 教师培训学院的学生人数（英格兰和威尔士：1958—1970）①

学生人数	学院数量		
	1958 年	1962 年	1970 年
1000 及 1000 以上		1	10
750 ~ 999		—	17
500 ~ 749	3	19	55
250 ~ 499	39	80	54
低于 250	98	46	20
所有学院	140	146	156
学生总数	31000	49000	82000

第二，委员会预计在1970年以前，修四年制课程的学生将大幅度增加，约占培训学院学生人数的25%。为此，委员会建议设立教育学士学位，专供完成四年制课程的教师培训学院学生获得。委员会同时提出了该学位的3种可能模式。（1）在最开始就区别于传统证书制课程。（2）与传统证书制课程重叠，在提供通用基础性课程的基础上，用部分课程将获得学位的学生与普通学生分流进行授课。（3）与大学合作进行学位制授课，即学生在培训学院修完三年制课程后转去大学进行第四年课程的学习。②

第三，原本的教师培训学院应当更名为教育学院（Colleges of Education），并与大学合并，成为大学教育学院（Schools of Education）和高等教育的一分子。同时，教师培训学院的行政管理权应当由地方教育当局转移至大学手中，财政管理权应当转移至大学拨款委员会（University Grants Commission，UGC）手中。而原本大学中存在的大学教育学系（或是大学教育学所，Department of Education or Institutes of Education）都应转变为大学教育学院，为所属教育学院的学生提供教育学士学位。

---

① Committee on Higher Education. The Robbins Report（1963：15）[R/OL].（1963-10-01）[2019-06-01]. http：//www. educationengland. org. uk/documents/robbins/robbins1963. html.

② Committee on Higher Education. The Robbins Report（1963：15）[R/OL].（1963-10-01）[2019-06-01]. http：//www. educationengland. org. uk/documents/robbins/robbins1963. html.

（三）《罗宾斯报告》的影响

《罗宾斯报告》公布后引起了政府内部和社会各界的极大关注，各相关利益团体也就自身的利益诉求表达了对于报告的态度。其中，大学作为牵涉最多的利益相关者，它的反应最受其他部门瞩目。关于报告中将教师培训学院与大学合并共建大学教育学院的建议，教育部以及内阁大部分官员早在报告公布前就表明了其"看似沉默，实为不支持"的态度。教育部大臣爱华德也在内阁会议中表示，应当静待报告出台后大学的反应。事实上，自 20 世纪起，大学对于与培训学院加强联系这一议题一直表示出冷漠和拒绝。二战后初期《麦克奈尔报告》建议大学应当更深一步地与培训学院建立联系，设立教育学院，大学对此也表示出不愿接受的态度。最后迫于无奈作出了妥协让步，以建立地区师资培训组织的形式与培训学院加强联系。因此，教育部和内阁部门几乎认定，大学依旧不会同意报告中关于建立教育学院的建议。出人意料的是，大学校长与副校长协会在 1963 年 11 月与教育部大臣们召开的会议记录中表明，大学对于教育学院合并入大学内部的建议表示认同甚至相当欢迎。大学这种主动的迎合态度让教育部尤为吃惊。"显然，大学十分渴望接管教育学院……我对此十分吃惊，也认为我们应当重新考虑对于这个建议的态度。"[1]

然而，出于教育部自身的利益考量，政府最终同意采纳将教师培训学院升格为教育学院，开设四年制教育学士学位课程，授予毕业生学士学位，但驳回了将管理权和财政权由地方教育当局转移至大学手中的建议，同时，也反对教育学院成为独立的管理实体。尽管如此，《罗宾斯报告》的出台依旧对职前教师教育的发展有着重要影响。它首次将教师培训学院置于高等教育的轨道之中，提供了教育培训发展为本科甚至研究生专业教育的基础，更加明确了职前教师教育领域发展中应面对的实质性问题。[2] 此外，《罗宾斯报告》掀起了 20 世纪 60 年代英国高等教育扩张的浪潮，在英国近代高等教育转向现代高等教育，以及职前教师教育纳入高等教育的发展过程中具

---

① GODWIN C. The origin of the binary system [J]. History of Education, 1998, 27 (2): 171 – 191.

② TAYLOR W. Robbins and the Education of Teachers [J]. Oxford Review of Education, 1988, 14 (1): 49 – 58.

有里程碑式的意义。但在执行的过程中，经济的突然衰退、人口出生率的下降，以及升格后的教育学院和职前教师教育所面临的种种问题也使高等教育和教师教育走向罗宾斯始料未及的方向。

三、《詹姆斯报告》：职前、入职与在职教师教育一体化

《罗宾斯报告》颁布后的 10 年中，教师专业发展的问题得到了政府的重视。而在早期阶段提出的培训过程、培训范围、培训时间、培训效果、教育控制权等问题都成为政府考察的核心问题，政府对教师教育问题的关注在 1972 年颁布的《詹姆斯报告》中达到高潮。① 该报告是教师专业发展和教师教育发展历史上的一个重要里程碑，报告提出教师教育不应当只关注其就职前的培训，而是应当贯穿其整个职业生涯的"师资培训三段论"揭开了英国教师教育专业化、一体化发展的序幕，从各方面奠定了此后教师教育发展的基础。

（一）《詹姆斯报告》的出台

1. 20 世纪 60—70 年代师资培训发展状况

20 世纪 60 年代，《罗宾斯报告》出台后，大学依照报告建议设立大学教育学院和教育学士学位，教师培训学院也升格为教育学院，开设四年制教师培训课程，纳入高等教育系统。1965 年，政府宣布教育学院在学术业务上受大学教育学院管辖，但对行政管理和财务经费的控制权依旧由地方教育当局掌控。20 世纪 70 年代，教师教育面临着来自体系外部与内部双面矛盾夹击的局面，引起了公众、政府，以及业界内部的关注与批判。

就外部情况而言，20 世纪 70 年代人口锐减与师资骤增的矛盾不断激化。有别于 20 世纪 40 年代战后人口的激增，英国人口出生率从 20 世纪 60 年代开始呈递减趋势，1977 年的人口出生率甚至低于战争年代到达最低点。② 新生人口数的锐减也意味着学龄人口数量的降低，这一时期对中小学教师需求量的相应减少。然而，二战后师资培训一直强调提升师资数量，

---

① ROBINSON W. A learning Profession? Teacher and their professional development in England and Wales 1920—2000 ［M］. Rotterdam：Sense Publishers，2014：30.

② ALEXANDER R. Change in teacher education：Context and provision in Great Britain ［M］. New York：Praeger Publishers，1984.

《麦克奈尔报告》《罗宾斯报告》不断提出紧急提升师资数量和教师培训学院规模扩招的建议，导致教师培训学院和教师数量的飞速增长。据统计，20世纪60—70年代，师资培训学院学生人数由3.4万增长至10.6万，涨幅达300%。同时，教师培训学院数量由140所扩张至167所。① 这一矛盾也导致该时期的教师教育发展失衡，亟须改善。

就教师教育内部发展而言，随着师资数量的递增，地区培训组织（ATO）、教育学院在发展过程中存在的问题也逐渐显露。20世纪60年代起，越来越多的中小学对初任职教师的素质表示不满，同时对师资培训机构和ATO组织的工作效率有所担忧。1967年由中央咨询委员会发起，关于小学教育质量问题探究的《普洛登报告》（*Plowden report*）曾公开对教师培训现状提出质询。两年后，要求政府调查师资培训状况和ATO工作效率的呼声越来越大。对师资培训机构的质疑在黑皮书中呈现出来，导致了大众对其更强烈的批评。在批评者的心目中，这些机构是出产准备不足、专业素质不高教师的源头。②

教育部长爱华德于1970年5月致信ATO主席，质询一系列关于教师培训的问题，包括教师培训的课程结构，教学实践的组织、监督与评估，以及理论课程与教学实践的相关度。同时，对于提升在职教师的理论素养和实践技巧也给予了一定关注。最终教育部提出，ATO内部应当就以上问题进行详细调查。在接下来的9个月里，ATO成立了专项工作小组，通过发放问卷的方式统计相关结果。并根据其收集的大量事实、数据、意见召开圆桌会议进行讨论。最终报告也作为资料提交给詹姆斯委员会。③ 此外，教育学院对大学的不满情绪也日益滋生。规模较大的教育学院（大约有1000名或超过1000名学生）开始质问，为什么要把他们当作大学附庸的机构来对待。鉴于此，他们无法控制自己的学术发展进度，并对于他们共事的一些大学同事所采取的傲慢态度表示厌恶。例如，一位经验丰富的教育学院

---

① STEWART W. Higher education in Postwar Britain［M］. London：Macmillan，1989：125.

② THOMAS J. British universities and teacher education［M］. Bristol：The Falmer Press，1990：74.

③ TAYLOR W. The James Report revisited［J］. Oxford Review of Education，2008，34（3）：291 –311.

院长必须将他的工作安排提交至大学相关部门中资历尚浅的年轻讲师审核，而他们都心知肚明审核者对于这一工作主题的了解程度远不如提交者，这也使大学工作人员对待教育学院同事的态度愈加强硬。①

英国学者威尔金认为，相较于 20 世纪 60 年代，20 世纪 70 年代的英国处于一个意识形态的混乱期。就教育总体而言，包括教师教育，在政府内外缺乏一贯的意识形态影响背景，在教育原则与重点上也缺乏一致的表述。② 同时，英国现行的教师培训体制存在诸多弊端。ATO 已无法适应教育和教师发展的需要，教师证书的质量不能保证，教师培训课程实效性欠缺，培训内容与工作实践存在差异。为此，20 世纪 70 年代初期，新上台的保守党政府成立了一系列"专家"委员会来解决当时存在的主要问题，给人以耳目一新之感，詹姆斯委员会就是其中之一。

2. 詹姆斯委员会的成立

在 1970 年的大选中，保守党获胜。玛格丽特·撒切尔成为教育科学部的国务大臣。上任伊始，撒切尔就雄心壮志地提出："要在教育上反复强调7 个要点。"③ 为了更加清楚地了解受培训教师的情况，撒切尔任命约克大学的副校长——詹姆斯勋爵为教师培训调查委员会主席，其余成员共 6 人，分别为小学校长伊丽莎白·阿盖特、哈里·贾奇，伦敦城市行业协会主任西里尔·英格利希，地方政府教育官员帕特里克·米尔里，教育学院院长詹姆斯·波特，英国北威尔士大学教育学教授罗杰·韦伯斯特。委员会授权根据地区培训组织当前所进行的调查和教育科学委员会发布的证据，考察英格兰和威尔士当前对教师教育、师资培训及教师试用的安排情况，尤其重点关注以下 3 个方面的问题，并作出相应的建议。第一，应该提供什么样的课程内容。第二，大量有意愿成为教师的人是否应该与那些还未选择职业或已经选择其他职业的学生一起接受教育。第三，在上述的两个方面，公立和私立教育学院、多科技术学院及其他由地方教育当局创办的继续教

---

① THOMAS J. British universities and teacher education ［M］. Bristol：The Falmer Press, 1990：50.

② ［英］约翰·富隆，伦·巴顿. 重塑教师专业化 ［M］. 马忠虎，等译. 北京：北京师范大学出版社，2010：21.

③ THATCHER M. The path to power ［M］. London：Harper Collins, 1995：166.

育学院和大学的职能应该是什么。①

在委员会成立后的不到一年中，委员们召开了不少于 38 次会议。由于委员会规模较小，每个成员都能参与讨论，但詹姆斯勋爵本人、哈里·贾奇和詹姆斯·波特似乎对委员会的想法和最终建议产生了重大影响。1 月至 3 月间委员会的会议报告显示，当时，几乎所有教师职前培训工作的责任都落在教育学院或大学教育部门身上。根据詹姆斯·波特在委员会第 11 次会议（3 月 23 日）上提出的建议，（委员会最终报告）"暂定摘要"的第一点是要更广泛地扩大这一责任，并使教师资格具有更大的灵活性。

贾奇将其总结为以下 3 点。第一，教师培训应当由教育学院、大学、理工学院、其他高等教育学院和地方教育当局共同负责。第二，教育和培训将分为两个明显不同的周期进行。第一个周期的重点是学生的通识教育。在第二个周期，重点将转向专业的形成。第三，第一个周期应持续两到三年，随后学生应当在和教育学院同属于高等教育范围内的大学、理工学院或其他高等教育机构进行学习，最终获得教育学士或其他高等教育学位。最后，持有文凭的学生可就业，或者以适当学分转往愿意接纳他的理工学院或大学攻读荣誉学位或进行任何适当专业训练课程，或进入教师教育的第二个周期。以上建议也反映出委员会关于设立区域专业培训中心（Regional Training Organisations，RTO）的想法，这些中心将在第二个周期内成为学生的基地。同时，委员会认为，这些中心可以取代现有的地区培训组织。贾奇还建议将教育和培训教师的经费多样化，并扩大到在职工作的开展，而作为"第三个周期"的在职培训将在委员会的最后报告中占有重要地位。② 尽管以上提议的细节在之后的会议中有所修改，但贾奇的建议被委员会视为适用于最终报告的提议并获得了支持。经过反复修改，最终成型的《詹姆斯报告》也成为英国教师教育发展史上的新宪章。

---

① DENT H C. The training of teachers in England and Wales（1800—1975）[M]. London：Hodder, 1977：150.

② 这个提议在1971年6月，委员会第26次会议中被提出，委员会提议最终报告的第一条应当关于第三周期。因为教师在职培训的扩展已经获得委员会内部意见一致的支持，同时，这也影响到了有关第二周期的建议。引自 William Taylor. The James Report revisited [J]. Oxford Review of Education, 2008, 34（3）：291 –311.

（二）《詹姆斯报告》的内容

詹姆斯委员会于1971年12月统一意见出台最终的报告，并于1972年1月由教育部正式公布。报告全名为《教师教育及培训》（*Teacher education and training*），又称《詹姆斯报告》。多达128页的报告中关于教师教育的完整周期、教师教育系统的组织与发展等相关主题提出133条建议，其具体内容如下。

报告开篇指出，从某种意义上说，现行教师教育体制已经失败。过去20年教师教育的应急和扩张，以及青年教师将其知识和技能带入学校所带来的效应，已经显示出此阶段内教师教育的成果与成就。然而，有充分证据表明，当时制度已无法适应教师教育未来的发展，更加无法达到培训合格师资的目的。其原因是过分依赖职前培训。如果要在未来20年里满足中小学和社会的需要，就必须作出根本性、全方位的改变。为此，委员会提出如下建议。

首先，报告提出了三个连续的，从根本上重组和完善教师教育的新模式，即著名的"教师教育三段论"，主张将教师教育的完整过程划分为通识、职前、在职3个不同周期（cycle），分别制定教育计划与内容。

第一个周期是普通高等教育，为期两年。此周期内学生可以学习各种基础性的通识课程。两年期满成绩合格者获得高等教育文凭（Diploma in Higher Education）。此文凭不仅是教师专业训练的基础，同时也可以为其他专业的学习提供适当教育基础。此周期内通识课程的目标应是激励学生，鼓励自我教育，培养批判意识。这类课程提供了一个提出和讨论重要问题的机会，并探讨每一个问题的专业内涵。通识教育的任务之一是增强未来师资的文化素养。因此，这门课程的目标必须是在人文学科、数学和科学（包括它们在实际情况中的应用）、社会科学和艺术等领域内提供一些基本的背景知识。这样的课程对中小学老师和继续教育学院所需的非专业教师来说，都是较为合适的基础性课程。

第二个周期为职前教师教育（pre-service training）阶段，即大学教师职前培训，同样为期两年。针对第一个周期已顺利获得高等教育文凭的学生开放。报告指出，当时教育学院教育专业课程与普通课程同时开设的课程体系存在重大弊端，这也是当前体制结构弊端的体现，使教师职前培训的有效性大打折扣。为此，报告建议，第一年的主题是专业学习，学生在教育学院、大学教育系等教师教育机构学习教育、教学、课程方面的理论，成绩合格者被称为"合格教师"（Licensed Teacher），接受中小学分派的任务，在领取工资的同时有资格进入第二年的教学实习。第二年主要在中小学进行教学实践，每周五分之一的时间回大学深化学习教育理论。这一学年，学生受实习学校指导教师与原教育机构指导教师的共同指导，成绩合格者获得"注册教师"（Registered Teacher）资格，并授予学士学位（Bachelor's Degree）。

第三个周期为在职培训（in-service training）阶段。委员会特别指出："本报告的大部分论点取决于为第三个周期提出的建议。我们的建议中没有任何一项的重视程度大于这一项，因为它们奠定了整个报告的基调和逻辑出发点。"事实上，从报告正文部分将"第三周期"设置成第一章，也从侧面体现出委员会对这一个周期的重视程度。任何改进专业人员的方法建议都必须经过很长时间的实践才能完全有效。与此同时，该行业的既定成员需要机会来提高他们的专业地位和标准。目前，许多教师工作卓有成效，成绩斐然，对自己的专业目标有清晰的认识，对自己的工作有很高的满意度。但这只是一部分教师的状态，大部分教师并没有这么幸运，前一类教师往往是那些有在职机会来扩大其个人教育和专业技能的人。更重要的是，每一个教师都应该在第三个周期获得这种机会。对教师最好的教育和培训应建立在成熟和经验的基础上。因此，第三个周期对于不断提升教师专业素质和个人发展空间来说至关重要。

为此，委员会建议所有教师在职服务 7 年后都应获得为期半年的带薪脱产学习机会，以深化发展其专业能力，增强对教育理论和技能的理解。报告提出："所有在职教师都应当有权利拓展和加深他们对教育理论和教学法的理解；也应当有权利与时俱进地理解教育技术的原理与方法；同时必须保持与教育研究的成果并进，学会使用新资料和新设备。"在此期间至少应当有四周全时课程，课程体系内容由地区教育学院与学系委员会设计编排。

表 1-3 《詹姆斯报告》教师教育架构表①

周期	一	二	二	三
	普通高等教育	专业学习	教学实践	在职教育
年限	2 年	1 年	1 年	半年
授予资格	高等教育文凭	合格教师	注册教师 教育学学士	—

其次，报告讨论了教师教育体制管理方面存在的问题。当时以大学为基础的地区培训组织制度是根据 1945 年麦克奈尔委员会的结论制定的，更确切地说，是根据委员会一半成员的结论。大学在地区师资培训组织中始终占主导地位。但自《麦克奈尔报告》和《罗宾斯报告》公布以来，教育学院的学术地位和信心都有所提升。他们现在被视为高等教育体系不可或缺的一部分，越来越多的学生成功地完成了第六学级的教育，越来越多的学生具有获得可就业学位的正式资格。许多学院具有一定规模，也希望对自己的命运有更大程度的控制。大学对其家长式的管控也应当有所改变。因此，不得不承认，教育学院已经长大，应该鼓励它们向新的独立程度迈进。

此外，现行教师教育体制的弊端还体现在协调性机构的职责上。除教育科学部外，没有设立国家层面的教师教育管理机构对所有师资培训活动进行协调和监督。无论教育科学部的运行方式多么有效和透明，都无法掩盖权力过于集中的弊端。随着决策数量和复杂性的增加，学院、大学、中小学、地方教育当局、ATO、教育科学部这几个机构之间的规划和控制界限也不够鲜明。地区师资培训组织在教育学院人员、设施和设备资助方面既无控制权，也无管理权。在该机构任职的中小学和地方教育当局代表们表示并不确定他们在政策形成和执行过程中的作用。为此，委员会认为，应当对现有体制进行一定变革。

为此，报告建议如下。第一，在地区层面废除原本的地区师资培训组织，设立"地区教育学院与学系委员会"（Regional Council for Colleges and Departments of Education，RCCDE）取而代之。委员会认为由大学主导的地区培训组织存在将教师教育过度引向学术化的倾向，长此以往将不利于教

① Committee on Higher Education. The Robbins Report (1963：15) [R/OL]. (1963-10-01) [2019-06-01]. http：//www. educationengland. org. uk/documents/robbins/robbins1963. html.

师教育的发展。因此，应予以取消，并在全国范围内成立 15 个"地区教育学院与学系委员会"，这个委员会的规模应当可以容纳学院、大学、中小学、地方教育当局这几个教师教育利益链上的相关机构。委员会独立于大学之外，经费由教育科学部直接拨付，教育学院、大学、中小学、地方教育当局均可派代表参加，他们之间彼此地位平等。同时，报告提出成立全国师范教育委员会统筹全国师范教育事宜，并使其拥有承认教师资格文凭的权力等。第二，在国家层面设立"全国教师教育委员会"（National Council for Teacher Education，NCTE），主要分担教育科学部关于教育的责任与权力。某种意义上它也取代前国家教师咨询与培训部的责任。RCCDE 和 NCTE 将直接负责在教师教育的第二和第三个周期内建立和维护国家认可的专业资格标准。此外，RCCDE 有权授予教育文科学士学位和教育文科硕士学位，有权决定进入师资培训的要求。

（三）《詹姆斯报告》的影响

《詹姆斯报告》发表后引起了强烈反响，人们对于学科专业与教育专业同时进行的原则、教师教育的三段论，以及取消 ATO，设立 RCCDE 和 NCTE 共同负责管理教师教育等变革进行了广泛讨论。教育科学部的国务大臣也与教师教育相关机构就报告提出的整改建议进行了热烈讨论。最终结果显示，大学教授及教师工会主席对《詹姆斯报告》提出了强烈批评与反对。

伦敦大学教育学院教授、自由党教育咨询委员会主席——布鲁斯·帕蒂森认为，詹姆斯委员会成立的初衷是考察教师教育问题。但是，《詹姆斯报告》中所提到的"四大要点"没有一项真正与教师培训有关。首先，"报告呈现出了我们认为应当给予教师的服务和待遇"。实际上，当阅读报告时，"在我们看来这是一种显而易见的新型高等教育"。① 其次，在职培训同样与职前教师培训无关。报告中提出教师教育第二周期的第二年"入职年"，对提升教师培训课程的内容和方法并没有多大影响。最后，报告提到地区师资培训组织的解体，这也是一种单纯组织上的变革，与教师培训实质无关。此外，《詹姆斯报告》一直在强调，大学引导的教师培训过于学术

① SIMON B. On three insiders ' views of the James Report [J]. British Journal of Teacher Education, 1975, 1 (2): 237 –257.

化，培养理论素养的课程与中小学实际情况无法良好衔接。因此，必须让学生尽快成为有效的实践者。但事实上，人们普遍认为，教学就像医学或工程学一样需要理论基础。《麦克奈尔报告》和《罗宾斯报告》也一再为了提升师范生的理论素养水平而加强大学与教育学院的联系。詹姆斯委员会成员在指出问题以后并没有积极地提出改进建议。委员会成员韦伯斯特教授承认，委员会从来没有真正尝试过把理论和实际工作结合起来。换言之，《詹姆斯报告》从来没有解决教师职前培训的关键问题，它全神贯注于机构和组织事务。

此外，报告中最具革命性的建议即取消地区师资培训组织，使教育学院脱离大学的监督协助从而独立化，增强教育学院的权力从而使它们拥有更多的学术自主权。然而，自颁布《麦克奈尔报告》开始，英国的职前教师教育一直在追求与高等教育的紧密联系，原教师培训学院也不断与大学加强联系。但詹姆斯委员会似乎想要逆转这一趋势。在帕蒂森教授眼中，让教育学院脱离大学管控独立发展的建议是令大学与教育学院沮丧的安排。①

同样持反对意见的还有全国教师工会（National Union of Teachers）前任主席马克思·莫里斯。首先，他对于普通高等教育周期及其所颁发的高等教育文凭（DipHE）提出了强烈的质疑。"无论詹姆斯如何解释他设立高等教育文凭的意图，这对于教师培训来说就是一种低级的课程，教师专业工作者无法接受。"② 在政府决定减少受训师资数量的当下，这一文凭扮演什么样的角色？教育学院如何招募接受普通高等教育的学生？在教师们看来，詹姆斯的这一举措并非改善教师培训状况，而是试图对高等教育进行重组。其次，虽然在职培训的加强也是教师工会和全国教师一直以来的呼声，但詹姆斯委员会对于教师在职培训的过分强调实际上是缘于他们对于职前培训的过度忽视。最后，詹姆斯委员会对于"入职年"和"导师制"的强调引起教师们的强烈抵触。

教师工会早在《詹姆斯报告》出台前就曾提议给予刚入职的年轻教师更为直观的援助。但事实证明，所有设想的成功性应当来源于实践的考证，

---

① SIMON B. On three insiders' views of the James Report [J]. British Journal of Teacher Education, 1975, 1 (2): 237 – 257.

② SIMON B. On three insiders ' views of the James Report [J]. British Journal of Teacher Education, 1975, 1 (2): 237 – 257.

在理论转化为实践的过程中会遭遇许多意想不到的困难。例如，中小学负责指导师范生的导师如何安排培训课程，如何进行指导，甚至如何定义自身作用，以及其指导工作的负责方究竟是中小学还是教育学院抑或其他机构，这些都存在着疑虑。教育学院与中小学教员之间伙伴关系的维系必须基于后者自始至终地参与。毕竟，教师是一个本质上必须在实践中立即检验其价值的职业。最终，莫里斯一再强调，无论是职前培训还是在职教育，无论是培养小学教师还是中学教师，对培养质量的高要求是一视同仁、毋庸置疑的。①

1972 年 12 月，教育科学部发布了《教育：一个扩展的框架》白皮书，实际上是政府对《詹姆斯报告》所作出的官方回应。具体来说，白皮书分别从报告本身、在职培训、教师导入、课程模式、继续教育的师资训练、教师训练的组织与行政、教育学院等方面作出详细阐述，并对詹姆斯委员会提出的教师教育目标予以认可，但对其具体建议则存在些许歧义。

关于教师在职培训方面，政府坚定相信加强教师在职训练，是提升教师未来素质的必要投资。政府拟从 1974 年开始扩大教师在职训练的规模。在师资规模方面，白皮书提出 10 年内在维持 1971 年师资标准的基础上再增加 10%。同时，为了加强教师在职培训和新教师入门指导的政策，需要另外补充 20000 名培训师资。师资培训方面，白皮书对入职培训、两年制高等教育文凭，以及成立新的机构取代地区培训组织等建议予以赞同。但关于合格教师在完成入职培训后获得教育学学士学位这一建议，政府进行了驳斥。希望继续维持现状，即三年制课程颁发普通教育学学士学位，四年制课程颁发荣誉教育学学士学位，作为合格教师的文凭。其中，在教育学院三年制的课程应包括至少 15 周的实践教学。在教师教育的组织与行政方面，关于詹姆斯委员会提出的设立地区教育学院与学系委员会取代原本的地区培训组织的建议，政府表示赞同，同时提出，新的委员会应当具有学术认证、专业认可、平衡协调、高等教育供给这四项主要功能。同时，应当恰当地反映与协调地方教育当局、教师教育机构及教师专业团体三方面的利

① SIMON B. On three insiders' views of the James Report [J]. British Journal of Teacher Education, 1975, 1（2）：237 – 257.

益。其工作职责包括促进、协调、监督教师职前和在职培训，但不具备行政管理和财政拨款的权力。①

第三节 "共识政治"时期职前教师 教育政策中的利益博弈

二战后至 20 世纪 70 年代上旬，英国职前教师教育通过《麦克奈尔报告》《罗宾斯报告》《詹姆斯报告》的颁布与实施，逐渐由继续教育队伍走向高等教育队伍，由职业资格证的颁布演变为学科学位的授予，由简单培训上岗的师范教育发展为入职和在职教师教育的基石。在政策引导下的重大转变过程中，暗藏着利益相关者们的利益冲突、博弈和妥协。

一、大学与教育学院的利益博弈

通过梳理二战后 30 年间英国职前教师教育的发展与变革，不难发现，最明显的利益矛盾即大学与教育学院（前教师培训学院）之间的关系。大学对教育学院从最开始的冷漠抗拒到后期的主动迎接，这种矛盾的转变也引导着职前教师教育政策的变化。

自 19 世纪起，大学开始参与英国职前教师教育，在职前教师教育的发展中始终承担着一定作用。但大学对于这种责任一直表示出矛盾与抗拒。一方面，职前教师教育在英国源于 19 世纪教师培训机构"狭隘、机械、僵硬的方式"。② 教师培训机构的学员毕业后一般任教于小学，初级教师职业和教师培训机构的社会地位较为低下。相反，大学一直秉承着英国"绅士、高雅、精英教育"的原则办学，对职前教师教育根深蒂固的印象造成了大学对其固存的偏见，认为参与职前教师教育，与教育培训学院加强联系是对其高等地位的一种威胁。传统意义上的大学，被视为独特文化和精英绅

---

① DES. White Paper：Education：A Framework for Expansion（1972）[R/OL]. （1972 - 12 - 01）[2019 - 06 - 07]. https：//www.education-uk.org/documents/official-papers/1972-wp-framework-for-expansion.html197.

② GOSDEN P. The Evolution of a Profession [M]. Oxford：Blackwell，1972：198.

士的代名词，他们对早期职前教师教育课程在理论知识和教材物料方面的贫乏感到十分厌恶。① 另一方面，大学担心过多涉及职前教师教育会对其自治权造成干扰。在英国学者看来，大学自治的传统即"学问的神圣化"。正因如此，大学得以聚集一批以追求真理、探寻高深学问为生活目的的学者，他们自由地教学和争论，拥有相当意义上的自治权。而职前教师教育一直被中央和地方政府所掌控，一旦参与教师培训会导致政府的控制范围扩大至大学，这将对大学长久以来的自治与独立状态造成很大威胁。因此，大学一直不愿意甚至避免与教师培训和教育学院加强联系。

与此同时，在工党的引领下，基础教育的全民普及对师资的数量和质量都提出更高要求。当时工党政府迫切希望通过加强大学与教师培训学院之间的联系，提升教师培训的理论水平与素养。这与大学一贯以来的态度产生了利益矛盾，从而对战后职前教师教育里程碑——《麦克奈尔报告》产生了巨大影响。麦克奈尔委员会建立前夕，关于成立联合考试委员会（The Joint Board Scheme），使全国教师培训学院与大学紧密结合的建议就遭到了大学教授代表的反对，认为联合考试委员会的成立严重影响大学的自治与学术地位。在麦克奈尔委员会出台极具争议的 A、B 方案报告后，大学起初的态度为两个方案都不接受，并通过游说、媒体宣传等方式将自己的利益诉求影响范围扩大，从而与委员会进行博弈。最终，基于"两害相权取其轻"的观点，大学在领导地区培训组织，将教师培训学院合并为大学教育学院的 A 方案和继续参与被中央培训委员会监督管辖的联合考试委员会中，进行了利益的妥协。② 相较于其学术地位利益，大学更加抗拒因受中央培训委员会的监督而导致自治利益的损失。利益妥协后博弈的结果即出台折中性方案——成立由大学领导的地区培训组织，但教师培训学院不属于大学的一分子，其财政补助由教育部发放。

然而，在《罗宾斯报告》出台后，大学的态度和利益诉求有了根本性的改变。与《詹姆斯报告》的意向一致，《罗宾斯报告》同样明确表示出进一步加强大学与教师培训学院联系的意愿，提出将教师培训学院升级为教

---

① MOBERLY W. The crisis in the university ［M］. London：SMC Press, 1949：203.

② PATRICK H. From cross to CATE：The universities and teacher education over the past ［J］. Oxford Review of Education, 1986, 12（3）：243 –261.

育学院，与大学一起纳入高等教育的队伍，其行政管理权与财政权都归至大学名下的建议。报告出台后，大学的反应出乎所有人意料。不同于以往的拒绝与冷漠，在1963年11月22日校长代表团与教育部长关于《罗宾斯报告》的讨论会议中，东安格里亚等14所大学都表示支持报告提出的建议。次月，大学校长与副校长委员会主席曼斯菲尔德·库珀也公开表示，委员会对于成立教育学院的建议表示欢迎。① 不同于《麦克奈尔报告》中仅对学术指导权转移的强调，《罗宾斯报告》更为大胆地提出将教育学院的行政管理权与财政支配权由地方教育当局转移至大学的手中，这也在一定程度上满足了大学对于保护和增强"自治权"的利益诉求。此外，报告所建议的高等教育扩招也强调了大学的唯一性与领导性。此时，与教育学院进行行政、财务、学术上的深度合并，更加有助于提升大学在高等教育发展中所承担的责任，并增加获取的利益。

从《麦克奈尔报告》到《罗宾斯报告》，大学与教育学院之间的利益冲突逐渐缓和，利益诉求也逐渐达到平衡。虽然，政府出于自身利益考虑，最后驳回了将教育学院行政及财务权力转移至大学手中的建议，于大学而言，并没有完全意义上实现其利益诉求。但一直以来，教育学院渴望提升教师职业地位和教师培训学术地位的诉求逐渐得以实现。也可以理解为，二战后，大学与教育学院之间利益冲突产生的矛盾，即英国职前教师教育大学化过程中所出现的利益博弈。《罗宾斯报告》的出台也可视为这场利益博弈中利益相对平衡的结果，教师培训学院升级为教育学院，职前教师教育也顺利跻身于高等教育的队伍。然而，大学与教育学院长久以来在学术地位上的差距依旧无法完全消失，大学内部对于教育学院根深蒂固的偏见与歧视并未改变。教育学院教师不愿一直沦为低于大学的"二等公民"，随着政府和民众对教师教育的重视，教育学院渴望脱离大学，拥有独立地位的利益诉求在《詹姆斯报告》中淋漓尽致地体现出来。

二、不同执政党之间的利益冲突

二战后，工党和保守党主导了英国政坛，英国也进入了两党交替执政

---

① GODWIN C. The origin of the binary system [J]. History of Education, 1998, 27 (2)：171 - 191.

时期。工党和保守党持两种截然不同的意识形态传统。保守党历史悠久，从中心自上而下创建。传统的保守党奉行精英主义、私有化和市场政策。工党则发起于草根阶级，自下而上创建，倡导平等主义、国有化和集体主义。① 虽然战后迫于国家重建、攘外安内的特殊使命，两大执政党保持了长达30余年的"政治共识"。但两党之间的鲜明对比为日后两个执政党的组织方式打上了深刻烙印。截然不同的指导思想和意识形态对当时社会、经济、教育的发展也有着重大影响，职前教师教育也不例外。（见表1-4）

表1-4 《麦克奈尔报告》至《詹姆斯报告》颁布期间英国首相及教育部长

首相（党派）	任职时间（按任期）	教育部长	任职时间
克莱门德·艾德礼（工党）	1945.7—1950.9	艾伦·威尔金森	1945.7—1947.9
		乔治·汤姆林森	1947.9—1951.11
温斯顿·丘吉尔（保守党）	1951.10—1955.5	弗洛伦斯·霍斯伯勒	1951.11—1954.10
安东尼·艾登（保守党）	1955.5—1957.1	戴维·埃克尔斯	1954.10—1957.1
哈罗德·麦克米伦（保守党）	1957.1—1959.10	黑尔什姆子爵	1957.1—1957.9
		杰弗里·洛埃	1957.9—1959.10
	1959.10—1963.10	戴维·埃克尔斯	1959.10—1962.7
		爱德华·博伊尔	1962.7—1964.3
道格拉斯·霍姆（保守党）	1963.10—1964.10	奎尼汀·霍格	1964.4—1964.10
哈罗德·威尔逊（工党）	1964.10—1966.3	迈克尔·斯图尔特	1964.10—1965.1
		安东尼·克劳斯兰德	1965.1—1967.8
	1966.3—1970.6	戈登·沃克	1967.8—1968.4
		爱德华·肖特	1968.4—1970.6
爱德华·希思（保守党）	1970.6—1974.3	玛格丽特·撒切尔	1970.6—1974.3

---

① ［英］奈杰尔·福尔曼，道格拉斯·鲍德温.英国政治通论［M］.苏淑民，译.北京：中国社会科学出版社：122.

1945 年，工党奇迹般地赢得二战后第一次大选，从而顺利成为执政党。有学者认为，工党胜在其竞选宣言《让我们面向未来》中的承诺面向全体英国公民，尤其满足了中下层阶级的利益。英国政治学者彼得·普尔策指出："阶级是英国政治的基础，其他一切都是装饰和细枝末节。"① 宣言表明："应当制定儿童们能发挥其所长的教育制度……把造就全面的公民作为目标，包括尽快将离校年龄提升至 16 岁。"② 当时工党政府领导下的英国重视初等和中等教育的发展，以及基础教育的普及，因而强调师资数量的紧急扩张和职前教师教育的大学化。为此，《麦克奈尔报告》中提出的建议大部分被工党政府及教育部所采纳。1947 年至 1951 年间，由大学为主导的地区培训组织广泛设立，师资数量持续增长，师资培训呈现出欣欣向荣的发展趋势。

然而，《罗宾斯报告》重新提出将当时的师资培训学院与大学合并成为大学教育学院，以及进一步提出大学与教育学院应当实现学术、行政、财务三个方面的合并。保守党政府领导下的教育部官员们一致表示反对。当时的师资培训学院属于教育部，准确说是地方教育当局的管辖范围。如果依照罗宾斯委员会的建议并入大学，那么教育部将失去对师资培训学院及教师教育的管理权力。为此，教育部大臣爱德华在内阁会议报告《罗宾斯报告：对教师培训学院重组的建议》中表明，不应大规模地改变师资培训学院行政和经济方面的控制权，师资培训学院应当继续由地方教育当局管辖。实际上，导致当时教育局提出反对意见的根源在于保守党对于职前教师教育的轻视。和《麦克奈尔报告》的目标一致，《罗宾斯报告》同样致力于使职前教师教育脱离教育界的二等队伍，从而融入高等教育的主流队伍中。但自上而下代表上层精英利益的保守党政府官员对教师教育始终怀有偏见，并承认他们"不认为培养一大批小学教师是高等教育体系的一部分，

---

① PULZER P. Political representation and elections in Britain［M］. London：George Allen & Unwin，1976：98.

② DALE I. Labour Party general election manifestos，1900—1997［M］. London：Routledge，2000：59.

而这正是师资培训机构的职责"。① 最终，政府于 1964 年 10 月否决了关于教育学院合并至大学麾下的建议，教育学院在行政和财政方面仍由地方教育当局管理，这一决策对职前教师教育今后的发展也有着重要影响。

20 世纪 70 年代初，新任保守党政府成立了一系列"专家"委员会，来解决当时主要存在且被民众热议的教育问题，给人以耳目一新之感。詹姆斯委员会便是其中之一，负责针对教师教育的相关问题进行调查。委员会就教师教育的周期安排、课程设置、管理体制等方面作出了较为激进的建议。然而，这些建议并未被爱德华·希思领导下的保守党政府以任何有意义的方式贯彻执行。詹姆斯委员会成员詹姆斯·波特表示："詹姆斯委员会的建议之所以得到认可，是因为政治上正确的说辞需要被接受。委员会希望面对政治和经济压力，以其独立性、专业性、经验性来维持变革。事实上，根据当时的权力政治，这仅仅是一座遥不可及的桥。"② 这也可以理解为政府希望职前教师教育完全按照政治意向发展的一个信号。20 世纪 70 年代末，撒切尔夫人执政下的保守党政府开始逐渐将职前教师教育与政治利益紧密挂钩，逐渐走向政府主导的巅峰。

---

① GODWIN C. The origin of the binary system [J]. History of Education, 1998, 27 (2): 171 - 191.

② BROCK C. Global perspectives on teacher education [M]. Wallingford: Triangle Books, 1996: 45.

第二章
保守党政府时期的职前教师教育政策：
质量与能力

　　20 世纪 60 年代的乐观已经一去不复返，建立在理想主义基础上的美好憧憬失去了根本的物质保障。"如果共识政治时期可以视为英国民众决定永久摆脱战后大萧条的状态。那么，20 世纪 70 年代中期和末期的历史则可视作重回战后灾难时期。"① 除了日益恶化的经济形式和每况愈下的生活水平外，高等教育的调整与收缩、基础教育的质量与标准、教师教育的弊端与变革也成了 20 世纪 70 年代困扰政府与民众的关键问题。然而，此时执政的工党政府仍然无法使英国摆脱困境。历史学家摩根（Morgan）在讲述这段历史时无不辛辣地写道："在泛滥成灾的垃圾箱、关闭的学校和未掘的墓穴中，工党由着性子摧毁了一个对他们来说是再好不过的政府。"②

　　在此危急之际，1979 年保守党在大选中大获全胜，撒切尔③出任首相。英国也迎来保守党控制下的新时代。英国高等教育开始从"自下而上不干涉"的方针政策走向国有化系统特有的"自上而下，加强干涉"的方针政策，本质上从自下而上的决策改变为自上而下的操控与调节。英国职前教师教育也由此发生巨变。

---

① ［英］马克威. 一九四五年以来的英国社会［M］. 马传禧，译. 北京：商务印刷馆，1992：185.

② MORGAN K O. Labour people, leaders and lieutenants: Hardie to Kinnock［M］. London: Oxford University Press. 1987：271.

③ 玛格丽特·撒切尔（1925—2013），英国政治家，保守党领袖，1979—1990 年连续出任三届首相。

第一节　保守党政府职前教师教育政策的背景

二战以来，英国国民教育一直基于《1944 年教育法》初步确立的框架发展，中央政府与地方政府成功建立"国家制度、地方管理"的伙伴关系。职前教师教育及公立学校教育也基本被地方教育当局和教师教育机构所垄断。然而，从 20 世纪 60 年代中期到 80 年代中期的 20 年内，撒切尔主义逐渐渗透至教育政策领域。就像政策形成的其他领域一样，是各种紧张关系的融合，也是对新生矛盾的一种处理方式。

一、撒切尔主义与新右派意识形态的影响

1970 年，保守党在选举中大获全胜。爱德华·希思出任首相，玛格丽特·撒切尔成为教育科学部的国务大臣。上任伊始，撒切尔就雄心壮志地对教育系统展开一系列改革。在四年后的大选中，工党再次获胜。直至1979 年，撒切尔重掌大权，任职首相，开始了长达 11 年的执政生涯。实际上，从撒切尔担任教育和科学部大臣之日起，英国的教育发展已经开始陷入撒切尔主义与新右翼意识形态①的干涉之中。英国著名教育政策学者斯蒂芬·鲍尔也认为，20 世纪 80 年代的教育已成为撒切尔主义政治意识形态主流的一部分。教育不再是"一片政策死水"，而是新右派主导计划中不可缺少的一部分。"根据分析，教育不再与社会和经济政策的其他领域隔离开，也不再是政策的阻力。它现在是撒切尔主义政治理想和政策的主流。"② 职

---

① "右翼"一词源于 1789 年法国大革命后成立的国民大会上议席的分布位置。当时最为革命的议员坐在会场左侧，最为保守的议员则在右侧。因此，保守主义也被称为"右翼（也称右派）"。而"新右翼"意识形态的宗旨在于重新界定国家、市场与政治体制之间的关系，是经济自由主义和社会权威主义两个部分组成的松散的混合体，即经济上的自由主义与政治上的保守主义，是新自由主义与新保守主义的混合。强调强有力的政府、领袖、国防、法律、秩序以及国家的统治权威。引自：[英] 比尔·考克瑟，等. 当代英国政治（第四版）[M]. 孔新峰，等译. 北京：北京大学出版社，2009：85.

② [英] 斯蒂芬·鲍尔. 政治与教育政策制定——政策社会学探索 [M]. 王玉秋，孙益，译. 上海：华东师范大学出版社，2003：41.

前教师教育也不例外。

（一）教育大臣时期隐含的撒切尔主义

爱德华·希思担任首相后，在 1970 年 10 月的保守党大会上表示："要进行一场彻底的变革，一场平静的、全面的革命。它的范围将超出议会……我们重新执政的目的完全是为了改变我们这个民族的历史进程。"① 因此，6 月上任教育科学部大臣的撒切尔也成为这场变革中教育领域的先行者，她提出"在教育方面应反复强调七点"，② 其中，对综合学校问题的处理和对职前教师教育问题的关注引起了很大反响。

首先，反对文法学校改造为综合学校。在她上任之前，前工党教育部发出 10/66 号通告，其内容主要为废除文法学校，建立综合学校。同时要求地方教育当局提交实施全面教育的计划安排。地方当局拒绝提交此计划，将被剥夺资金投入。③ 作为教育大臣，撒切尔撤销了工党发布的文件，解除了工党给地方政府施加的压力。在下院辩论中，面对持学校综合化观点的特德·肖特，她谈道："也许在一些很偏僻的农村地区，同时开办一所文法学校和一所综合学校显得不切实际，但在大城市地区这是完全有可能的，因为文法学校和直接拨款学校的指定入学地区与综合学校的指定入学地区完全不同。"但在工党苦心经营的"教育普及化"浪潮之下，撒切尔此举遭到全国教师工会以及许多民众的反对，甚至最后连保守党内部也出现了意见分歧。撒切尔在其自传中提到："在综合学校问题上党内斗争很激烈，赞成和反对的势均力敌。处境艰难的我作出了让步性的选择。"④ 因此，尽管撒切尔本人对综合学校的扩张持反对态度，她依旧迫于压力批准了大多数废除文法学校建立综合学校的计划。

在教师培训方面，撒切尔意识到为了填补二战后师资数量的空缺所实施的教师教育仓促扩张计划虽然使英国中小学教师的数目大量增加，但这

---

① HEPPELL T. Choosing the Tory Leader：Conservative Party leadership elections from Heath to Cameron［M］. London：Tauris Academic Studies，2008.

② THATCHER M. The path to power［M］. London：Harper Collins，1995：41

③ ［英］约翰·布伦德尔. 铁娘子撒切尔［M］. 邓继好，译，北京：红旗出版社，2013：54.

④ THATCHER M. The path to power［M］. London：Harper Collins，1995：177.

也导致了教师整体质量的下滑。简而言之，虽然当时关于缺乏教师的抱怨之声不绝于耳，但其真正缺乏的是质量合格的教师。因此，撒切尔认为改变教师工资结构、奖励并鼓励长期从事教育工作的教师将在一定程度上有助于解决此问题。但最佳解决方案应该是积极开展针对"质量提升"的职前师资培训。1970—1974 年撒切尔任职教育与科学部大臣期间，由于其权力有限，且限制颇多，因此只能小试牛刀地在教育领域施展自己的改革蓝图。但这段时间内撒切尔所掀起的教育变革也为 20 世纪 70 年代末撒切尔主义在英国政治、经济、教育领域的全面渗透埋下伏笔。

（二）执政期间撒切尔主义的全面渗透

1979 年大选，保守党获得 339 个席位，力压工党的 269 个席位再次成为执政党。撒切尔也以 20918 票顺利问鼎首相，入主唐宁街。① 由此，英国开始进入长达十多年的撒切尔主义全面笼罩时期。撒切尔也开始了她在各个领域大刀阔斧地改革。撒切尔政府的改革一方面主要是为追求质量与效率，实现经济自由主义的目标而进行的市场化改革。另一方面，新右派将自身目标定义为"重新绘制保守党内外的意识形态版图"。② 受到新右派思想的影响，撒切尔政府不断加强中央政府的控制力和领导力，进而实现中央集权。

政治方面，撒切尔政府对地方政府进行了大刀阔斧的改革。二战之后，地方政府的职能在政治、教育等领域迅速扩大，在政治体制中发挥着重要作用。但地方政府职能和规模的扩大必然带来经济开支的增长和权力范围等方面的扩张，可能导致与撒切尔政府的意识形态和政策目标相抵触的后果。因此，撒切尔通过削减地方政府开支，进一步控制地方财政。同时，将市场机制引入地方经济产业，在政治和经济上实行"问责制"，分散地方政府的权力。撒切尔政府的一份绿皮书称，成功的地方政府必须建立在高度问责制的基础之上，应当保证"地方选民知道他们为地方服务所花的钱，

---

① ［英］约翰·坎贝尔. 撒切尔夫人传［M］. 韩晔，等译. 武汉：长江文艺出版社，2015：76.

② HAYES M. The new right：An introduction to theory and practice［M］. London：Pluto Press，1994：145.

以便他们掌握信息，能够通过投票等方式影响地方政府的决策"。① 撒切尔政府通过以上举措显著增强了中央政府对地方事务的干预和控制，地方政府的规模与权力也逐渐被削弱。

1973 年，以全球性石油危机为导火线，几乎整个西方发达国家都陷入经济停滞和通货膨胀并存的双重危机之中，英国也不例外。经济学界将此时的英国经济状况诊断为"英国病"。其病症表现为两个层面的矛盾：一是整个 20 世纪 70 年代英国通货收缩率极为严重，1980 年一度高达 20%；二是经济增长停滞甚至倒退，失业率高达两位数。凯恩斯主义需求管理的内在矛盾和弊端集中爆发，既无法解释"滞涨（stagflation）现象"②，更无法提出解决对策。从大选获胜的狂喜到面对英国的经济问题，就像狂欢一夜后面对幻灭黎明的到来。

此时，撒切尔夫人带着雄心勃勃的宏观经济方案上台，撒切尔政府的主要目标是解决长期困扰英国经济发展的"英国病"，限制货币供给增长速度、缩小公共部门赤字规模、实现经济自由主义，从而达到国民经济稳步发展的理想状况。为此，宏观政策方面，货币主义理论取代凯恩斯主义，成为经济指导思想。以控制货币发行量、减少公共支出为主要政策手段。微观政策方面，政府更加鼓励私有化、精英主义和市场化，从更多地强调经济的需求方转向强调经济的供给方，从强调社会平等转向质量与效率至上。直至 1988 年，英国通货膨胀率下降，劳动生产率逐年提高，财政收支也呈现盈余状态，国民经济情况逐渐好转。

"质量与效率至上"的撒切尔主义在教育改革方面也完全得以体现。撒切尔认为："我们在竞选宣言中提出的教育改革，其出发点是对英国现行教育标准的强烈不满。相较于教育方面经费支出的增加，教育的质量却并没有随之提高。"在职前教师教育方面，撒切尔认为："现在有太多的教师教

---

① MARSH D，RHODES R A W. Implementing Thatcherite Politics：Audit of an era［M］. London：Open University Press，1992：112.

② 该术语产生于 20 世纪 70 年代，用来描述通货膨胀与经济停滞并存的现象。引自：［英］比尔·考克瑟，等. 当代英国政治（第四版）［M］. 孔新峰，译. 北京：北京大学出版社，2009：66.

学实践能力不合格，但教师教育机构却更加重视教育理论和意识形态。"①为此，撒切尔政府在教育改革上选择了进一步推进中央集权化和去中央集权化这一看似矛盾的策略。通过中央补助学校、实施全国性课程、增加教师培训渠道、减少对大学的财政补助以加强大学与业界联系等途径，实现了教育方面进一步的中央集权化；通过家长择校、教育券制度及《1988 教育法》的颁布，初步实现撒切尔口中的"去中央集权化"。但事实上，这些"去中央集权化"的变革不过是以另一种方式对地方政府进行分权改革，从而从某种意义上实现中央政府集权化的利益诉求。

显而易见，撒切尔政府的政策是建立在"一套坚定的原则基础之上"。这些以政治经济为核心的主张和一系列改革措施通常被人们称为"撒切尔主义"。"撒切尔主义"也被称为"新保守主义"，因为它既保存了传统保守主义的核心价值——私有化，又接受了新自由主义学说的思想，由此衍生为"新右派思想"。新右派的意识形态是基于道德和经济学说的混合。它们有时是互补的，有时是相对立的。一方面，这种意识形态是建立在弗里德曼和哈耶克等经济自由主义思想家的基础之上；但另一方面，它是基于社会和道德权威主义而衍生发展的。这样混合的特点是保障民众"私有权"的同时，也会增加社会条款的中央干预。有学者将其概括为"法律管制下的自由"。②

二、经济危机爆发对职前教师教育改革提出新诉求

1973—1974 年的石油危机导致世界性经济危机的爆发，英国结束了二战后"福利时代"的繁荣期，迎来了经济上的又一次衰退期。经济危机爆发之后，英国社会处于经济衰退和失业率增加的现状之中。失业人数在 20 世纪 50 年代为年均 33.5 万人，60 年代为年均 44.7 万人，到 70 年代则飙升至年均 125 万人。经济增长率也一落千丈，1973—1979 年间的经济增长率

---

① ［英］玛格丽特·撒切尔. 唐宁街岁月（下）［M］. 李宏强，译. 北京：国际文化出版公司，2009：540.

② WHITTY G, MENTER I. Lessons of Thatcherism：Education policy in England and Wales 1979 – 88 ［J］. Journal of Law and Society，1988，16（1）：42 – 64.

为 1.4%，不及战后恢复期的一半。① 尤其是毕业生就业与年轻人失业问题严峻。当时，整个经济合作与发展组织地区（除土耳其）的青年失业率继续上升，从 1976 年的 10.4% 上升至 1979 年的 11.3%，英国、丹麦、美国的情况最为显著。而且，在整个失业率略有下降的时期，青年失业率仍在上升。② 1980 年以来，英国 25 岁以下的失业者占失业总数的比例始终维持在 40% 以上。1983 年，青年失业人数高达 121 万人，在经合组织 7 个主要国家中居于首位。毕业生的就业成功率也随之降低，1983 年的应届毕业生未就业比例高达 20%。③ 这不仅是一个紧迫的社会问题，对于政府而言更是一场危机。时任英国财政大臣的杰弗里·豪向内阁描述国内经济形势后，撒切尔夫人表明："在经济危机解决方案的执行中，我更优先考虑失业问题，尤其是年轻的失业问题。"④ 随后，年轻人易失业和毕业生难就业的问题引发了英国社会民众的热议。

社会各界将此局面的产生大部分归因于高等教育的失职和教育制度的失败。20 世纪 70 年代初期 3 份黑皮书对初等至高等教育都发起了猛烈攻击，主要攻击点在于对英国教育质量下降的批评。在对英国整个教育制度质疑的同时，进而提出人们对职前教师教育质量、教学技能及态度的质疑。有学者认为，青年失业问题的重点在于：年轻人只是缺乏必要的知识技能，从而失去就业的机会。⑤ 此现象的产生应当归因于在校学习期间教师教学方法不当。一些工商业界的雇主们认为学校教育培养出来的学生缺乏就业技能，脱离实际的职场需求，应归因于教师责任心和教学实践技能的缺乏。新闻媒介指出，教师缺乏适当技能，无法将理论知识完整地传输给学生，从而培养学生独立自主的实践技能。为此，政府将教师教学技能的缺乏归

---

① ［英］比尔·考克瑟，等. 当代英国政治（第四版）［M］. 孔新峰，译. 北京：北京大学出版社，2009：66.

② ［美］菲利普·库姆斯. 世界教育危机［M］. 赵宝恒，李环，译. 北京：人民教育出版社，2001：192.

③ 于维霈. 当代英国经济［M］. 北京：中国社会科学出版社，1990：303.

④ ［英］玛格丽特·撒切尔. 唐宁街岁月（上）［M］. 李宏强，译. 北京：国际文化出版公司，2009：116.

⑤ REES, T. Education for enterprise：the state and alternative employment for young people ［J］. Journal of Educational Policy，1986，3（1）：9－22.

咎为职前教师教育中理论知识课程过多，实践培训时间过少，以及教师入职后缺乏在职培训、提升，以及教学水平的评估考核。以上指向现存教师教育弊端的观点也引发了人们关于教师教育"重理论，轻实践"的探讨。

实际上，这种现象与历史上英国"重文轻理"的传统思维模式有关。维纳在《英国文化与工业精神的衰落》一书中指出，对于解释英国经济衰落的问题他感到讽刺的是："这个孕育了工业革命并将其输出到世界各地的国家，在衡量其成功与否时应该感到难堪。其结果是，英国采纳了'一种实际上排除工业主义精神的英国特性概念'。"① 在维多利亚时代晚期的英国这一概念再次加强，并形成了一种复杂的、根深蒂固的文化综合征，即轻视技术性文化，缺乏技术型人才培养。对应到教师的培养中也可以发现，基于传统"重理论，轻实践"意识形态的指导，由高等院校主导的职前教师教育课程设置过于注重学术研究，对教学实践和教学方法强调过少。职前教师在高等院校场所学习的时间过多，在实际教学场景中实践的机会过少。为此，对撒切尔政府来说，亟需达到的目标是：建立一个全国性的问责框架，并使职前教师教育课程面向中小学的"市场"现实，从而引进一种更加注重实践的职前教师教育模式。

此外，人口数量的波动也对当时的职前教师教育造成了一定影响。不同于二战后出生率的大幅增长。在 20 世纪 70 年代下半叶，英国人口的绝对数字开始下降，从 1974 年的 5592 万下降到 1978 年的 5582 万，这在有人口记载的历史上还是首次发生。20 世纪末期人口增长速度减缓甚至呈负数的原因很多，但主要原因还是出生率下跌。据统计，1900 年人口出生率曾高达 18.2%，而 1977 年降为 11.8%，略高于死亡率（11.7%）。其中，学龄人口比例基本呈下滑状。② 《教育：一个扩展的框架》白皮书公布 6 个月后，已经发现其高估了人口出生率，1972 年及 1973 年都低于预估数据，迫使其教育大臣随之减少师资培训人数。人口的锐减也影响到教师的就业，许多毕业后的师范生无法找到对应就业学校，职前教师教育的发展一度陷入

---

① WINER M J. English Culture and the Decline of the Industrial Spirit 1850—1980 ［M］. Cambridge：Cambridge University Press，1981：3.

② BUTLER D, SLOMAN A. British political facts 1900—1979 ［M］. London：St Martin's Press，1980：294.

僵局。

三、职前教师教育扩张与教师专业化运动的矛盾

二战后直至 20 世纪 70 年代初期，英国教师教育一直高奏"扩张数量"的主旋律，无论是师资还是师资培训学院数量都呈现大幅度的增长。但过分强调数量增长也导致质量方面的缺陷逐渐显露。与此同时，国际教师教育专业化运动兴起，大众对于教师的职业规范化和质量标准化有了更高的要求。前期注重数量的发展弊端与当下呼吁专业化实践技能的矛盾愈演愈烈，最终激发了职前教师教育由"数量"向"质量"的转型。

（一）二战后职前教师教育扩张的弊端显现

第二次世界大战后初期，英国教师培训机构处于战争的摧残和义务教育年限延长的冲击之下，再加上战后出生率陡增的压力，使师资紧缺问题日趋严重。为尽快解决此问题，保证初等和中等教育的顺利实施，政府颁布《教师招募与紧急培训方案》《麦克奈尔报告》《罗宾斯报告》《詹姆斯报告》，以上报告的重心皆为强调师资数量的增长和师资培训机构的扩张。在此阶段，以"数量扩张"为重心的职前教师教育政策确实有效缓解了师资短缺的问题，与基础教育的需求基本匹配。然而，职前教师教育仓促扩张的弊端也逐渐显现。

注重数量提升的紧急培训方案使"教师"几乎成了一个向所有申请者敞开的职业。只要具备责任心，渴望从教的人都可以通过 1 ~ 2 年的短期培训成为正式教师并任教于中小学，但这样仓促的培训导致教师质量无法得到保障。正如英国学者约翰·托马斯所言："也许二战后重建时期的教育委员会最应该认识到，只有具备良好学术成就的毕业生才有资格获得'合格教师'的资质，受到教育部的认可。"[1] 换言之，一名合格的教师应是圆满完成规定培训课程，接受过完整职前教师教育的教师。然而，教育部为了短时间内增加教师数量，缓解压力，废除了不同类型教师之间的差别，最终导致了一种无差别的教师培训系统建立。"不幸的是，由于教育部对教师

---

① THOMAS J B. British universities and teacher education：A century change ［M］. London：The Falmer Press，1990：40.

资格获取的放宽，导致任何毕业生都可被录取为合格教师，这种做法多年来一直没有停止。"① 为了迎合基础教育的全民普及而紧急培训上岗的中小学教师缺乏理论和实践经验，入职后也缺少提升自身素质能力的途径，久而久之，自然无法应对教学工作。撒切尔在其回忆录中谈道："教师数目大量增加在一定程度上已经影响到了教师的质量。虽然愿意教数学和科学的教师一直都比较缺乏，但是抱怨'教师短缺'却并没有太多的依据，真正缺乏的是质量合格的教师。"②

（二）教师专业化运动的兴起

英国教师教育研究学者罗博·麦克布莱德指出："20 世纪后半期，英国教师教育发生的变革建立在两个相互独立的因素之上。一为意识形态因素，主要源于保守党执政时期新右翼压力集团所推行的举措；二为专业因素，与这一时期教师教育系统内所发生的专业化运动相关。"③

1966 年，联合国教科文组织和国际劳工组织《关于教师地位的建议书》（*Concerning the status of teachers*）首次以官方文件形式对教师专业化作出了准确定义与详细说明，指出："应当把教育工作视为专门的职业，这种职业要求教师经过严格、持续地学习，获得并保持专业的知识和特别的技能。"这是国际上首次关于教师专业化的官方阐述，它标志着"教师"职业规范化和认可度的提升，也为 20 世纪 80 年代国际教师专业化浪潮的兴起奠定了基础。1980 年，《世界教育年鉴》以"教师的专业发展"为主题发表了一系列文章，提出教师专业化的目标有两个：一是争取教师专业的地位与权利，寻求集团向上流动；二是发展教师的教育教学知识技能，以提升教师教育水平。④ 因此，教师专业化发展逐渐成为人们关注的焦点，并成为世界各国教师教育改革的共同主旨。受教师专业化浪潮的影响，英国在 20 世纪后期也发起了教师教育专业化运动。"人们一直都期望着教师能有所转变，

---

① THOMAS J B. British universities and teacher education：A century change［M］. London：The Falmer Press，1990：41.

② THATCHER M. The path to power［M］. London：Harper Collins，1995：151.

③ MCBRIDE R. Teacher education policy：some issue arising from research and practice［M］. London：Falmer Press，1996：11.

④ 教育部师范教育司. 教师专业化的理论与实践［M］. 北京：人民教育出版社，2003：27.

近几年尤其如此。就像每一次经济危机时一样，在关于如何为国家培养自己未来一代的方面，正产生着巨大的道德恐慌……几乎没有人想在经济方面下功夫，但每个人（包括政治家、媒体、公众）都想在教育方面作文章。"①

英国学者麦克·杨提出，这个时间段的英国教师教育存在着 4 种转型，即从教育学科转型、朝校本模式转型、朝更为集权的教师能力认证模式转型，以及中小学在教师职业形成或发展中承担更大的责任。为此，他提出了教师教育的反思现代化理论。该理论认为教师专业化转型后的教师教育应当注重：（1）发展新的学习观念；（2）重视教师教育课程；（3）形成中小学与大学之间新型的伙伴关系；（4）对教师知识水平与职业技能评价体系的反思。② 与此同时，柯克也归纳出了教师专业化发展的 4 个特性。（1）所有教师必须以某所学校为基地，在课堂上从事课程发展研究；（2）教师有责任对学生进行评估；（3）全体教师在学校管理及更为宽泛的社会目标中承担责任；（4）教师有责任对本职业的新手进行培训。③ 也可以理解为，英国学界对教师专业化发展的理想构建强调教师教育过程中"校本（school-based）"的重要性、入职培训和在职提升的重要性，以及教师能力评价体系的重要性。

受教师专业化理念影响，学界和民众仿佛意识到，在此之前对中小学在职前教师教育领域中培训能力的漠视，以及长期"重理论轻实践"的意识形态对职前教师教育造成的危害。这一时期内人们对于教师质量提升、教师实践技能、教师专业化发展的呼声越来越高，最终也影响到了职前教师教育政策的变革。

---

① HARGREAVES A. Changing teachers, changing Times: Teacher's work and culture in the Postmodern Age [M]. London: Cassell, 2001: 5.

② Michael Young. Rethinking Teacher Education for a Global Future: Lessons form the English [J]. Journal of Education for Teaching, 1998, 24 (1).

③ KIRK G, GLAISTER R. Teacher education and professional development in Scotland [M]. Edinburgh: Scottish Academic Press, 1988: 1.

第二节　撒切尔执政时期：加强对
职前教师教育课标的控制

就职前教师教育的发展而言，1976—1990 年是一个变革起始的时期。正如英国学者泰勒所指出的，这个时间段内，国家对于职前教师教育的主要关注点开始从"数量和供应问题"转向"质量和课程内容"与"专业化标准的认可"上。也可以理解为，职前教师教育课程的内容和质量、教师的行为和标准，都成为职前教师教育政策关心的主要问题。① "职业社会的兴起"伴随着撒切尔夫人的执政而达到了顶峰。前工党政府首相詹姆斯·卡拉汉发表的拉斯金演讲引发了人们对教师职业自主权的质疑，首次对"教师控制课程"的理念提出挑战。② 然而，1979 年入主的撒切尔政府起初在职前教师教育方面并不急于制定任何有意义的政策。直至第二任期，撒切尔开始逐渐加强对职前教师教育的干预，意在通过颁布一系列政策将职前教师教育的课程控制权掌握至中央政府手中，重建职前教师教育全国性问责制度，最终达到职前教师教育面向实践技能"市场化"的目的。

一、3/84 通告：突出实践倾向的课程标准

撒切尔政府对教学质量的关注始于一系列教育科学部和皇家督学团报告的发布。皇家督学团考评报告以及《教学质量》白皮书中所共同提出的，对于职前教师教育新课程标准和加大外部机构监督控制权的建议，最终通过政府于 1984 年发布的 3/84 通告得以实现。

（一）出台背景

1. 拉斯金演说掀起教育大辩论

1976 年，工党在大选中连续获胜，詹姆斯·卡拉汉接任哈罗德·威尔

---

① ALEXANDER R J. Change in teacher education：Context and provision in Great Britain ［M］. New York：Praeger Publishing，1984：21.

② HOYLE E，JOHN P. Teacher education：The prime suspect ［J］. Oxford Review of Education，1998，24 (1)：69-82.

逊成为唐宁街新任主理人。上任之初恰逢报纸及其他媒体对公立教育现状及教师的表现提出批评。《泰晤士报教育副刊》在题为《我谴责教师》（*I blame the teachers*）的文章中开门见山，直接将合格雇员的缺乏归因于教育体制的失败和教师能力的缺乏。"由于教师缺少面对市场的直接经验，学校也未让学生为进入工作领域而做好准备。因此，英国中等学校培育的毕业生无法像德国或日本毕业生那样为社会经济发展做出贡献。"① 考虑到当时民众对于"教育标准"这一主题兴趣浓厚，对新入主唐宁街十号的首相来说，若将教育标准作为其新政府工作的中心任务之一，在政治上将十分有利。

为此，卡拉汉于同年10月在牛津大学拉斯金学院就"公共教育改革与提高教育标准"发表演说。演说首先表明，过去几年，英国教育资金的需求约为每年60亿英镑，主要应对学生人数的上升，部分用于提高教育标准。但"新政府不应该只满足于维持现有教育标准，而是应当向更高的标准看齐"。② 此外，卡拉汉就教师的现状予以警示。"在教育目的，尤其教育标准方面，并不是某一群体独自享有特权。③ 在确定和表达教育目的及我们所需要的教育标准方面，家长、教师、学术专业机构、高等教育代表、工业中的雇主，以及政府，都有权参与，并发挥着重要作用……我要对所有教师说，你们的教学成果应当让家长们和工商业界满意，你们做的一切应当符合他们的要求，满足学生的需求。如若你们无法让公众对你们的工作及能力表示信服，那么你们也在为自己的未来制造麻烦。"④ 最终，卡拉汉提出政府亟须进一步调查研究的六大主题，分别为：为提升教育标准，对资源的使用加以政府监控的手段；为基础知识的核心课程而辩护；非正规教学的方法与目标；明确国家教育标准方面，皇家督导团所承担的责任；工商

① CHITTY C. Education policy in Britain［M］. London：Palgrave Macmillan，2004：33.

② CALLAGHAN J. A rational debate based on the facts［EB/OL］. （1976－10－18）［2019－06－12］. http：//www. educationengland. org. uk/documents/speeches/1976ruskin. html.

③ 20世纪70年代以前，教师教育及中小学教育的内容和课程几乎都是教师教育系统以及中小学教师自己的事，教师在课程制定方面享有高度的自治权。彼时的教育课程及内容属于政治上"一潭死水"的状态。

④ CALLAGHAN J. A rational debate based on the facts［EB/OL］. （1976－10－18）［2019－06－12］. http：//www. educationengland. org. uk/documents/speeches/1976ruskin. html.

业与教育之间的关系；公共考试的未来结构。

卡拉汉的演说强调了政府和公众所共同关注的重大教育问题，并反复申明，政府和公众拥有对学校教育问题发表意见及共同参与的合法权利。实际上，演说也意味着政府首次对"教师掌控学校课程"的理念及教师的自治权提出了挑战。与此同时，演说在英国上下也产生了轰动效应，开展了浩浩荡荡为期10年的全国性教育大辩论。[①] 教育大辩论体现了一种限制教师自主权，加强中央集权的发展趋势，也为此后保守党政府对国家课程以及职前教师教育的干预奠定了基础。

2. 皇家督学团报告对职前教师教育提出批评

撒切尔夫人执政后，为实现其在竞选宣言中承诺的"效率与质量至上，提升教育标准"，委派皇家督学团在对中小学进行常规视察时，对校内最新合格师资进行调查。其调查研究策略如下：首先，对300名中小学初任合格教师进行两节课的课堂观摩。其次，每位初任教师需要完成对自身教学技能优缺点、对教师职前培训质量与适切性等问题进行点评的问卷。最后，为进一步深入了解初任教师们的教学技能及培训质量，督学团官员还对教师们及学校校长进行单独访谈。[②] 最终调查结果呈现于《教师训练与中等学校：皇家督学全国中等调查的启示》（*The teacher training and the secondary school：The implications of the HMI national secondary survey*，1981）、《学校的新教师》（*The new teacher in school*，1982）、《中小学的教学：职前训练的内容》（*Teaching in schools：The content of initial training*，1983）这三份报告中。

皇家督学团的三份报告内容均明显地对当前的职前教师教育进行批判，几乎每份报告批评的焦点都集中在现行职前教师教育缺乏学生实际教学能力的培养上。具体表现为：近四分之一受访者认为自己未具备教学所需技

---

① 这场教育大辩论就此后英国教育改革的大方向达成了三点基本共识：第一，注重绩效责任。社会要求学校改进教育效率，希望有限的资源能发挥最大的功效，使年轻人具备工作所需的基本技能；第二，加强中央控制。政府借由大辩论引起民众对教育质量的关心，从而加强对全国统一核心课程的控制；第三，扩大伙伴关系。教育不再仅仅属于中央政府、地方教育当局与学校三方关心的事情，凡是对教育问题有兴趣者皆可成为教育领域的伙伴之一。

② ［英］约翰·富隆，伦·巴顿. 重塑教师专业化［M］. 马忠虎，等译. 北京：北京师范大学出版社，2010：134.

能；约30%的中小学未提供促进新入职教师专业发展的支持；许多中小学新入职教师所教授的科目并不是其主修的学科。此外，报告还指出，由于任教学科知识的缺乏，多数新入职教师过度依赖教科书狭隘的参考答案，无法延伸学生的思考。照本宣科式教学模式使教师可以维持一种水平限制但安全稳定的工作模式。针对以上问题，几份报告提出了相似的改进建议。首先，师资培训机构应实施更有效的质量管控课程，确保新入职的教师具备教学所需的学术与专业技能。其次，增加职前教师教育课程中课堂实践所占时间的比重。最后，国家应当制定全国统一的职前教师教育课程指导大纲，从而对职前教师教育的课程内容、模式作出更为有效、科学、合理的规划与认定。① 以上建议也成为日后《教学质量》白皮书中关于职前教师教育新课程标准和师资培训认可委员会（CATE）建立的参考基础。

3.《教学质量》白皮书：职前教师教育新课程标准的建立

为解决职前教师教育现存问题，提升职前教师教育质量，教育与科学部于1983年向国会提交《教学质量》白皮书。白皮书开篇表明，政府的目标是充分利用现有资源，维持和提高教育水平。当时，英格兰和威尔士的中小学教师约44万人次，教师质量是国民教育质量的决定因素。因此，中小学教师的供应、职前培训、任命，以及之后的职业发展和部署是政府和国家极为关注的问题。报告同时指出，中小学正在改变其提供的课程，以及与家长、雇主和社区之间的关系。这也意味着中小学教师的工作与目标将相应地做出调整。此外，学校和雇主们也倾向于招聘具备良好学科素质及较强教学实践能力的年轻教师。为此，当时的教师职前训练（Initial Teacher Training，以下简称ITT）课程不符合学校和社会需求，应当改变其课程结构与内容，建立统一的新ITT课程标准。②

报告从教师培训与其工作匹配度、ITT机构调整、ITT学生遴选、ITT课程内容4个方面进行阐述。首先，政府将优先改进教师培训内容与其工作内容的匹配度，从而改进教师和学生的教育素质。对于小学教师而言，需

---

① WILKIN M. Initial Teacher Training：The Dialogue of Ideology and Culture ［M］. London：The Falmer Press，1996：155.

② DES. Teaching Quality1983 ［R/OL］.（1983 – 05 – 01） ［2019 – 06 – 15］. https：// www. education – uk. org/documents/official – papers/1983 – wp – teaching – quality. html.

要广泛修习人文艺术与数学科学类型的课程，从而更合理地应对小学包班制教学模式；对于中学教师而言，现存最大的弊端即新任教师水平与中学任教工作无法匹配，即教师教学能力及素质过低，无法胜任中学岗位。为此，政府建议在普通教育证书的基础上增加进阶级证书，其获取难度也相应增加，拥有进阶级证书者方可有资格任教中学。但造成此现象的原因广泛，报告最终认为应采取渐进式方式改进，并进行五年一次的师资现状调查。①

其次，报告指出，当时的 ITT 模式主要有两种。一种为期 3 或 4 年，面向中学毕业生，由教育学院开设，是高等教育与教师教育同时进行的大学教育学习模式。另一种则为期 1 年，是针对非师范专业却欲从教的大学生所开设的学士后模式（又称 PGCE 模式）。在数量上，约四分之三的小学教师来源于教育学士模式，中学教师主要来源于学士后模式。报告预估 1985 年后，小学教师的需求量将逐渐递增，中学教师需求量相应递减。为此，报告建议政府减少英格兰 10 所教育学院，2 所予以合并。在 ITT 受训学生的筛选上，报告指出，目前有 20% 进入训练课程的学生并不具备合格教师所需的人格特质及基本学识素养，此类学生入职后对学校和学生来说都存在着不良影响。为此，报告建议加强对 ITT 受训学生的遴选标准，并邀请拥有实际教学经验的中小学教师参与遴选过程。最后，报告着重对 ITT 课程内容的完善提出具体要求。第一，所有合格教师的职前培训课程应安排至少为期两年的"学科研究"内容，以深入学习和储备中小学教学所需的专业学科知识。第二，所有职前教师培训课程应当针对入职后所教学生年龄而分别设定教学方法。例如，小学教师职前训练课程应包括促进语言与数学能力发展的教学方法，中学教师职前训练应包括科学等课程的教学方法。第三，所有合格师资的职前培训应与具备实际经验的中小学紧密衔接，中小学教师应当参与职前师资培训课程。②

最终，报告建议，理事会应进一步开展工作，以期在 1983 年 7 月底之

---

① DES. Teaching Quality1983［R/OL］.（1983 – 05 – 01）［2019 – 06 – 15］. https：//www. education-uk. org/documents/official-papers/1983-wp-teaching-quality. html.

② DES. Teaching Quality1983［R/OL］.（1983 – 05 – 01）［2019 – 06 – 15］. https：//www. education-uk. org/documents/official-papers/1983-wp-teaching-quality. html.

前提出建议，成为政府制定标准的参考依据，以便在决定是否核准或重新核准初步培训课程时加以考虑。此外，标准应涉及学生的遴选、课程内容的水平和数量、专业内容，以及培训机构与学校之间的联系。职前教师培训课程，必须包括与工作匹配的专业能力，即实践教学能力。①

（二）CATE 的建立与课程标准的确立

1984 年 4 月 13 日，教育科学部发布 3/84 号通告（Circular 3/84），又名《教师职前训练：课程的核准》（*Initial teacher training：approval of course*）。通告表示根据之前皇家督学团及《教学质量》白皮书中有关教师职前训练改进的建议，特以此通告正式宣布课程标准的确立与相关机制的建立。② 这也意味着撒切尔执政时期职前教师教育制度巨变的开始，它清楚地表明了撒切尔政府对职前教师教育实施中央集权控制策略的立场。正如牛津大学教育学院主任约翰·富隆所述："正是这份通告首次确立了中央政府在职前教师教育内容及结构制定中的话语权，进而标志着高等教育（甚至是传统大学）自治时代的终结。"③

表明中央政府开始干预职前教师教育的首项条例，即教师教育认证委员会（Council for Accreditation of Teacher Education，简称 CATE）的建立。委员会成员由教育大臣任命，来源于中小学教师、大学教育学院教师、地方教育当局代表，以及中央政府官员。其职责主要是代表教育大臣监督英格兰及威尔士地区的职前教师教育。首先，委员会有权针对新颁布的职前教师教育课程在各机构开展实施情况的监督和检查。教育大臣应根据 CATE 委员会的意见，对职前教师教育课程予以评估，再行考虑课程是否需要变动。其次，委员会拥有对合格教师进行专业认证的权力。以中学教师培训课程为例，成功完成职前教师教育课程的学生将收到 CATE 委员会认可的"合格学校教师确认信"。信中将阐明其任教科目，确保学生在新入职时期

---

① DES. Teaching Quality1983［R/OL］.（1983－05－01） ［2019－06－15］. https：//www. education-uk. org/documents/official-papers/1983-wp-teaching-quality. html.

② DES. Circular3/84, Initial Teacher Training：Approval of courses［R/OL］.（1984－05－01）［2019－06－16］. https：//www. education-uk. org/documents/official-papers/1984-gp-parental-influence. html.

③ FURLONG J, BARTON L, WHITTY G. Teacher Education in Transition［M］. Buckingham：Open University Press，2000：22.

可以更好地适应和配合工作。但若其班级实践工作无法令 CATE 及校方满意，则不被授予"合格教师资格（QTS）"。①

关于新课程标准的确立，通告从"学科课程（subject course）"和"教育与专业学习（educational and professional studies）"两个方面作出了详细规定。在学科课程方面，第一，所有 ITT 课程中，应包含至少两年的基础教育学科研究课程。第二，ITT 课程应包括所选任教学科专业的教学方法，且教学方法应根据任教年龄层的不同而有所区别。第三，小学教师的训练课程，在注重特定学科或课程领域教学法的学习之余，还应设置至少 100 小时用于语言与数学的学习，以及理解跨课程学习的重要性及方法。在教育与专业学习方面，首先，该课程的核心要义即让学生熟知基础的教师专业技能，搭建对教学生涯的规划。课程学习方式除了课堂理论学习，还应渗透至以实践为主的教学学习中。中小学实践课程也应包含集中实习、旁听观察、小团体教学、个别指导，以及负责组织班级活动与日常工作几个阶段。其次，通过这类课程的学习，学生应当具备适当的扩展能力，即除学科教学外，与学生及家长良好沟通、发现学生最近发展区并予以激活，对不同学生的能力、行为、社会背景、种族予以理解并一视同仁。最后，课程还应包括教师工作的其他方面。例如与同学科任课教师的合作、参与课外活动、理解教育行政管理，以及定期自我反思、自我评价、自我督促。②

此外，通告对于培训机构与中小学之间关系的建立和 ITT 学生遴选也作出了规定。教师教育机构应当与多个中小学建立联系。在发展及实施实践课程时，可以与中小学建立合作关系，即实习学校中实践经验丰富的教师与教师教育机构中的理论导师（tutor）共同承担师资培训责任。同时，对实习课程在总课时中所占比例也有了更高要求。学士学位课程不少于 20 周，学士后学位课程不少于 15 周。通告明确表示，对 ITT 课程的生源应严格把

---

① DES. Circular3/84, Initial Teacher Training: Approval of courses［R/OL］.（1984 – 05 – 01）［2019 – 06 – 16］. https：//www. education-uk. org/documents/official-papers/1984-gp-parental-influence. html.

② DES. Circular3/84, Initial Teacher Training: Approval of courses［R/OL］.（1984 – 05 – 01）［2019 – 06 – 16］. https：//www. education-uk. org/documents/official-papers/1984-gp-parental-influence. html.

控，应基于人格素养、学识成绩、外貌品性几大方面综合考察。通告中的内容也从侧面体现出政府逐渐强调合格教师的学术水平、教学能力、实习经验以及身心发展。

（三）3/84 号通告出台的意义

撒切尔政府渴望加强对职前教师教育的控制，并通过 CATE 委员会的建立和课程认证标准的出台予以实现。[①] 3/84 号通告颁布于撒切尔执政后的第五年。事实上，早在 1982 年，教育大臣约瑟夫已经在杜伦大学的演讲中表露出保守党政府渴望干预职前教师教育的意图，3/84 号通告的出台也意味着政府控制职前教师教育课程的公开化与合法化。通告反映了保守党政府长期关心的问题——意识形态目标与实现目标之间的关系。看似"适当"的新课程标准下实际隐藏着教师培训课程中保守党政府意识形态与控制权力的渗透。

首先，合格课程认证标准的设立在意识形态上与撒切尔主义"效率至上"和"市场化"的理念相呼应。通过对 3/84 号通告所规定的课程标准内容分析可以发现，其强调实践、注重教学技能培养的价值观与撒切尔主义"效率至上"的意识形态"不谋而合"。在这种意识形态的引导下，"理论"的作用在很大程度上被削弱。撒切尔本人也经常公开反对理论家，她对理论家的不信任与她对实践者的钦佩相匹配。实际上，这种意识形态直接源自市场哲学。完成任务的是实践者，而不是理论家和梦想家。[②] 在教师培训中，理论家即传统教师培训机构的导师，他们位于实践教学的中小学教师和学习情境中的消费者——学生之间，从而扰乱了他们之间的市场关系。因此，对撒切尔政府来说，培训中对理论的重视会导致效率低下。只有基于实践的技能训练，才能创造更高的教师培训效率。此外，传统教师培训课程主导者是学术专业人士，专业人士按照自己的规则运作，有属于自己的价值观和标准。但这种独立性违背了撒切尔主义经济"市场化"强调标准、传统、秩序、权威的原则。因此，撒切尔政府希望通过建立国家统一

---

① UN YOUNG JEONG. Teacher Policy in England：An historical study of retrospect to changing ideological and socio-economic contexts ［D］. Bath：University of Bath，2009.

② WILKIN M. Initial teacher training：The dialogue of ideology and culture ［M］. London：The Falmer Press，1996：146.

的合格课程标准来对教师职前培训课程予以规范。此外，历届保守党政府对传统教师培训均有所诟病，包括不断批评教师培训机构权力过大，课程标准偏重理论，未能向离校生提供合适的就业态度和必要的实践技能，从而有效地参与市场竞争。① 为此，新课程标准从学生遴选到课程内容均规定中小学教师的参与，这实际上也是"市场化"中引入竞争者分散权力从而营造良性循环的策略。

其次，CATE 的设立极大程度上分散了传统职前教师教育机构在教师教育课程制定方面享有的自主权和合格教师认定权，增强了中小学在职前教师教育中的话语权。实际上，教师教育机构和中小学权力与利益的此消彼长，最终目的指向中央政府对教师教育控制权的增强，尤其体现在课程方面。第一届教师教育认证委员会成员有 19 人，成员全部由教育大臣提名任命。主席为时任霍尔大学副校长的威廉·泰勒，其余成员由 4 名中小学教师、4 名地方教育当局官员、3 名教师培训机构代表、3 名大学代表，以及全国教师协会秘书长、工商业代表等少数社会人士组成。② 值得注意的是，不同于以往教师教育委员会的人员构成，CATE 首次在成员中加入工商业及中小学教师代表。此举打破了由高等教育机构主导教师教育课程的传统，同时也让更多人拥有控制和决断教师教育课程的权利，教师教育课程的设置与认定也包含了更多的利益诉求与利益博弈。

然而，委员会的存在实际上赋予了中央政府间接但强劲的干预教师专业发展的权力。③ "看似针对教师培训课程的 3/84 号通告和 CATE 委员会，通过义务监督、课程从理论转移至实践的取向、教师教育机构权力的削弱与转移等多样化的途径，从结构和内容上对职前教师教育机构造成了分水岭式的影响。"④ 教师培训课程的话语权至此出现了更多利益诉求与权力博

---

① BARTON L, BARRETT E, WHITTY G, et al. Teacher education and teacher professionalism in England：Some emerging issue ［J］. British Journal of Sociology of Education，1994，14（4）：529 –543.

② GRAVES N J. Initial teacher education：Politics and progress ［M］. London：Kogan and Page，1990：120.

③ MACLURE S. Education re-formed：A guide to the Education Reform Act 1988 ［M］. London：Hodder & Stoughton，1988：20.

④ WILKIN M. Initial teacher training：The Dialogue of ideology and culture ［M］. London：The Falmer Press，1996：152.

弈，更重要的是，通告赋予 CATE 委员会取消任何不符合其标准之课程的权力。也可以理解为，中央政府所定义的课程标准对教师培训机构有着极大影响。为获得监督机构的认证，培训机构设置的课程必须符合标准所规定的课程时长、课程内容，并与中小学建立联系，最终达到保守党政府理想中的教师教育目标。剑桥大学学者加尔文也认为，CATE 委员会的组成是一项政治举措，旨在加强教师认证制度的中央集权。①

二、24/89 通告：注重能力导向的课程标准

（一）《1988 年教育改革法》：国家课程的确立与教师课程自主权的削弱

自《1944 年教育法》颁布后，看似由国家控制之下的学校课程缺乏详细具体、有操作性的课程大纲，对于课程的管理权只是规定地方教育当局制定所管辖地区的课程框架，地方教育当局转而将具体课程内容的制定权委托给学校和教师。此外，对教师专业主义的重视、党派政治的影响和政府财政经费状况等方面的影响也导致中央政府在课程控制领域逐渐失去阵地。② 1960 年，英国开始进入教师控制中小学课程的黄金时代。课程科目、教学计划、教学方法和教科书的选择被视为学校和教师自己的事，中央政府无权干涉。20 世纪 70 年代初期，工党首相卡拉汉在拉斯金学院发表的演讲引发了关于课程自主权的国家大辩论，设立全国统一课程以保证教学质量的呼声日益高涨。

随后上台的保守党政府延续了这一话题。撒切尔政府的改革政策旨在将作为公共服务的教育转变为具有市场属性的教育。为达到此目的，此前主要由教师控制的学校课程成为撒切尔教育改革的主要对象。在 1977 年建立统一课程建议提出，和 1988 年国家统一课程正式建立之间，政府发布了一系列关于学校课程改革的报告，进行多次讨论与调整。1979 年，教育和科学部出台了《地方当局有关学校课程的安排》，讨论了中央、地方、学校和教师在课程方面的职责。1981 年，教育和科学部出台《学校课程》，阐述

---

① GALVIN C. A promotion of teacher professionality：Higher education and initial teacher education in England and Wales［J］. Studies in Higher Education，1996，21（1）：81 – 92.
② 李建民. 英国基础教育［M］. 上海：同济大学出版社. 2015：70.

了政府在学校课程方面的政策，明确提出希望各地方教育当局的课程政策与教育科学部出台的课程政策保持一致。1987 年，经过一系列铺垫工作，英国政府公布了"国家课程（5—16 岁）"的征求意见稿，对初步设立的国家课程及其相关评价进行阐述。次年，《1988 年教育改革法》以立法的形式确立了国家课程的权威性，同时《1988 年教育改革法》也是 20 世纪 70 年代以来政府不断加强对学校尤其是对教师和课程控制的最终立法结果，中央集权的意识形态开始渗透至课程领域。

首先，《1988 年教育改革法》确立了包括英语、数学、科学、历史、地理等基础科目在内的 10 门"国家统一课程"。其中英语、数学、科学为核心科目，应占总课时的 40% 左右。同时，在 5—16 岁义务教育年限内，规定 7、11、14、16 岁 4 个学段需参加 4 次全国考试，考试结果也成为评估学生学习状况和教师教学成果的主要参考依据。① 其次，赋予家长自由择校的权利。在撒切尔看来，家长是教育市场的"消费者"，消费者应当拥有选择权。因此，法案规定，在一定数量家长的要求下，地方教育当局管理下的所有中学和招生在 300 人以上的小学可以摆脱地方教育当局的控制，直接获得中央政府拨款，受中央教育机构管控。这一政策称为"选择脱离（opting out）"，是英国打破过去地方教育当局控制学校教育的传统，走向中央集权的重要一步。② 此外，法案废除已实施了 20 余年的高等教育"双轨制"，多科技术学院和其他属于"公共"部分的高等院校将脱离地方教育当局的管辖，设立大学基金委员会取代原有的大学拨款委员会，其任务是向国务大臣提供咨询，为各大学分配经费。

《1988 年教育改革法》被称为"继《1944 年教育法》出台后英国最重要的教育法案"。③ 一方面，它将市场化的意识形态融入教育发展，将学校、教师等传统意义中主导中小学课程的利益相关者视为市场中的"生产者"，

---

① GILLARD D. The National Curriculum and the role of the primary teacher in curriculum development [EB/OL]. (1988 - 03 - 01) [2019 - 07 - 01]. http：//www. educationengland. org. uk/ articles/07ncteacher. html.

② 易红郡. 撒切尔主义与《1988 年教育改革法》[J]. 湘潭大学社会科学学报，2003（4）：23 - 26.

③ MACLURE S. Education re-formed：A guide to the education reform act 1988 [M]. London：Hodder & Stoughton，1988：1.

认为权利应当更多地赋予"消费者"（学生、家长）而非"生产者"。另一方面，法案极大程度上加强了教育系统的中央集权，给予了国务大臣"前所未有的中央控制权"，也由此削弱了地方教育当局对学校的管理权。通过全国统一课程和统一学段考试制度的建立，从而设立国家课程委员会（National Curriculum Council）和学校考试评估委员会（School Examinations and Assessment Council）这两个新机构予以监督，从行政管理的角度增强了中央政府对课程的控制权。对职前教师教育来说，该法案的颁布意味着教师原有课程自主权的削弱和中央政府对教师职前培训课程更进一步的干预与限制。对教师来说，国家课程和国家考试制度的建立意味着长期以来，他们对教学科目、内容、测试形式自主权的终结。教师必须严格按照国家课程的标准和要求进行教学。此外，四次全国统一测试也是对教师教学成果的公开考评。这种评估制度加重了中小学教师的工作负担与压力，导致许多老师感到沮丧，不堪重负。① 哈里斯对此法案提出批评："《1988年教育改革法》改变了传统学校教学的概念与形式，国家课程、国家考试及公开排名都致力于将控制权从教师转移至中央政府，导致教师在规划及管理学校发展上更加边缘化。"② 对职前教师教育领域而言，国家课程的出台对职前教师培训的课程和标准也有着极大影响。职前教师培训的课程必须按照国家课程来设计和安排，从而削弱甚至剥夺了教师教育机构对教师教育课程的控制权。法案对于中小学课程目标的规定也对教师教育提出了新的挑战，促成了一年后24/89号通告《教师职前培训：课程的标准》的出台，进一步加强了职前教师教育领域的中央集权趋势。

（二）CATE 的重组：中央干预的进一步加强

按照3/84号通告的规划，CATE计划应于1989年到期。然而，撒切尔政府选择通过发布24/89号通告对其进行重组。第一届CATE委员会主席威廉·泰勒认为，CATE之所以能够存活下来并进行重组，是因为它成功地证明了新标准的目的，任何优秀的课程都需要符合统一的标准和课程设计、

① UN YOUNG JEONG. Teacher Policy in England：An historical study of retrospect to changing ideological and socio-economic contexts [D]. Bath：University of Bath，2009.

② WASTON K，MODGIL C. Educational dilemmas：Debate and diversity [M]. London：Cassell，1997：57.

执行的各种方法。① 实际上，从政府政治战略的角度来看，五年以来，CATE 一直是政府加强中央对职前教师教育控制的重要代理机构，CATE 的运行也可被视作中央政府加强监督、管控职前教师教育，削弱高等教育机构权力的合法途径。24/89 号通告也明确指出，对 CATE 的重组是为了"确保课程继续符合新标准"。②

在工作职责与成员构成方面，重组后的 CATE 成员将继续由教育大臣从教师教育机构、中小学、地方教育当局及商业界中任命。委员会的职责有以下 5 项：第一，审核教师职前培训课程是否符合新课程标准，并向教育大臣提供建议。第二，监督已通过审核的课程，确保其继续符合规范。第三，考察较为优秀的教师职前训练方法，并予以宣传推广。第四，对不符合标准的课程予以批评，并建议相关教育大臣做出一定修改。第五，为教育大臣提供有关教师职前培训事宜的相关建议。同时，通告还提出成立 CATE 地方委员会，主要工作是考察各师资培训机构修订课程的细节，及时向 CATE 汇报。地方委员会成员由师资培训机构联合任命，最终由 CATE 予以确认。凡课程被认可的所有师资培训机构，都应有代表直接参与地方委员会，其余成员来源与 CATE 委员会一致。③

在操作程序方面，新课程通常先由地方委员会考察，并依照课程标准和 CATE 出台的原则予以评判和指导。若地方委员会决定推荐一门课程加入课程标准，则需由 CATE 裁决是否有资格上报给教育大臣。CATE 委员会批准后方可将其以教师职前培训课程建议的形式上交给教育大臣核准。此外，通告还赋予 CATE 每年例行抽检现行课程样本的权力。如图 2-1 所示，地方委员会拥有视察师资培训机构的权力，其视察结果直接反馈给 CATE，CATE 根据地方委员会的视察结果和自身直接抽查结果，汇总上报至教育大臣处成为建议。

① GRAVES N J. Initial teacher education：Politics and progress ［M］. London：Kogan and Page，1990：122.

② DES. Initial Teacher Training：Approval of Course ［R/OL］. (1989 - 08 - 01) ［2019 - 06 - 30］. http：//www. legislation. gov. uk/uksi/1989/1319/made.

③ DES. Initial Teacher Training：Approval of Course ［R/OL］. (1989 - 08 - 01) ［2019 - 06 - 30］. http：//www. legislation. gov. uk/uksi/1989/1319/made.

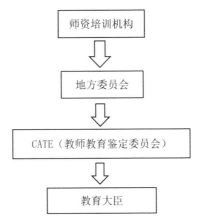

图 2 - 1　教师职前培训课程认可程序

CATE 的重组实际上意味着撒切尔政府对职前教师教育的干预与控制进一步加强。增设的 CATE 地方委员会机构在当时的学者们看来，就像是 CATE 的"看门狗（watch-dog）"，帮助 CATE 委员会在更多细枝末节的方面对师资培训课程进行监督和控制。①

（三）基于能力导向课程标准的建立

在 24/89 号通告中，教育部再一次对教师职前培训课程标准作了更为全面和详细的界定。具体分为以下几个部分。

1. 关于培训课程开设科目的规定

通告明确提出，教师职前培训课程应包含学科研究（Subject Studies）、学科应用（Subject Application）、教育与专业研究（Educational & Professional Studies）、初等教育课程研究这四大类。

关于学科研究与学科应用课程的要点如下。第一，学科研究课程应当在高等教育水平的基础上，培养与其任教中小学课程及年龄范围相匹配的能力。第二，初等教育阶段学士课程中，学科研究课程所占时间为一年半，中等教育阶段为两年，学科应用课程为三分之一学年。第三，学科研究课程旨在培养学生纵向理解该学科原理并良好运用的技能，以及横向理解该学科在中小学课程中所处的地位。综上，学生应当通过"学科研究"这类

---

① WILKIN M. Initial Teacher Training：The Dialogue of Ideology and Culture ［M］. London：The Falmer Press，1996：157.

课程，掌握针对所教年龄范围，规划相应课程，教导本学科原理、内容、方法，合理对学科成绩进行评价的能力。①

关于教育与专业研究课程的要点如下。第一，此类课程旨在培养学生教育专业技巧及能力，即成为合格教师、熟练掌握及运用学科理论知识所需的教育专业知识与技能。第二，帮助学生学习各学科之间的联系与共同基础，将跨课程视野、主题、技能融入课程教学实践之中。第三，此课程应教导学生基于公平公正的态度对所有受教者一视同仁，坚决抵制基于种族、性别、宗教或其他特质的偏见。第四，除了培养课堂授课应具备的素质与能力外，此类课程还应培养学生了解受教者能力及品质，为受教者设定合适的学习目标，分辨天资聪颖及学习困难的有特殊教育要求的受教者，因材施教，及时记录与评价受教者学习状况，提升受教者应试技能。综上，学生应当通过"教育与专业研究"类课程，掌握在课堂上运用教育专业知识、将教育专业知识与学科课堂实践相融合，在课堂外平等、公正、细心地对待受教者，因材施教地设定学习目标和学习方法，提升受教者学习和应试技能的能力。②

初等教育课程内容围绕《1988 年教育改革法》中规定的国家核心课程，要求学生具备教导及评价国家核心课程的能力。其中，在数学、英文、科学课程上至少占有 100 小时，另外各有至少 60 小时需在中小学进行教学实习。此外，在中小学实习过程中，必须分配有经验的中小学教师辅助指导。

2. 关于地方政府、师资培训机构与中小学的合作

通告规定，师资培训机构应当与地方政府和不同中小学直接建立稳定联系，在教师职前培训课程的实践教育方面发展工作伙伴关系，主要包括：教师职前培训课程的规划与评估、学生的遴选、学生实践课程的指导与评价，以及受邀参与教师培训机构的其他教学活动。此外，教授学科应用、教育与专业研究等科目的培训教师应当具备中小学实践教学经验，且此等经验应与中小学特定阶段、学科相关，并持续保持和发展此经验。

---

① DES. Initial Teacher Training：Approval of Course［R/OL］. (1989 – 08 – 01）［2019 – 06 – 30］. http：//www. legislation. gov. uk/uksi/1989/1319/made.

② DES. Initial teacher training：Approval of course［R/OL］. (1989 – 08 – 01）［2019 – 06 – 30］. http：//www. legislation. gov. uk/uksi/1989/1319/made.

3. 关于学生的教学实习与实践经验

所有三年与四年制的教师培训课程，其培训内容应包括在一所及以上中小学教学实习环节。学科应用、课程研究、教育与专业研究这三门课程内容都应当与中小学实践经验紧密相连。此外，学生的实践教学成绩与学位直接挂钩，实践教学成绩未达标者，不得授予其合格教师身份及相应学位。

4. 职前教师教育受训学生的遴选

通告再次强调在入学前对生源进行把关与挑选的重要性。在遴选程序上，各师资培训机构应当确保候选人具有适合从教的品质、才学及良好的身心素质，并且对不同人种、出身及性别的候选人一视同仁。每位候选人在确定录取之前须经历个体或团体面试，面试通过后方可正式录取成为教师职前培训受训生。①

从 1989 年颁布的教师职前培训新课程标准内容中可以发现，其课程重点以"能力"为导向，各类课程均指向发展学生与中小学教学实践相匹配的能力。课程主要围绕《1988 年教育改革法》中出台的中小学国家课程学科而设定，培养学生对核心学科知识、教学方法、测验评价掌握及灵活运用的能力。

（四）24/89 通告出台的意义

相较于 3/84 号通告，新通告出台的课程标准不仅强调实践技能，还强调合格师资综合能力的培养，能力成为了师资训练的目的和评判标准。1984 年出台的通告仅有 10 页，而 1989 年出台的通告长达 26 页，篇幅的大量扩充也突显出 20 世纪 80 年代中央政府对职前教师教育逐渐增强的控制力。重组后的教师教育认证委员会权力范围扩大，在地方上设立下属行政机构——教师教育认证委员会地方委员会，有助于更仔细、全面地对教师职前培训课程进行干预，CATE 进一步成为中央政府控制职前教师教育的"代理人"。此外，在课程标准方面，1984 年出台的通告在文本内容中对新课程标准的阐述为建议与纲要式，属专业论述领域。而 24/89 号出台的新课程标准

---

① DES. Initial teacher training：Approval of course［R/OL］.（1989 - 08 - 01）［2019 - 06 - 30］. http：//www. legislation. gov. uk/uksi/1989/1319/made.

改用命令式文本，属政治论述领域。基于"能力"培养的课程目标中心也突显出中央政府"效率至上"的意识形态理念。更为明显的是，新课程标准要求教师职前培训课程的科目按照《1988 年教育改革法》出台的国家核心课程科目而编写，意在使教师职前培养课程按照国家设定的方向发展，其培养出的合格师资即中央政府意识形态指导下的中小学教师，而非教师教育业界需要的中小学教师。新标准中与中小学建立紧密合作、增加在中小学教学实践时间的要求，也对以高等教育机构为主的传统教师教育培训机构自主权形成了挑战和限制。

约翰·富隆认为，20 世纪 80 年代教育部出台的这两个通告，对保守党执政时期职前教师教育的发展起着分水岭式的重要作用。从教师教育专业发展的角度来说，中央政府意在通过这两个通告的发布重建教师教育全国性问责制度，通过培训课程面向中小学（消费者）"市场"现实，逐步建立一种更加市场化的、注重实践的专业发展方式。① 从政治利益角度来看，3/84 号通告和 24/89 号通告公开却又"秘密"地将职前教师教育的控制权从高等教育机构转移至中小学。标准提高了中小学对师资培训的贡献、价值和地位，导致培训机构将失去对地方委员会定期讨论课程的规划、运营和审查的指导权。即削弱"理论"的重要性与高校导师的权利，增强"实践"课时的比重与中小学教师的权利。② 而这一切改变最终指向职前教师教育领域政府中央集权的加强。有学者直言："CATE 委员会运作的整个流程可以被视为增强教育中央集权政策的一部分。"③ 撒切尔政府通过《1988 年教育改革法》的颁布，出台了全国统一课程和全国统一考试政策，从而剥夺了地方教育当局和教师在中小学课程方面的自主权，加强了中央政府对中小学课程和考试的控制。同时，这一举措也使教师培训课程更为"国标化"。通过 3/84 和 24/89 这两个政府通告的出台，围绕国家课程而制定的 ITT 新

---

① ［英］约翰·富隆，伦·巴顿. 重塑教师专业化［M］. 马忠虎，等译. 北京：北京师范大学出版社，2010：26.

② WILKIN M. Initial teacher training：The dialogue of ideology and culture［M］. London：The Falmer Press，1996：21.

③ HUNTER C. Cut-price centralization in teacher education［J］. British Journal of Sociology of Education，1985，6（1）：97-101.

标准和教师教育认证委员会得以建立，从行政结构和意识形态两方面将中央政府的理念融入职前教师教育课程之中。通过对职前教师教育课程的干预，政府控制着未来职前教师教育发展的方向。

在撒切尔执政的这十几年中，英国职前教师教育也经历着政策上变动纷乱的时期。职前教师教育的中心问题从"提升数量"转移到"注重质量"。传统教师培训机构丧失了一部分专业自治权——聘用想聘用的人，规定培训课程的内容与形式，中小学与工商业界开始有了更多的教师教育话语权与决定权。这也导致20世纪80年代，职前教师教育逐渐成为政府和其他团体之间利益斗争的领域。然而，这一斗争并未随着唐宁街十号的易主而发生改变，1990年撒切尔夫人下台，梅杰执政，关于职前教师教育的利益斗争与博弈愈演愈烈，达到巅峰。

第三节 梅杰执政时期：加强对职前教师教育的全面控制

1990年，当约翰·梅杰替代撒切尔成为保守党领袖和英国首相时，人们都在思考：新首相会带来一个更为温和的保守主义执政形式吗？梅杰政府所追寻的政策目标，尤其与教育相关的政策，会不会继承撒切尔的遗产（legacy）？两年后出台的《选择和多样性：学校教育的一种新框架》对这些疑问进行了解答。白皮书肯定了撒切尔执政时期教育变革的主题，并断言接下来政府的重点依旧是致力于教育的多样化和优质化。[①]《每日邮报》也明确表示"由玛格丽特·撒切尔规划的教育革命在梅杰时代已经变得势不可挡。"[②] 对职前教师教育而言，梅杰执政下的1992年可以被视为英国教师教育史上的一个重要分水岭，预示着一个充满利益冲突与权力对抗的巨变时代到来。首先，继续削弱高等院校在职前教师教育领域的权力，加强中小学干涉职前教师教育的权利成为梅杰执政时期改革的目标。在其颁布的政策之中，这也被视为此消彼长的矛盾作用，即只有加重中小学在教师教

---

① CHITTY C. Education policy in Britain［M］. London：Palgrave Macmillan，2004：55.

② BALL S J. Education reform：A critical and post-structural approach［M］. London：Open University Press，1994：56.

育过程中承担的责任，才能相应降低高等院校的控制权。其次，梅杰政府渴望全方位增强对职前教师教育课程和评估过程的直接控制。为此，通过拓展师资供给途径、设立教师培训监督机构、出台职前课程标准等手段，实现了中央政府对职前教师教育的全面控制。

一、ATS、LTS 与 SCITT 计划：拓宽师资供给途径

直至 20 世纪 80 年代，英国合格师资培训途径基本定型为两年制教育学士、三年制文学士和教育专业研究生证书这三种，师资供给机构也由大学、高等教育学院、理工学院所包揽。如图 2 - 2 所示，1990—1991 年的调查情况显示，高等教育学院中 80% 左右的学生接受初级阶段教师资格培训。与之相反，这一比例在大学仅占 30%，剩余 70% 的学生都在接受中等教师资格培训。理工学院比例基本平衡。也可以理解为，在此阶段内，大学主要培养中学教师，高等教育学院主要培养小学教师。此外，高等教育学院的总生源数也位居这三所机构之首，在职前教师教育方面也占据着最大的主导权。

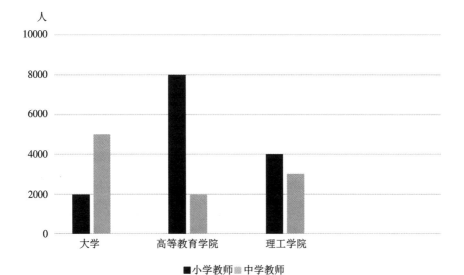

图 2 - 2　1990—1991 教师职前培训机构生源人数①

虽然，在撒切尔执政时期已通过教师职前培训新标准的设立，从课程

---

① WHITTY G. Initial teacher education in England and Wales: A survey of current practices and concerns [J]. Cambridge Journal of Education, 1992, 22 (3): 293 - 306.

方面分散高等教育机构在职前教师教育领域的权力，一定程度上将权力下放于监督机构和中小学。但这依旧没有改变高等教育机构在师资供给方面所占据的主导性地位。此外，80 年代末期至 90 年代初期，英国经济情况转危为安，逐渐繁荣，失业率也从 1984 年的 11.8% 锐减至 1990 年的 7.1%。经济上升时期其他行业对毕业生的需求相对旺盛，选择教师职业的学生数量也相应下降。此时，扩大师资数量成为政府主要政策议题。为此，20 世纪 90 年代起，中央政府鼓励开发一系列新项目模式来拓展师资供给途径。一方面，弥补传统师资培训模式的不足之处，吸引更多新成员加入教师行业；另一方面，有助于深入贯彻"市场化"概念，加强职前教师教育的多样性和选择性，从而挑战传统培训模式中高等教育机构的主导地位。①

（一）签约教师计划（Articled Teacher Scheme，ATS）

签约教师计划是教育专业研究生证书项目中一项全新的校本培训模式。教育部宣称："签约教师是校本培训方式的先行者，这是一种应当被重视的试验。政府的目标在于，提供进入教师职业的多种途径，为具有不同技能、知识、经验、背景和家庭条件的人提供多种多样的选择。"② 该计划由地方教育当局、高等教育机构和中小学共同合作制定，受教师教育认证委员会认可和全国学位授予委员会认证。与传统教育专业研究生证书课程不同的是，参与签约教师计划的学生在本科毕业后，需要花费 80% 的时间在中小学进行为期两年的教师专业培训，其间可获得较为丰富的奖学金而非助学金，结业后获得教育专业研究生证书。参与该项目的学校指导教师（school-based mentor）也将获得相应报酬。该计划从 1990 年 9 月开始实施，共 16 个合作伙伴学校，第一批学员约 410 人，其中绝大多数是成人女性，白人和英国国民又占压倒性数目，学员总人数仅占获得教育专业研究生证书人数的 3.5%。

在职前教师教育领域，签约教师计划是一次极富意义的创新。尽管在撒切尔执政时期，中央政府就开始通过课程标准提升教师职前培训时中小

---

① UN YOUNG JEONG. Teacher Policy in England：An historical study of retrospect to changing ideological and socio-economic contexts [D]. Bath：University of Bath，2009.

② FURLONG J，BARTON L，WHITTY G. Teacher education in transition [M]. Buckingham：Open University Press，2000：120.

学的参与程度。但签约教师计划首次明令要求教师入职前在中小学接受培训的时间应当达到80%。该计划所配备的学校指导教师薪资也是传统项目指导教师的两倍（500～1000英镑/年）。① 经济方面加大投入也使得指导教师责任更为重大。一位指导教师在采访中提到："我不会与传统的师范生有过多接触，因为他们在下午三点半放学就结束学习，然后离校。但签约教师可以被视为学校的一员，他们全程参与学校课堂内和课堂外的活动，和我们接触时间很长。如果他们在学校的工作出现差池，我们指导教师必须负全责。"② 实践时长的保证加上指导教师的投入也对培训效果有着良性影响。1992年，皇家督学团通过对5家合作学校进行调查访谈，从而评估签约教师计划的实施效果。令人欣慰的是，绝大部分数据显示，签约教师的培训效果较好，50%的学员得到了校方的认可与赞扬。与传统学生相比，签约教师学员在对学校生活的理解方面更为深入。"与传统学员相比，签约教师都持有一种专业态度，对学校生活的情况和教师的作用有着更为深刻地理解。"③ 也可以理解为，签约教师的学员入职后能更快速地熟悉学校生活，融入学校生活并承担相应职责。

但是，这并不意味着签约教师学员的水平完全优于传统教育专业研究生，皇家督学团同时指出了签约教师项目存在的两大缺陷。首先，培训质量和标准存在差异性。16个合作中小学的具体培训方式不同，导致培训质量和评估标准的差异化。官方数据表明，签约教师项目中存在的差异程度明显高于普通教育专业研究生证书项目。更重要的是，在中小学培训时长占总培训时长80%的"特色"也导致了理论知识与实践技能的此消彼长。学生将大量培训时间都花费在教学实习方面，中小学无法完全提供教育学及其他学科领域的理论知识。某种程度上来说，这也导致受训学生缺失了提升夯实理论素养的机会。

---

① WHITTY G. Initial teacher education in England and Wales: A survey of current practices and concerns [J]. Cambridge Journal of Education, 1992, 22 (3): 293 – 306.

② BARTON L, BARRET E, WHITTY G. Teacher education and teacher professionalism in England: Some emerging issue [J]. British Journal of Sociology of Education, 1994, 15 (4): 529 – 543.

③ FURLONG J, BARTON L, WHITTY G. Teacher education in transition [M]. Buckingham: Open University Press, 2000: 22.

由于签约教师计划在出台时就被定义为"建立校本职前培训模式的先驱"，是一项具有开拓性的实验，费用方面也比传统项目耗资更多。这些特殊性也意味着这一项目发展的局限性。皇家督学团评估报告也在另一方面印证了项目发展的局限性。最终，签约教师计划于1994年被下令停止。虽然该计划寿命短暂，但在职前教师教育的途径与形式方面意义非凡。就理论层面而言，它更大程度上肯定了中小学在职前教师教育中的重要性，加重了中小学承担的职责，也为日后校本教师教育模式的大范围推行埋下伏笔。就实践层面而言，该计划的实施结果为教育部提供了许多影响后期政策的经验和教训。吸引中小学参与，就必须为其提供资助。保证培训质量和标准的统一性，就必须对中小学制定统一规则和整体培训，即建立更为科学、有效的质量控制方式。这些问题也成了日后职前教师教育政策制定的核心问题，为20世纪90年代中后期的职前教师教育改革奠定了基石。①

（二）　特许教师计划（Licensed Teacher Scheme，LTS）

与签约教师计划一同出台的还有特许教师计划。由于这两项计划都对受训者在中小学实践的时间作出了具体规定，因此，它们经常被民众混为一谈。事实上，相较于签约教师计划"实验性"的目的，特许教师计划显得更为激进。该计划针对26岁以上，完成任意专业至少两年全日制高等教育的成年学生。② 受训者首先持特许证书，以"特许教师（非合格教师）"的身份在中小学工作两年，期满后考核合格者则有资格被校方推选为合格教师，颁发合格教师执照。官方还宣称，特许教师计划的主要目的是"收编"获取合格教师资格的非标准途径和解决师资匮乏问题的契机。据统计，第一批特许证书于1990年颁发，直至1992年7月，共计颁发1500张证书。1992年，教育标准局首次启动了针对该计划的实施效果测评，报告显示，目前此计划已培养出约500名合格教师。③

---

① UN YOUNG JEONG. Teacher policy in England：An historical study of retrospect to changing ideological and socio-economic contexts［D］. Bath：University of Bath，2009.

② 最初，特许教师计划受训者必须高于26岁。但在国外接受过培训的人例外，对他们的最低年龄要求也有所下降。1991年，教育部出台通告，将最低年龄要求降至24岁。同时，批准拥有一年教学经验且在海外接受过教师培训的教师参与计划一学期后即可"转正"为合格教师。

③ FURLONG J，BARTON L，WHITTY G. Teacher education in transition［M］. Buckingham：Open University Press，2000：85.

　　与此同时，教师教育模式研究团队（Models of Teacher Education Project，简称 MOTE）① 也于 1992 年对新出台的签约教师计划进行了全国范围内的调查研究。研究结果表明，特级教师中女性约占三分之二。研究人员还对教育局官员、中小学校长、指导教师和特级教师进行了访谈，访谈结果也在一定意义上对这一项目作了更深入的探讨。对中小学来说，配合参与该项目的最主要原因是解决当时紧迫的师资短缺问题。一位校长坦然地谈道："如果有大学或教育学院培训出的合格教师，我绝不会雇佣特许教师……这是当地教师供需状况的真实反映。"地方教育局官员也表示，发起特许教师计划最根本的原因即解决师资匮乏问题。②

　　特级教师计划意味着教师职业准入"非学历"途径的开辟，其独特的培训方式也使职前教师教育首次完全脱离高等教育，全程由中小学掌控。因此，计划出台之初，就遭到了教师内部的一致反对。全国教师工会（NUT）和全国女教师联合会（NASUWT）表示强烈反对，认为这对传统教学职业来说是一个巨大的挑战，完全摒弃高等教育参与的培养方式也不利于教师职业的专业化。"这样培养出来的教师只是在完成契约内工作，缺乏一种专业资格，与政府希望提高教师教育标准的目的背道而驰。"③ MOTE 成员加尔文也对特许教师计划存在的漏洞进行了严厉批评。首先，大部分签约学校并没有条件向签约教师提供高水平、专业化的培训。其次，导师所给予的帮助与其应当承担的责任也不完全匹配。简言之，特许教师计划的主旨（keystones）已经缺失，或者说根本上有缺陷。④ 也有学者认为，此

---

① 20 世纪 80 年代起，职前教师教育逐渐成为政府和其他利益团体之间意识形态斗争的领域，尤其是政府与那些身处高等教育领域又同时很关注教师专业化的人士，例如约翰·富隆、伦·巴顿、杰夫·惠迪等就职于教育学院或大学的学者。为此，他们以英格兰和威尔士各个不同大学和学院为研究对象，向"经济与社会研究理事会"提出申请，要求建立一个国家研究项目，以监控这些政策所引发的改变。最终，在 1991 年发起了第一个"教师教育模式（Models of Teacher Education Project，简称 MOTE）"项目。

② WHITTY G. Initial teacher education in England and Wales：A survey of current practices and concerns [J]. Cambridge Journal of Education，1992，22（3）：293 – 306.

③ UN YOUNG JEONG. Teacher policy in England：An historical study of retrospect to changing ideological and socio-economic contexts [D]. Bath：University of Bath，2009.

④ GALVIN C. A promption of teacher professionality：Higher education and initial teacher education in England and Wales [J]. Studies in Higher Education，1996，21（1）：81 – 92.

举实际上是回归 19 世纪英国教师培训的"学徒制"模式，阻碍了教师专业化的发展。尤其是考核通过的受训者最终就业于其契约时期的学校，这一规定将严重限制该学生的职业能力与教学风格，更大程度上地加强了中小学雇主在教师培训中拥有的权力。①

不同于签约教师计划在实践层面"开拓性"的作用，特许教师计划主要在意识形态的观念层面对职前教师教育造成了极大影响。该计划隐含着一种不同的专业化倾向。这种倾向极端地强调实践性，并深植于特定学校的经验之中。从某种意义上说，在不取得学位和高校无法参与的前提下获得合格教师资格的合法途径，实际上是要公开地反对传统意义上"高等教育是职前教师培训的必要组成部分"这一观念，也是向高校支持的传统专业化教师教育的挑战。通过特许教师计划，政府渴望表明，高等教育机构并不是培训师资的唯一单位，所提供的职前教师教育也不是成为合格师资的必经途径。因此，该方案显然符合政府加强中央控制的策略。借由提供不需要高等教育机构参与即可获得合格教师身份的合法途径，降低了职前教师教育领域中高等教育的地位，极大程度上损害了其利益。直至 1997 年保守党下台，该方案才被其他方案取缔。

（三）学校中心职前教师教育计划（School-Center Initial Teacher Training, SCITT)

ATS 计划和 LTS 计划在不同程度上对职前教师教育的招生产生了积极影响，教师供给问题也不再是政府急需解决的难题。但以上两个"实验性"的计划实施结果并不如政府设想得那样乐观，中央政府和高等教育机构之间的矛盾持续发酵。英国学者威尔金认为，这两种新增的师资培训途径本质上根据中央政府的意识形态，扩大消费者的选择，它们的实施也加速引入了代表撒切尔主义的学校本位师资培训。② 与此同时，新右派思想家坚持应当废止"冗长乏味、教条主义"的教师培训课程，建立一种"平衡中立"的制度。其中，中小学教师，而非高等教育中的教师教育工作者，可以按

---

① FURLONG J, WILKIN M. Partnership in initial teacher training [M]. London：Cassell, 1990：36.

② WILKIN M. Initial teacher training：The dialogue of ideology and culture [M]. London：The Falmer Press, 1996：164.

照自身的规划制定培训方案。为此，1993 年 9 月，教育部首次提出学校中心职前教师教育计划，鼓励中小学组成联盟，共同提供 PGCE 课程。

该方案允许中小学完全脱离高等教育机构，直接受政府资助而制定本校培训方案。在 SCITT 计划中，不同中小学可以结成联盟，有需要时可以"团购"高等教育机构提供的专业知识和认证证书。如果选择与高等教育机构合作，中小学也会优先接受政府资助。实践表明，通过该途径培养合格教师成功率并不大，但其政治意义却极为突出。首批计划中共设有 6 组中学联盟，设置 11 个学科，招收 150 名学生。次年，联盟数增长至 14 组。据统计，1995 年共有 600 名学生参与该计划，占 PGCE 课程总人数的 3.2%。1996 年增长至 655 人，占非传统师资培训途径人数的 23%。政府意在通过此项计划，让教师工作者自己掌握自己的培训。正如教育部长在启动该计划时谈道："在以中小学为中心的教师培训计划中，中小学将拥有决定如何培训教师的真正权力。"① 这一方案的出台也正式意味着从前的"基于学校（school based）"被"学校中心（school-center）"所替代。这也反映出保守党政府大力推动学校中心师资培训方式发展的目的，通过这一计划，早期教师教育的学徒制以一种适合现代世界的转变形式得到了复兴。

然而，参与 SCITT 计划的中小学反应并不如中央政府设想得那般积极。相较于获得教师培训过程中自治权的正面反馈，中小学教师们更多地表现出对工作的不堪重负。在中小学已经难以应对现有教育改革之际，SCITT 计划将涉及教师职业结构和学校文化的重大变革。尽管，政府希望该计划提供的财政奖励可以增加参与计划的学校数量，但只有极少数学校认为有能力承担这一责任。就目前而言，绝大多数教师仍希望继续通过传统的 BEd 和 PGCE 路线接受培训。② 无独有偶，教师教育工作者也对此计划表达出不满。安德森认为，此举的隐含意图即解除大学和教育学院那种所谓过于理

---

① FURLONG J, BARTON L, WHITTY G. Teacher education in transition ［M］. Buckingham： Open University Press, 2000：84.

② WHITTY G. Education reform and teacher education in England in the 1990s ［J］. Journal of Education for Teaching, 1993, 19（4）：263 –275.

论化和生产者主导的角色。①

表 2 – 1 1991—1993 年度获取合格教师资格的非传统途径②

学历	途径与文凭	学制及特色
本科	缩短学制的 BEd 项目	2 年 面向拥有相关经验并至少成功接受过 1 年高等教育的学生
	缩短学制的文/理学士项目	3 年 面向拥有国家高等教育证书或技术学士的学生
研究生	PGCE 转化项目	2 年 大部分为中学紧缺学科。学士拥有某一学科的学位，但并非其接受教师培训的学科。
	签约教师计划（ATS）	2 年 地方教育局参与。80% 的课时在中小学，20% 在高校。
	学校中心职前教师教育计划（SCITT）	2 年 中小学完全脱离与高等教育机构的联系，直接受政府资助举办研究生培训项目。
非学历	特许教师计划（LTS）	2 年 地方教育当局项目。所有课时均用于中小学接受培训。面向年满 24 岁，接受过 2 年高等教育或海外接受 1 年教师教育的成年学生。

二、9/92 和 14/93 通告：强化职前课程标准监管

1992 和 1993 年连续颁布了两份新的通告——涉及中学教师培训的 9/92 通告和涉及小学教师培训的 14/93 号通告。两份通告的颁布意味着中小学在

---

① ANDERSON L. School-centerd initial teacher training：A difference of emphasis rather than degree？［J］. Mentoring and Tutoring，1994，2（2）：19 – 24.

② 资料来源：WHITTY G. Education Reform and Teacher Education in England in the 1990s［J］. Journal of Education for Teaching，1993，19（4）：263 – 275.

职前教师教育领域发挥越来越重要的作用。无论公立还是私立学校，只要有意向，均可拥有向中央政府申请成为新教师培训伙伴的权利。同时，政府表明，那些不主动申请的中小学将被撤销其认证资格。这些蓄谋已久的做法更加激烈地对高等院校在职前教师教育中的垄断地位作出了挑战。

（一）9/92 号通告：制定中等职前教师教育课程标准

1992 年初，时任教育国务大臣的克拉克在北英格兰教育大会上慷慨陈词，认为政府应当引起对校本教师培养模式的重视。"现在是推动教师培训走上正途的时候了……我希望学生在职前培训时能用更多时间真正进入课堂进行教学，也希望他们能在一位经验丰富的教师的帮助下，通过真正的行动来学习如何管理一个课堂，并运用培训课程所教的知识解决实际问题。"[①] 他建议，职前教师教育应当花费 80% 的时间在符合政府制定标准的中小学中进行，在职前教师教育领域建立大学与中小学之间真正平等的伙伴关系。[②] 随后，教育科学部根据其演讲内容，发布《职前教师教育的改革：咨询文件》向社会各界进行意见征集。

文件表示，中央政府已明确对于接下来变革的 3 个主要原则。第一，中小学应当在职前教师教育环节承担更重要的责任，以平等的伙伴关系与高等教育机构合作。第二，职前教师教育课程的新标准应当将培养焦点置于"教学能力（Teaching Competence）"的发展。第三，教育机构也应当受到ITT 的认证。演讲内容和咨询文件引起了学界（尤其教师教育工作者）的猛烈反对。MOTE 项目的成员们认为，这些举措过于激进，特别是关于师范生将 80% 的培养学时用于中小学的建议，极大削弱了高等教育在职前教师教育环节的作用，损害了高等教育机构和教师教育工作者的利益。甚至有学者认为，咨询文件所描述的改革，是对职前教师教育的"政治强暴"。[③] 学界的反馈对教育部政策的制定有一定影响，经商议和修改后，关于中学职

① ［英］约翰·富隆，伦·巴顿. 重塑教师专业化［M］. 马忠虎，等译. 北京：北京师范大学出版社，2010：77.

② ROBINSON W. Teacher training in England and Wales past, present and future perspective ［J］. Education Research and Perspectives, 2006, 33 (2)：19 - 36.

③ MCBRIDE M. Teacher education policy: Some issue arising from research and practice ［M］. London：Falmer Press, 1996：18.

前教师教育课程的 9/92 号通告于同年 6 月公布。9/92 号通告主要对英国职前教师教育课程的新标准和新认证程序作出了规定，并再次扩大 CATE 的权力范围。其中，新的认证程序适用于小学及中学阶段的职前教师教育课程，新课程标准仅适用于中学阶段。同时，该通告也对 1 月份政府发布的咨询文件进行了回应，表示新标准和认证程序依旧坚持咨询文件中提到的 3 个原则。

首先，通告再次扩大了 CATE 的权力与职责范围，具体包括以下 6 项。（1）就院校是否应获培训合格教师的职前教育课程认可，向国务大臣提供意见。（2）就不属于院校发展计划内的个别 ITT 课程是否符合审批课程的准则，向国务大臣提供意见。（3）就评审准则及程序向院校提供指引。（4）就认可课程是否持续符合准则提供意见。（5）鉴定和推广教师培训的良好做法。（6）监督审批课程的准则，并就可能做出的修订向国务大臣提供意见。①

其次，通告就新课程标准的内容进行了阐述，主要包括培训目标、合格教师应具备的能力、培训课程要求、合作院校的规范 4 个部分。新课程标准的培训目标是培养具备维持和提升学校标准所必需的知识水平和专业能力的合资格教师。为此，培训课程的规划和管理应由高等教育机构和学校共同承担责任。

相较于 24/89 号通告，新通告对"能力"培养提出了更高更具体的要求，认为高等教育机构、伙伴学校和学生都应更加聚焦于教学能力的培养，具体细分为学科知识、学科应用、班级管理、评估和记录学生进步、专业发展 5 个方面。（1）合格教师应当了解专业科目的知识、概念和技能，以及这些科目在学校课程中的地位，对拟修读科目的国家课程及成就目标和学习计划有认识和了解，并了解法定要求的架构。（2）合格教师应当制定连贯的课程计划，确保班级内部、班级之间和学科内部的连续性和可行性，根据学生的年龄、能力及文化程度，采用不同的教学策略。（3）为班级创

---

① Department for Education. Circular 9/92（1992）Initial Teacher Training（Secondary Phase）［R/OL］.（1992 – 06 – 02）［2019 – 07 – 25］. http：//www. educationengland. org. uk/documents/dfe/circular9-92. html.

造和谐、稳定、有效的学习环境，保持每位学生的学习兴趣和热情。（4）判断每个学生的表现是否符合该年龄学生的标准，同时，系统地评估和记录学生的学习进度，并在教学中合理运用这种评价方法。（5）培养教师自我批判、自我评估，以及与专业同事、家长建立有效的工作关系的能力和良好的沟通能力。此外，高等教育机构及其伙伴学校应在课程计划中明确所有与 ITT 有关的高等教育及学校职员的角色和责任，并确保所有相关人员在对学生进行培训前均具备适当的资格，负责学科应用和教育专业研究的人员具有相关的学校教学经验。①

最后，通告对职前教师教育课程的认证程序进行了修改。首先，高等教育机构应向 CATE 提交五年发展计划。随后由皇家督学团进行巡视并提交巡视报告，高等教育机构再就此报告作出回应。CATE 一并考察巡视报告和回应，结合其发展进行进一步商讨，最终将是否认可的结果呈报给国务大臣，国务大臣拥有最终决定权。此外，高等教育机构获得认证后，CATE 依旧有权根据其对课程监督检查的结果，向国务大臣建议暂停或撤销认证。此外，教育部明确指出，进修 3 年及 3 年以下 BEd 课程和全日制 PGCE 课程的学生最少应在伙伴学校花费 24 周，非全日制需花费至少 18 周，四年制 BEd 课程应花费至少 32 周。

因此，1992 年被人们普遍视为英国职前教师教育培养模式转型的重要分水岭。在这之前，高校可主导与中小学合作的过程，中小学在二者关系之间占从属地位。9/92 号通告的颁布使高校与中小学之间的关系被正式以平等的伙伴模式确立下来，伙伴合作也因此成为职前教师教育的核心原则。这也意味着英国职前教师教育从以学校为基地的模式向伙伴合作模式全面转型的实现。②

（二）14/93 号通告：制定初等职前教师教育课程标准

继 1992 年关于中等职前教师教育课程新标准颁布之后，次年，教育部

---

① Department for Education. Circular 9/92（1992）Initial Teacher Training（Secondary Phase）［R/OL］．（1992 - 06 - 02）［2019 - 07 - 25］．http：//www. educationengland. org. uk/documents/dfe/circular9-92. html.

② FURLONG J. Re-defining partnership：Revolution or reform in initial teacher education？［J］．Journal of Education for Teaching，1996，22（1）：39 - 55.

随即颁发初等职前教师教育课程标准，即 14/93 号通告。在改革原则方面，该通告与 9/92 号通告相似，对伙伴学校的职责和职前教师教育的焦点都予以强调。初等学校在课程设计环节应当承担较之前更大的责任，初等职前教师教育的焦点应当是灵活运用任教学科进行实践，增强教学有效性，以及进一步提升专业发展的能力。此外，14/93 号通告还特别提出，应当开设针对不同背景、不同素质受训者的多元化师资培训途径，以满足初等学校与日俱增的多元化需求。

通告对初等职前教师教育的重点进行了梳理。第一，确保职前培训课程与初等学校任教的学科知识紧密相关。第二，对于任教英文、数学、科学这三门核心学科的知识技能给予更多关注。第三，强调核心学科中读写算技巧的掌握。第四，熟练掌握国家课程的要求，并根据要求编写和改进学习测验，记录学生学习情况并撰写为报告。第五，培养教师组织全班有效学习、运用系列教学方法，以及回应不同学生需求的能力。第六，确保教师从教后可以顺利维持教室秩序与纪律。

通告关于培训课程标准设定如下。第一，对花费于伙伴学校的最低时间作了硬性规定，具体时长与 9/92 号通告规定一致。第二，强调课程中对"能力"的培养。专业能力是新标准的核心，具体包括学科知识、教学技巧、个人素质 3 个方面。该通告要求花费于数学、英文、科学这三门核心学科相关课程的时间不得低于 150 小时，其中，数学和英文阅读各自花费的时间不得少于 50 小时。第三，对初等职前教师教育受训者的筛选有了新要求。1979 年后出生，希望在 1998 年后参与初等职前教师教育课程的学生，英语、数学和科学三门课程需达到普通中等教育考试 C 级以上。此外，该通告对师资培训的新途径进行了探讨，提出了 3 种可行新模式。第一，六种学科教育学士（the six-subject BEd），主要培养可以教授六门国家课程学科的合格教师。第二，三年制教育学士课程。第三，针对成年学生开设的两年制教育学士课程。

就职前教师教育本身而言，纵观分别针对初等和中等学校职前教师教育课程标准的两份通告，不难发现，其最大共同点即"增强了伙伴学校在课程规划、课程实施、管理评估方面的责任"。通告明确规定，中学职前教师教育项目的学生在伙伴学校应至少花费 66% 的学时，小学职前教师教育项目则至少花费 55% 学时。然而，比时长更重要的是，伙伴关系的双方在未来合作中各自的责任与权力范围也首次得到了明确界定。中小学负责培训受训生进行专业教学、管理课堂、评估学生的能力，而高等教育机构负责确保培训课程符合 CATE 审查的要求，提供高等教育理论课程，以及向合格毕业生颁发资格证书。另外，通告主张应当从高等教育机构划拨部分经费至中小学，以支付其合作工作的费用。

然而，就政府的目的而言，这两份通告的出台实际上意味着政府对职前教师教育控制范围的扩大与控制力度的增强。首先，以上两个通告的颁布是政府保障职前教师教育质量的一种策略。它们基于新合格教师应当具备的能力，制定了一套高等教育机构、伙伴学校和学生必须遵守的标准。标准涵盖各科知识、班级管理、评审、考核及学生学习进度的记录，以及专业发展等项目。其次，职前教师教育更加校本化，真正贯彻了以学校为中心的改革理念，这也使高等学校在教师培训过程中的地位和自主性迅速削弱。克拉克的意图是"看到学生们在训练时，能有更多的时间进入教室"。[①] 9/92 号通告明确规定，受训者必须在中学花费至少三分之二的学时，而非高等教育机构。此外，所有中小学都有权申请与高等教育机构一起成为教师职前培训的合作伙伴，承担培养受训者教授专业课程、评估学生和管理班级能力的主要责任，以及监督和评估他们在这些方面的能力。最后，这两份通告有助于增强政府对职前教师教育课程大纲和中小学的控制。中小学在课程制定环节的权力增强，CATE 的权力范围也相应扩大，中小学可以拥有设计课程目标、内容的权力，但最终课程的批准实施权依旧牢牢掌握在 CATE 手中。这实际上导致政府对中小学管控范围的扩大，皇家督学团在职前教师教育领域的督导权也扩展到了中小学。

三、《1992 教育法》与《1994 教育法》：设立师资培训监督机构

梅杰政府为加强中央对职前教师教育的控制，主要通过两种策略。策略之一即利益相关者之间权力的转移，以满足意识形态原则。例如通过增

---

① ［英］约翰·富隆，伦·巴顿. 重塑教师专业化［M］. 马忠虎，等译. 北京：北京师范大学出版社，2010：77.

加教师职前培训途径、建立以学校为本的职前教师教育体系等手段，中小学可以独立于高等教育体系之外进行师资培训，反之高等教育机构无此权力。使中小学权力增强，高等教育机构权力减弱。另一项策略则是建立"准自治非政府"组织，以加强中央集权控制。例如成立教育标准局（OFSTED）进行监督巡视，设立教师培训署（TTA）掌控职前教师教育经费，控制职前教师教育内容。事实上，不同于战后中央政府、地方政府、大学、教师之间强调的伙伴关系，这些组织代表着中央政府对职前教师教育体系进行更直接的控制，施加更大的政治影响。①

（一）《1992 教育法》：教育标准局的成立

诞生于 19 世纪初的英国教育督导制度具有悠久历史。20 世纪 80 年代前，英国的教育督导工作一直由女王督学团（HMI）负责。然而，《1992 年（学校）教育法》宣布成立非政府部门——独立于教育就业部的教育标准局以取代原来的女王督学团。教育标准局的督导工作紧紧围绕着提高教育标准和质量而展开，其主要任务是负责管理和规范学校教育，具体包括制定评价标准、相关政策和计划、监督巡视工作质量，制定并监督督学的培训计划。教育标准局共有 12 个地方性分部，在总督学管辖下设立小学及学前教育督导部，中学、私立及国际学校督导部，特殊教育督导部，教师教育及培训督导部等数十个部门。此外，法案要求总督学定期向国务大臣通报学校教育质量、学生学习状况、学校财政资源管理效率，以及学生精神、道德等方面发展状况，将"通过督导促进学校各方面改进"的目标全面贯彻。②

与女王督学团相比，教育标准局最大的改变就是从抽样监督改为每校必督，并引进竞争机制。首先，与历史上任何时代相比，教育标准局的设立意味着英国教育督导制度发展到历史性高峰。这一点不仅体现在督学队伍数量的扩充上，还体现于改革后的任务量。该体制提出了一个自督导制度在英国产生以来最为庞大的中小学督导计划。该计划旨在四年内对英国

①　WHITTY G. Twenty years of progress? English Education Policy 1988 to the Present ［J］. Education Management Administration & Leadership, 2008, 36 (2)：165 – 184.

②　UN YOUNG JEONG. Teacher policy in England：An historical study of retrospect to changing ideological and socio-economic contexts ［D］. Bath：University of Bath, 2009.

所有中小学进行全面督查，这意味着每年需要督导 6000 所小学。比起改革前的女王督学团对大部分学校的短期督导和随访，教育标准局工作量的变化也反映出英国教育督导制度在职能和作用上的一些重要变化。过去女王督学团的作用主要是满足政府的需要和要求，向教育部上报全国总体教育水准和普适性的问题。而新的督导制度不仅要为决策者提供更全面的信息，还要更多地考量学校水平的改进和家长择校的信息需求，职能和权力范围也相应扩大。其次，为了提高督导效率，中央引进竞争机制。教育标准局主要负责有关政策、计划和标准的制定以及督导质量的监督，而实际督导的组织、管理与实施则由注册督学领导的各督学小组负责进行。私立性的督学小组提出学校督导方案，向教育标准局投标，从而争取学校督导项目权。政府旨在通过竞争机制提高督导工作的活力与效率，以保证对各教育机构的全面督查。①

教育标准局下设教师教育及培训监督部门，专职负责巡视监督教师教育课程的实施和发展，这也对师资培训机构造成了很大的压力。随着检查中采用定量测量形式的普及化，教育标准局为职前教师教育课程的检查及学校的检查制定了一个公开可用的检查框架。师资培训机构和伙伴学校必须以此框架为依据进行职前教师教育的规划，包括培训课程、学生评估和伙伴关系的维系。1993—1995 年期间，几乎所有教师教育项目都受到了教师标准局的督查，其"质量评价"框架得以应用。这在无形之中对高等教育机构和中小学的培训自主权造成了影响。根据 MOTE 项目组的调查数据显示，大部分教师教育者对检查过程持消极态度。他们认为检查流程繁琐，扰乱了正常教学，并且，评估的方式欠缺科学严谨。结为伙伴关系的中小学和高等教育机构将作为一个整体被评价，只要有一位教师评价较差，那双方都将被评为不合格。这对双方学校的社会信誉度和发展都有很大负面影响。尤其发展到后期，教师培训署建立后，教育标准局所使用的督查系统成为师资培训署行使权力的重要工具。职前教师教育的督学框架文本很快成为课程领导者们审问的政治读本，督学过程日益政治化。正如伦敦大

① 王璐. 英国教育督导与评价：制度，理念与发展 [M]. 北京：高等教育出版社，2010：50.

学教育学院教授罗伊·劳（Roy Lowe）所指出："克拉克的政治遗产之一便是学校监察系统的重建，即当今的教育标准局。"① 教育标准局的成立可以被视为新右派为控制教育质量所作出的一系列努力之一，从而导致职前教师教育受到中央政府层面更大范围的干预。②

（二）《1994 教育法》：教师培训署的设立

自 20 世纪起，师资培训机构的管理一直由地方政府和高等教育机构负责，享有较大自主权。然而，撒切尔执政时期，负责审核师资培训机构课程的 CATE 建立，这也开启了中央政府干预师资培训机构管理的序幕，1989和 1992 年相继颁发的两个通告逐渐扩大 CATE 的权力范围。然而，1993 年教育部在一份咨询文件中提出，希望新设立教师培训署，在替代原 CATE 功能的基础上，使其具备分配师资培训经费的权力，辅助英国高等教育资助委员会（HEFCE）一同负责师资培训的财政资助。③ "政府希望以中小学为中心的培训项目在 20 世纪 90 年代的后几年能稳步增长，作为培训伙伴的中小学也能在政府现行的改革和提案中发挥更大的作用。为此，政府提议设立一种新的法定机构——教师培训署，管理英格兰新教师培训所需的所有中央拨款。"④ 咨询文件引起了相当大的社会争议。教师教育联盟（The Teacher Education Alliance）在简报中明确表示，政府这样的做法将对师资培训机构造成极大威胁。全国教师工会助理秘书长也认为，教师培训署缺乏政治独立性，将导致教师教育受制于政治干预。⑤ 尽管有反对，最终政府还是通过颁布《1994 教育法》建立了教师培训署。

---

① LOWE R. The death of progressive education：How teachers lost control of the classroom ［M］. London：Routledge，2007：124.

② UN YOUNG JEONG. Teacher policy in England：An historical study of retrospect to changing ideological and socio-economic contexts ［D］. Bath：University of Bath，2009.

③ 1989 年，英国成立大学资助委员会，取代原有的大学拨款委员会，负责给有资格授予学位的高等教育机构进行财政资助。另设多科技术学院资助委员会负责多科技术学院的财政拨款。1991 年白皮书建议取消二元制，让大学与多科技术学院在同一市场内竞争。1992 年 3 月颁布的《继续教育和高等教育法》宣布取消二元制，成立新的英格兰高等教育资助委员会，统一对高等教育机构进行拨款资助。

④ ［英］约翰·富隆，伦·巴顿. 重塑教师专业化 ［M］. 马忠虎，等译. 北京：北京师范大学出版社，2010：83.

⑤ HEXTALL I，MAHONY P. Reconstructing teaching：Standards，performance and accountability ［M］. London：Routledge Falmer，2000：12.

《1994 教育法》宣布正式设立教师培训署，其主要职责有三项，分别为对英师资培训的财政资助、对教师职业提供咨询信息与建议、对培训项目的认证。其主要目标有四点。第一，致力于提升教学标准；第二，促进以教师为职业的生涯规划；第三，改进所有师资培训项目途径的质量；第四，确保职前教师教育内容涵盖中小学所有课程。培训署委员由教育大臣指定的 8～12 人组成，成员分别为经验丰富的中小学教师和高等教育机构教师。此外，教育大臣拥有对培训署的命令权，其颁发给教师培训署的首封授权书也赋予了它广泛的权力，与新教师培训有关的两条显得尤为重要。第一条要求支持新右派的观点，正式委托教师培训署推广 SCITT 计划。第二条要求教师培训署开发一种将财政资助与培训质量紧密联系的策略，更好地加强其控制权。起初，培训署提议发起一项以胜任能力为本的教师职业准入测试计划，这是它加强控制权的最初尝试。计划要求所有培训者在课程即将结束之际完成这项测试。然而，广泛实验证明，对成千上万所学校的大量毕业生保持评估的一致性不太可能。因此，该计划以失败告终。最终，教师培训署利用教育标准局"质量评价"的机制，顺利制定出将质量评价与财政资助相挂钩的实施策略。

无独有偶，教师培训署的成立同样意味着政府加强中央集权策略中新右派意识形态的渗入。有学者认为，教师培训署和教育标准局一样，都是教育领域的代表性准政府组织。[1] 不同的是，教师培训署由政府针对教师教育领域所设立，对职前教师教育的发展来说具有政治和财政方面的双重影响。从政治角度看，越来越受重视的校本教师培训可以被视作是对右翼不断增长的批评的一种回应。1990 年，英国右翼智库政策研究中心主任劳勒主张立即将所有教师教育转移到中小学，同时废除 PGCE 和 BEd 这两种依靠高等教育机构的传统师资培训模式。[2] 她的观点得到了许多政治右翼人士

---

① 保守党执政时期，为加强中央集权控制，其策略之一即设立多个准政府组织（quasi-autonomous non-government organization，简称 quangos）。它们由政府资助、委任，但对外保持独立性，不属于政府机构。因此，官方称其为"非政府部门公共机构"。教育部门具有代表性的单位为教育标准局、教师培训署、高等教育质量保障署。

② LAWLOR S. Teachers mistaught：Training in theories or education in subjects? [M]. London：Centre for Policy Studies，1990：60.

的支持，并促使政府采取行动，建立教师培训署。此外，教育大臣颁发给培训署的授权书中明确指出其推广实施 SCITT 计划的任务。事实上，据 MOTE 项目组分析，政府授权此任务的真正原因在于 SCITT 计划是政府对职前教师教育未来发展的理想模式。为保障职前教师教育按照其意图发展，必须创建一个新机构，作为政府挑战传统高等教育的一种途径。教育大臣约翰·巴顿在宣布该机构成立之时也明确表达出这一目的："教师培训应当是一项由高校和中小学进行合作的事业。中小学可以选择开设它们自己的课程，按照它们自己的条件自选高校进行合作。新机构的设立将确保我们更好地协调培训地点的选择，以及平衡不同类型的培训。"① 同时，政府将原本属于高等教育资助委员会的教师教育财政资助权转移至教师培训署。这一举动也意味着政府从财政领域加强了对教师教育的控制，且控制范围并不仅局限于教师职前培训，入职与在职培训也一并纳入。②

　　直至 20 世纪 90 年代末期，通过教师培训署和教育标准局在督查、认证和财政资助方面的工作，中央政府已经建立起一个高度顺应政策变化，符合政府规划的职前教师教育体系，中央政府对教师教育领域的多元化控制得以加强，职前教师教育的监察和认证过程从而具有更加浓厚的政治色彩，教师教育系统也由多样化、自制型转变为统一化、集权型。

第四节　保守党政府职前教师教育政策中的利益博弈

　　托勒在谈到英国 1979 至 1997 年间的教育政策制定时指出："政策制定本质上是以理性或渐进的模式加以思考的。"③ 理性的模式假设政策制定者在意识到问题存在的基础上，以特定意识形态为指导，对解决问题的各种方法加以思考，并择优而行。相反，渐进式模式认为政策制定者处于"摸

① ［英］约翰·富隆，伦·巴顿. 重塑教师专业化［M］. 马忠虎，等译. 北京：北京师范大学出版社，2010：84.

② LAWTON D. The Tory mind on education 1979—1994［M］. London：The Falmer Press，1994：94.

③ TROWLER P. Education policy［M］. London：Routldge，2003：35.

着石头过河"的状态，在没有特定意识形态指导下制定的政策总是不断根据环境变化而改变。因此，在某种程度上 1945—1979 年间的职前教师教育政策更加偏向于渐进式观点，轮流执政的保守党和工党基于"共识政治"的意识形态，决策基本通过妥协和让步达成。然而，1979 年撒切尔上台执政开始，在政策制定和实施方面出现了明显的转型，由共识转型为一个更为激进、更为集权制、更多调控与干预的政策走向。此时，职前教师教育政策主题由注重理论和数量转向注重实践和能力，职前教师教育体系由教师教育自治转向中央问责制。在政策主题的变迁过程中，起主要推动作用的是各利益相关者之间的冲突与博弈。

一、新右派与教师意识形态的冲突

在政策的阶段性变迁过程中，互相竞争的利益群体和各种意识形态产生了利益的冲突与博弈，从前的核心利益相关者和主导权拥有者不断被边缘化。几位英国政治家都对改革过程进行了叙述。尽管这些叙述在很多方面不尽相同，但毫无疑义，在保守党及其政府掌控下的每一次关键时刻，英国政策的出台都是利益妥协的结果。① 保守党政府通过与地方政府进行利益博弈从而加强政治控制，与教师教育工作者进行利益博弈从而加强意识形态控制，并通过政策颁布实现权力在中小学和大学之间的转移以制衡，最终服务于职前教师教育的中央集权这一核心目的，从而导致职前教师教育政策的变迁。

所谓主流意识形态，即一个社会中统治阶级的思想体系，反映了统治阶级的利益和价值取向，这必定会对整个社会的政治、经济、教育产生强有力的控制作用。② 加拿大课程专家本杰明·莱文认为，在他所研究的不同国别之间的教育改革中，英国教育改革与意识形态的联系最为显著。③ 因

---

① ［加］本杰明·莱文. 教育改革——从启动到成果［M］. 项贤明，洪成文，译. 北京：教育科学出版社，2004：43.

② ［德］马克思，恩格斯. 马克思恩格斯选集：第 1 卷［M］. 中共中央马克思恩格斯列宁斯大林著作编译局，译. 北京：人民出版社，2012：98.

③ LEVIN B. Reforming education：From origins to outcomes［M］. London：Falmer Press，2001：16.

此，英国教育政策所受国家政治意识形态的影响也尤为突出。随着20世纪70年代英国共识政治的瓦解，以撒切尔为首的保守党开始了十余年的连续执政生涯。同时，执政党被新自由主义和新保守主义结合而成新右派意识形态所影响，其指导思想为市场、效率、质量至上。这与指导教师发展的传统意识形态产生了利益冲突，很大程度上对职前教师教育政策的变迁造成了影响。也可以理解为，意识形态方面的利益冲突是保守党政府渴望加强中央控制，进行教师教育变革的根本原因。埃克塞特大学的教师教育学者温迪·罗宾逊也明确指出："本质上看，20世纪80—90年代所发生的教师教育政策变化是由政治和意识形态所驱动的。"①

首先，保守党政府秉承的新右派意识形态强调效率和质量至上，唯有注重效率和质量，才能在市场竞争中取得优势。但传统职前教师教育领域注重专业和理论教育、自成一派的发展理念恰好与之相悖。撒切尔在执政之初就明确提出："现在有太多的教师教学实践能力不合格，但职前教师教育机构却更加重视教育理论和意识形态。"②对保守党政府来说，培训中对理论的重视会导致效率低下。只有基于实践的技能训练，才能创造更高的教师培训效率。因此，保守党政府不断对职前教师教育提出公开批评与质疑，认为教师未能维持标准、未能提供给学生相关的实践能力以便在市场上有效竞争。③保守党政府通过政策控制的手段，建立国家统一的合格课程标准来对教师职前培训课程予以规范，实则是对其意识形态发起进攻。这一举措引起了学者们强烈的反对，并通过公开刊物来表达其不满。"最重要的是……这是改革者对教师一种极端的不尊重和漠视。在推动改革的政治浪潮中，教师的声音，他们的观点、担忧和诉求在很大程度上被忽视。"④ 显然，

---

①　ROBINSON W. Teacher training in England and Wales past, present and future perspective［J］. Education Research and Perspectives, 2006, 33（2）: 19 – 36.

②　［英］玛格丽特·撒切尔. 唐宁街岁月（下）［M］. 李宏强，译. 北京：国际文化出版公司，2009: 540.

③　BARTON L, BARRETT E, WHITTY G, FURLONG J. Teacher education and teacher professionalism in England: Some emerging issue［J］. British Journal of Sociology of Education, 1994, 14（4）: 529 – 543.

④　HARGREAVES A. Changing teachers, Changing Times: Teacher's work and Culture in the Postmodern Age［M］. London: Cassell, 2001: 5.

执政党在意识形态的博弈中获得胜利，最终英国职前教师教育政策议题由注重理论转向注重实践和能力。

其次，新右派意识形态中的"市场化"强调选择、竞争、权威的原则，以及从消费者角度出发的标准。这意味着改革将满足消费者的利益诉求，增强消费者的权利，以及相应地损害生产者的利益诉求，削弱其权利。在职前教师教育中，教师和教师培训机构可以被视为市场的生产者，学生和中小学对应地成为消费者。传统教师培训课程主导者是学术专业人士，有属于自己的意识形态和价值标准，并按照自己的规则运作。在新右派看来，当前职前教师教育制度反映的是生产者的利益，不足以对市场要求做出灵活反应。二者之间的冲突导致保守党政府决定通过增设中介机构、增强中小学权力等方式在职前教师教育市场中引入竞争制度，挑战原有教师自治的意识形态。正如一名英国评论家所言："政府鼓励大学与中小学建立伙伴关系的目的即从高等教育机构处夺取教师教育的话语权，从而促进新一代新右派意识形态指导下的教师专业化运动。这也可以被视为新右派教育革命的一部分。"① 该策略在追求教育市场化的同时，也逐渐加强中央集权化意识和控制手段，从而导致职前教师教育政策主题从教师自治转向中央问责制。

二、中央政府与地方政府的利益博弈

二战后中央和地方两级政府之间的关系建立在相互制约、互相依赖与彼此合作的基础之上。《1944 年教育法》建立了一种中央与地方政府之间"国家制度、地方管理"的伙伴关系，同时也赋予了地方政府和地方教育当局提供中小学教育、任命教师，以及负责当地教师教育的职责。20 世纪 60年代，推行二元制的关键人物——教育官员韦弗所秉持的二元体制思想核心内容就是维护地方当局对地方学院的管理权，尽量避免权力被中央政府收回。② 然而，20 世纪 80 年代起，中央与地方政府的关系日趋紧张。意识

① FURLONG J. Re-defining partnership: Revolution or reform in initial teacher education? [J]. Journal of Education for Teaching, 1995, 22 (1): 39 – 55.
② 梁淑红. 利益的博弈：战后英国高等教育政策的制定过程研究 [M]. 北京：光明日报出版社，2012：174.

形态方面，撒切尔领导的保守党中央政府与左翼工党政治家领导的城镇地方当局有着明显利益冲突。在教育方面，媒体开始关注公立学校及其教师们所谓的失败和过分举动。尤其是右翼工党政府控制下的内城区教育当局因助长机会而备受指责。这也意味着中央政府开始有意识地希望削弱地方教育当局的权力并限制其管辖范围。① 因此，20 世纪 80 年代后，英国教育的控制权呈现两极转移的趋势，即向上转移至中央政府，向下转移至中小学。在此过程之中，中央政府分别采取了政策控制、行政控制、财政控制的博弈手段削弱地方政府的权力，从而满足其中央集权的利益诉求。②

首先，政策控制是中央政府最合法也最有效的博弈手段之一。1979 年保守党大选胜利后，撒切尔和梅杰政府在 20 世纪 80 至 90 年代颁布了一系列教育法，尝试逐渐打破地方教育当局对公立学校教育的垄断，扩大中央政府的权力范围。《1988 教育法》规定，在一定数量家长的要求下，地方教育当局管理下的所有中学和小学可以摆脱地方教育当局的控制，直接获得中央政府拨款，受中央教育机构管控。这一政策被认为是英国打破过去地方教育当局控制学校教育的传统，走向中央集权的关键步骤。同时，法案授予了国务卿"前所未有的中央控制权"，也由此削弱了地方教育当局对学校的管理权，极大程度上加强了教育系统的中央集权。此外，全国统一课程和测试也意味着许多课程决策权都属于中央政府，地方教育当局只留下部分提供指导的权力。此外，"家长择校"和"中央直接拨款学校"政策的颁布使各个中小学通过家长投票来选择完全独立于地方当局，在此情况下，他们将直接接受国家的资助。中央直接拨款学校的管理机构拥有学校运作所有方面的完全管理权，该机构由选举产生的家长代表、教职工代表以及社区代表组成，不受地方当局的管辖。③ 如此一来，地方政府和教育当局的权力通过多种途径逐渐被削弱。

---

① BARTON L，BARRET E，WHITTY G. Teacher education and teacher professionalism in England：Some emerging issue ［J］. British Journal of Sociology of Education，1994，15（4）：529 – 543.

② ［英］奈杰尔·福尔曼，道格拉斯·鲍德温. 英国政治通论 ［M］. 苏淑民，译. 北京：中国社会科学出版社，2015：377.

③ ［加］本杰明·莱文. 教育改革——从启动到成果 ［M］. 项贤明，洪成文，译. 北京：教育科学出版社，2004：43.

其次，中央政府通过设立"准自治非政府组织"的中介机构，在行政权力方面分散地方政府和教育当局的权力。教育标准局的建立使中央政府通过检查机制对学校和教师进行直接控制，师资培训认可委员会和教师培训署的设立削弱了地方教育当局对教师教育的管理权和监督权。此外，以上中介机构的构成人员均由教育大臣委派，直接听令于教育大臣也意味着地方政府和教育当局被削弱的权力实质上落入中央政府囊中。同时，设立中介机构也是中央政府实施财政控制的重要举措之一。地方政府主要通过参与公共服务行使其权力并扩大其影响力，保守党政府借此机会公然指责一些由工党控制的地方政府存在浪费公共资金的现象。为此，保守党政府设立新的中介机构负责公共服务，在压缩地方政府职能范围的同时，削减地方政府的财政预算。据统计，1979—1997 年间，从地方政府转移至中央政府新设中介机构的开支经费达 25 亿英镑。这种转移支付极大地降低了地方政府通过公共开支施加影响的能力，从而加深了中央施加财政控制的程度。① 中央政府与地方政府之间的利益博弈也促使教师教育从地方政府监管、教师自治转向中央问责制度。

三、大学与中小学之间的利益博弈

保守党政府上台后，中央政府开始通过各种方法加强对职前教师教育政策的直接控制，意图改变二战后培养注重理论的"学者型"职前教师教育政策议题，转型为符合中央政府规划的、以实践为主的"能力从业者"职前教师教育政策议题。为此，政府采取了权力在利益相关者之间转移的策略，中小学与大学也因此产生了利益的冲突与博弈，二者权力的此消彼长，最终导致了职前教师教育政策主题的变迁。

20 世纪 40 至 80 年代初，大学和教育学院等高等教育机构在职前教师教育领域一直处于主导地位，在主导职前教师教育政策制定、课程设置、课程实施、培养方案规划、学生评估和学位授予等方面拥有绝对性权力。

---

① ［英］奈杰尔·福尔曼，道格拉斯·鲍德温. 英国政治通论［M］. 苏淑民，译. 北京：中国社会科学出版社，2015：380.

尤其职前教师教育的控制中心一直属于学院和大学的各部门。① 因此，在此时间段内，高等教育机构按照自己的传统意识形态和培训方式塑造着合格教师，其利益诉求得以实现。撒切尔执政之初，通过颁布政策的途径试图建立大学与中小学之间的伙伴关系，重新分配大学与中小学的责任范围。但大量调查报告表明，所谓"按照重新分配培训责任的办法重新拟订伙伴关系"不过是"口头协议"。学校与高等学校之间的培训关系日益密切，但在很大程度上仍保持着原有的形式。高等教育机构、中小学，甚至是督察员，依旧在以旧的模式工作和交流。虽然，职前教师教育的部分责任权开始从高等教育机构向中小学转移，但依旧是高等教育主导下的职前教师教育。②

自 1992 年 1 月时任教育大臣肯尼斯·克拉克在英格兰北部会议上发表演讲以来，职前教师教育经历了多次立法和政策变化，大学与中小学在利益方面的冲突与博弈也愈演愈烈。高等教育机构与中小学在指导意识形态上的差异决定了他们在培养方案的制定、课程的设置与实施方面有着本质上的利益冲突。高等教育机构秉承二战后盛行的"学术至上"培养理念，注重基础性理论知识的掌握与深化。同时，处于一线教学环境的中小学所倡导的"实践为本"理念与 19 世纪英国"学徒制"师资培训制度相似，这种形式也一直不被高等教育机构所认可。在学校已经难以应付现有教育改革之际，这种转变将涉及教师职业结构和学校文化的重大变革。最终，博弈的结果是"以学校为中心"的职前教师教育政策出台。政策越来越强调校本实践的价值，弱化教育理论的作用。课程标准、培养目标和考核评估中理论知识占比的弱化意味着高等教育机构话语权的减弱和责任范围的缩小。相应地，对实践能力的强调也意味着中小学责任和权力的增强。甚至在特定项目中，中小学拥有脱离高等教育机构独立办学，进行师资培训的权力，但高等教育机构并无此权力。高等教育机构的利益诉求也在博弈过程中逐渐被边缘化。

---

① ROBINSON W. Teacher training in England and Wales past, present and future perspective [J]. Education Research and Perspectives, 2006, 33（2）：19-36.

② WILKIN M. Initial teacher training：The dialogue of ideology and culture [M]. London：The Falmer Press, 1996：171.

第三章
新工党政府时期的职前教师教育政策：
标准与专业

随着经济全球化进程的迫近，保守党政府的新自由主义经济政策应对显得乏力。尽管这一套政策曾使英国经济一度复苏，但长期片面的效率追求带来一系列社会问题，阻碍了经济社会进一步发展。撒切尔夫人领导的保守党执政 18 年后，终于在 1997 年大选中下台。阔别执政舞台多年的工党以压倒性胜利取而代之。以"新工党"自诩的布莱尔政府上台伊始就面临着严峻挑战。

一方面，新工党政府需要应对 1979—1997 年保守党长达 18 年的执政遗产；另一方面，面临着国内外不断变化的经济、政治和社会新形势的考验。在布莱尔的领导下，新工党政府根据时代发展要求对其意识形态、指导思想和政策理念作了彻底改造。打出了"走第三条道路"的旗帜，推出以教育政策为核心的经济社会政策网，把增加教育投入、改革教育体制、提高教育质量作为政府立法的首要目标，① 旨在实现公平、效率、标准的和谐统一。同时，把"优先教育发展"作为政府的首要目标，建设标准化、现代化的专业教师成为这一时期职前教师教育的目标与主题。

---

① 易红郡. 战后英国高等教育政策研究［M］. 长沙：湖南师范大学出版社，2016：185.

第一节　新工党政府职前教师教育政策的背景

超越政治"左右对立"的"第三条道路"帮助新工党赢得了 1997 年大选，也成为新工党连续执政十三年期间制定各项政策的主导思想。为促进国家经济发展，实现社会公平，新工党提出"教育、教育、还是教育"的口号，将发展教育作为政府改革的第一要务，致力于提高基础教育标准与质量，职前教师教育的标准也随之提高。同时，英国处于全球化与现代化进程之中，这对职前教师教育的发展形成了新的挑战。

一、"第三条道路"指导下的新工党改革

20 世纪末期，冷战结束。伴随着 1991 年苏联的解体，共产主义在西欧也遭遇失败，这一巨变促使各国政党做出政治战略和意识形态的调整。此外，20 世纪 70 年代以来，西方工业资本主义国家的阶级结构发生重大变化，曾经作为社会主义变革主体力量的庞大无产阶级不复存在。[①] 在此基础上，"第三条道路"应运而生。"第三条道路"是 20 世纪末在欧美左翼政党中出现的一种政治思潮，是各国政党在全球化背景下为适应新的发展形势应运而生的一种思想理念。同时，这不只是一种单纯的政治思想，而是在当时背景下用来作为左翼政党发展新契机的一种政治模式和路径，体现了左翼政党试图超越传统左翼政治理念和政治模式而做出的努力。[②]

英国新"第三条道路"理论的提出者是英国学者安东尼·吉登斯。传统左右政治观念分歧的焦点问题在于社会公平与经济效率、政府与市场的关系。左派依据"社会民主主义"，强调政府在维护社会公平和稳定方面的积极干预作用；而右派则依据"新自由主义"，强调经济效率及市场自由原则。"第三条道路"最基本的立场是超越传统左右政治观念的束缚，建立一

---

① 何秉孟，姜辉. 阶级结构与第三条道路——与英国学者对话实录［M］. 北京：社会科学文献出版社，2005：48.

② 陈林，林德山. 第三条道路：世纪之交的西方政治变革［M］. 北京：当代世界出版社，2000：3.

套适应当代经济、社会、政治，"中间偏左"的民主社会主义政治哲学。①正如纽曼所言，"第三条道路"试图通过有选择地借鉴旧的碎片，融入现代经济、现代公共服务和现代人民的重新配置，最终建立一个新的政治解决方案。②

1994年，布莱尔当选为工党党魁。此时，英国工党连续四次大选失败，近20年在野党的惨淡现状，以及经济全球化、新科技革命和社会结构变化等新形势的冲击，促使布莱尔开始深度思考，获得公众和舆论支持的前提是工党必须转变指导意识形态，加快现代化的进程。此时，安东尼·吉登斯在其代表作《超越左与右：激进政治的未来》和《第三条道路：社会民主主义的复兴》中，系统阐述了"第三条道路"的价值观、政治支持、国家观和社会福利观，包括他对全球化和社会公平的看法，这些观点都为布莱尔提供了强有力的理论支持。1997年的大选之中，布莱尔在竞选宣言中勾画了一个关于"新的中间和中左的政治"理论。"一个新的和独特的方式已经详细制定出来，它既不同于老左派寻求国家对工业控制的解决之道，也不同于保守党右派把一切丢给市场的那些政策。"③ 这也可以视为新工党"第三条道路"政治意识形态的雏形。

次年9月，成功就任首相的布莱尔出版了《第三条道路：新世纪的新政治》。他表示，"第三条道路"并非右派和左派的折中，而是大胆地将右派主张的市场机制优势同左派强调的社会公平信条进行嫁接。"旧左派和新右派的方案都不会奏效……现在的工党（新工党）是中间派政党，也是中左派政党。"④布莱尔在接受传统中左派团结、公平、责任和机会均等这些价值观念的基础上，融合了自由主义的思想特征。试图在国家与市场、个人与政府、公平与效率、竞争与合作之间寻求新的平衡点，以实现再现代化、再民主化和经济全球化，从而建设一个强大且充满活力的新英国。这

---

① 易红郡."第三条道路"与当前英国教育改革 [J]. 外国教育研究，2003（4）：1-5.

② NEWMAN J. Modernising governance：New Labour, policy and society [M]. London：Sage, 2001：46.

③ DALE I. Labour Party general election manifestos, 1900—1997 [M]. London：Routledge, 2000：58.

④ 陈林，林德山. 第三条道路：世纪之交的西方政治变革 [M]. 北京：当代世界出版社，2000：6.

也标志着"第三条道路"思想正式成为英国新工党的执政意识形态，新工党政府由此开始了"第三条道路"指导下的政治、经济、社会改革。

政治改革方面，在"第三条道路"意识形态的影响下，布莱尔意识到撒切尔主义主张的中央集权式政府已经不合时宜，权力下放和分权才是时代的主旋律。向地方政府下放权力有助于权力靠近民众，使地方政府更好地承担责任。在此认知的指导下，新工党政府做出了向地方政府下放权力、改革上议院等一系列重大政治举措，作为新工党新政治的标志。首先，在保持中央政府是最高权力机构的前提下，向苏格兰、威尔士等地方政府下放权力是工党改革宪政体制的第一步。地方议会在司法、交通、卫生、教育等领域拥有较大立法权和行政权。其次，改革议会上议院的权力。① 布莱尔和布朗政府通过两封白皮书取消了上议院议员世袭制度，将其席位削减了 50%，仅剩 300 席，并全部由选举产生。

经济改革方面，工党政府与保守党政府政策有很强的联系性。② 面对撒切尔政府前期减少政府干预，自由市场调控的策略所取得的成效，加之全球化时代的到来，新工党政府也决定摈弃凯恩斯主义，进行"新经济"改革。一方面，继承保守党的新自由主义经济政策，发挥市场调控的作用。另一方面，通过政府宏观把控财政，在供应方面促进投资与就业增长，降低税收。建立既强调市场功能又强调政府作用的混合型经济模式，即"在可能的地方实行竞争，在必要的地方实行调控。调控目的并非限制市场，而是使之富有朝气并为所有公民提供机会"。③ 双管齐下、张弛有度的新经济政策使英国经济环境稳定而富有秩序，呈现可持续发展的积极状态。经济的繁荣也使政府有足够的财力投入教育、交通等民生领域，2000 年起，

---

① 英国议会制起源于 1265 年，议会拥有对政府制定的各项政策和立法提案进行辩论和审议，并提出批评或建议的权力。分为上议院和下议院。上议院由世俗议院（即世袭爵位者）、神职议员（即英国国教会大主教与资深主教）构成，又称贵族院，没有通过选举产生的议员，拥有立法、审议、审查、最高上诉法庭的权力。下议院由各区选民代表、政党代表、利益集团代表组成，拥有代表、立法、审查、国民辩论、政府组建的权力。随着历史发展，上议院的权力已经被剥夺得所剩无几，大部分实权由下议院掌握。因此，英国社会对改革议会，取消上议院的呼声一直很高。保守党执政时期，上议院大部分议员是保守党成员，导致改革一直被搁置。

② WHITTY G. Twenty years of progress? English education policy 1988 to the present [J]. Education Management Administration & Leadership，2008，36（2）：165 –184.

③ 李华峰，李媛媛. 英国工党执政史论纲 [M]. 北京：中国社会科学出版社，2014：193.

政府投入教育与培训经费年均增幅达5%。这种良性经济发展创造了新的就业机会，提高了就业者的素质与能力，降低了失业率，从而提高了公民对政府的认可度，实现了双赢局面。

社会改革方面，新工党政府深知英国是世界上社会保障制度最为健全的国家，也是最早建立从摇篮到坟墓的福利体系的国家。工党元老党魁艾德礼在二战后也是凭借对社会民生问题的重视获得大批选民支持，最终以福利制度使数以万计的人摆脱贫困，重新获得工作岗位。因此，社会保障政策是新工党上任后最为重视的改革领域。布莱尔在上任之初就明确表示应对英国的社会福利政策进行大刀阔斧的改革。1998年，新工党政府颁布《我们国家的动力：新的福利契约》绿皮书，围绕社区、家庭、就业等话题提出新福利改革制度的八项原则，即：围绕工作观念，重塑福利国家；公私福利合作；提供高质量的教育、住房及保健服务；扶助残疾者；减少贫困儿童；帮助极度贫困者；清除欺诈行为；政府工作中心转向提供良好的公共服务。由此可以发现，新工党所倡导的新福利社会理念是"由扶持代替施舍"。"在很长一段时间内，我们用税收和福利体制来补偿贫困人群，忽略了贫困问题产生的根源。"① "机会平等"而非"结果平等"的理念使新工党将重心放在对既有资源的有效分配之上，社会改革也成为受"第三条道路"意识形态影响最大、渗透最深、特点最为显著的新工党时期改革。

在布莱尔看来，参与全球化竞争、建设社区、支持家庭、解决就业，以及改革福利制度的最终实现途径都指向了教育。布莱尔指出："其中真正关键在于教育。抓对了教育，其余自然归位。反之则将导致社会状况恶化。"② 全民教育是一个工具，它能够给每个国家带来根本的社会变化，包括消灭长期存在的不平等与不公正现象。③ 正因如此，"第三条道路"中"机会平等、合理分配"的理念对当代英国教育政策造成了极大影响。

---

① ［英］马丁·鲍威尔. 新工党，新福利国家？英国社会政策中的"第三条道路"［M］. 林德山，译. 重庆：重庆出版社，2010：19.

② ［英］托尼·布莱尔. 新英国：我对一个年轻国家的展望［M］. 曹振寰，译. 北京：世界知识出版社，1998：202.

③ ［美］菲利普·库姆斯. 世界教育危机［M］. 赵宝恒，李环，译. 北京：人民教育出版社，2001：219.

二、"教育优先"对基础教育质量的要求

布莱尔"第三条道路"的核心是变革与创新。即在新的形势下不断寻求发展与公正、权利与义务之间的平衡，以改革、现代化与合作的精神建设和谐新英国，应对全球化挑战。对外而言，教育是国际竞争的关键。"教育是现有的最佳经济政策，教育和技术的结合才是未来所在。军备竞赛也许结束了，知识竞赛已经开始。"① 布莱尔坚信，只有不断加大教育投入，出台教育法案，提高教育水平，才能使英国在全球化竞争中位于前列。对内而言，教育是社会稳定的助推剂，是全民重视的公共服务，对教育的重视有利于工党在大选中顺应民意，从而得到更多响应与支持。为此，1997年布莱尔在其竞选宣言——《新工党：因为英国值得更好》中，开门见山地表明了新工党的"新意"——对教育的空前重视。布莱尔宣称："我认为英国可以且必须值得更好，这包括更好的教育、更好的医疗、更好的社会服务，从而建设现代福利新国家。"② 此外，"最重要的是，我们需要培训和教育我们的人民。教育将成为我们政府的工作重点……如果学校条件不好，就将其改造好。如果教师不能正确施教，就剥夺他们教学的权利。如果保守党政府忽视教育的重要性，那就解散政府，选出一个明白教育重要性的执政党。"③ 于是，执政 13 年的工党政府一直把教育作为优先发展战略，置于各项变革之首，并提出"教育、教育、还是教育"的响亮口号。④ 由此，英国开始进入新工党执政下教育优先发展的进程。

1997 年发布的《卓越学校》白皮书涵盖了之后五年教育改革的目标、策略与宗旨，既强调提高教学质量与标准、满足知识经济时代需求，又强调追求教育公平，推动均衡发展。因此，白皮书也成了布莱尔政府此后制

---

① ［英］托尼·布莱尔. 新英国：我对一个年轻国家的展望［M］. 曹振寰，译. 北京：世界知识出版社，1998：81.

② GILLARD D. Education in England：a brief history［EB/OL］.（2018 – 05 – 01）［2019 – 03 – 10］. http：//www. educationengland. org. uk/history/.

③ ［英］托尼·布莱尔. 新英国：我对一个年轻国家的展望［M］. 曹振寰，译. 北京：世界知识出版社，1998：50.

④ GILLARD D. Education in England：A brief history［EB/OL］.（2018 – 05 – 01）［2019 – 03 – 10］. http：//www. educationengland. org. uk/history/.

定教育政策、实施教育变革的基本依据。① 为实现以上目标，布莱尔政府推出《教育行动区计划》，推动教育质量较低和水平薄弱地区的发展；推出《卓越城市教育计划》，促进学校教育内容的多样化；推出《教育优先计划》，进行公立学校改革和社会办学尝试；推出《灯塔计划》，加强不同水平学校之间的交流与合作，实现不同学校之间教学质量的整体提高和均衡发展。

在工党政府优先教育发展的大趋势中，基础教育的发展成为重中之重。布莱尔在入主唐宁街之前就意识到，英国学生现有水平和应达到水平之间存在一定差距。"我们所面临的挑战是要在孩子们能够达到的目标和所能完成的任务之间架起一座桥梁。"② 此外，目前英国学生数学和阅读水平在国际水平中处于中下游，长此以往将不利于其国际化发展。据统计，英国公民 21 岁时，有 1/5 的人存在数学困难，而 1/7 的人阅读有障碍。在 GCSE会考③中，英国只有 29% 的学生在数学、语言和一门理科上获得 A 到 C 的成绩。但在法、德两国，获此成绩的比例数是英国比例数的两倍以上。在高级阶段，即 18—19 岁，约 36% 的英国学生两科得 A，在法国和德国这一比例达到 60%，日本高达 80%。④ 高标准的基础教育是英国教育水平提高和获得国际竞争力的必要条件。为此，布莱尔政府重新调查和评估了英国基础教育质量，根据评估结果和目标建立全新教学标准和评估体系。同时，加长中小学数学、阅读课程时间，注重计算机教学的应用，逐步提高基础

---

① 白皮书确立的五年教育目标包括：制定教育发展五年计划，利用五年时间确立新的学校教育标准，提高基础教育学生的读、写、算能力。逐步消除英国经济发展水平不同的地区和学校教育基础不同的地区之间的教育不平等现象，实现教育公平发展。在进行教育改革，提升教育质量的同时，兼顾公平与效率。通过着重提升经济落后地区和教育薄弱地区的发展，从整体上实现英国教育水平的提高，为全球化提供新的技能人才。

② ［英］托尼·布莱尔. 新英国：我对一个年轻国家的展望［M］. 曹振寰，译. 北京：世界知识出版社，1998：194.

③ GCSE 会考又称普通中等教育证书考试，在《1988 年教育改革法》中正式提出并使用，由一般水平普通教育证书（General Certificate of Education Ordinary Level，简称 O-Level）考试和普通教育证书（Certificate of Second Education，简称 CSE）考试合并而来。按照英国《1988 年教育改革法》的规定，所有公立学校的学生在义务教育结束时都必须参加 GCSE 考试，由于通常情况下英国学生完成义务教育时的年龄为 16 岁，GCSE 考试也称 16 岁考试。

④ ［英］托尼·布莱尔. 新英国：我对一个年轻国家的展望［M］. 曹振寰，译. 北京：世界知识出版社，1998：190.

教育对学生科技能力的培养。此外，采取小班化的教学模式。将 5 到 7 岁儿童的班级规模缩减至 30 人以下。布莱尔政府还强调对学生终身学习态度的培养，希望锻炼学生自主学习、自觉学习的能力。

教育公平是当代西方教育变革的一个核心问题。① 保守党秉持"精英主义"思想，坚持少数人获得优质教育和充分发展的机会并不能提升整个国家的教育质量和国际竞争力。只有当全体国民都拥有接受优质教育的机会，才能从根本上保障国家在全球化竞争中立于不败之地。为了达到真正的教育公平，布莱尔政府在全国建立不同的特色学校，鼓励学校根据自己的传统和学生特长，有针对性地进行特色教育，有侧重地加强部分学科和技能的培养。接任布莱尔的布朗政府延续了前任政府重视发展基础教育的政策，并在此基础上将政策具体化。大力倡导"机会平等"的布朗政府更多地将教育政策的重心放在帮助弱势群体方面。针对少数民族和低收入家庭制定了一系列帮扶政策，并斥资数亿英镑改善全国残疾儿童设施和青少年活动场所，实现相关儿童的健康成长。2009 年，布朗政府颁布《你的孩子，你的学校，我们的未来：建设 21 世纪学校教育制度》白皮书，为英国民众描绘了"一幅建设世界一流学校教育制度的基础教育改革蓝图"。②

工党政府对于基础教育的高度重视和宏大目标也对当时的教师教育提出了新挑战与高要求。布莱尔指出："为了实现目标，给每个学生提供全面发展的机会，我们首先需要的是一支受重视获支持的教师队伍。我们必须对他们提出高要求，而他们也应当有不俗的表现。"③ 为此，教师教育开始充分迎合基础教育标准的提升。建设标准化、现代化、高素质的专业教师队伍成为这一时期教师教育的目标与主题。

三、全球化与现代化发展对教师教育的影响

自第二次世界大战以来，相较于其他因素，发展才是促进人类新学习

① 单中惠. 西方教育问题史［M］. 北京：人民教育出版社，2011：161.
② 何伟强. 英国教育战略研究［M］. 杭州：浙江教育出版社，2014：78.
③ ［英］托尼·布莱尔. 新英国：我对一个年轻国家的展望［M］. 曹振寰，译. 北京：世界知识出版社，1998：190.

需求产生的最主要因素。① "发展"是指所有技术、经济、社会和文化方面的变化与进展，重掌执政权的新工党面临着 21 世纪全球化与现代化发展冲击。

一方面，20 世纪 90 年代以来，全球化成为媒体上出现频率较高的一个关键词。全球化意味着技术和资本的不断流动，以及各国在政治、经济、社会等方面共同面临合作解决的全球性问题。工业、经济、教育都迈入了跨国界竞争，消费者将运用更大力量加速全球化革命的进程。联合国教科文组织对全球化现象给予了积极评价，认为它是一种新兴的强大力量，并与其他新兴力量一起改变着 21 世纪人类社会的各个方面。② 因此，新工党政府意识到，发达国家此时所面临的关键问题即全球化竞争。布莱尔也在上台之初明确表示将主动参与全球化竞争，他指出："全球市场和全球文化正日益发展。货币的国际流通速度愈加快速，各国之间的竞争也愈加激烈……任何一个国家都无法避免全球化浪潮及其对经济和社会所带来的变化。"③ 为了在竞争中取得优势，必须做出的改变如下。第一，必须撤销阻碍贸易发展的壁垒，接受国际经济规则。第二，必须不断投资于新能力，最终投资于人民的智力和能力。下一个时代将成为富有创造力的时代，支配 21 世纪经济的将是储蓄、投资、创新和最终制胜绝招：国民的潜力。④这也意味着，国民教育将相应地有所改革。在过去 30 年左右的时间里，教育作为一个整体，逐渐融入全球化进程，并扮演着重要角色。国家的繁荣、社会的公正和国民的凝聚力都建立在教育的基础之上。⑤ 全球知识经济的发展对国际性人才的需求明显增长，因此，全球化时代的教育政策必须致力于培养具备国际视野和国际交往能力的人才，从而让本国在全球化知识经

---

① ［美］菲利普·库姆斯. 世界教育危机［M］. 赵宝恒，李环，译. 北京：人民教育出版社，2001：58.

② ［英］皮特·斯科特. 高等教育全球化：理论与政策［M］. 周倩，高耀丽，译. 北京：北京大学出版社，2009：151.

③ LAWTON D. Education and labour party ideologies 1900—2001 and beyond［M］. London：Routledge Falmer，2005：122.

④ ［英］托尼·布莱尔. 新英国：我对一个年轻国家的展望［M］. 曹振寰，译. 北京：世界知识出版社，1998：190.

⑤ LAUDER H，BROWN P，DILLABOUGH J，HALSEY A H. Education，globalization，and social change［M］. Oxford：Oxford University Press，2007：21.

济中占据上风。

另一方面，在全球化成为世界各国共同发展必然趋势的同时，现代化的进程也在悄然推进，世界范围内的科技革命迎来了新一轮的高潮。现代化和信息科技浪潮促进了一系列高新技术产业的形成与发展，也引起了社会和政府对现代化科学技术的重视。社会生产力中的知识含量和科技含量越来越高，促使经济形态从依赖自然资源的工业经济形态，转向依赖智力的知识经济时代。布莱尔曾在东京的一次演讲中指出："教育应对新技术所带来的机会予以反应。学生可以在信息高速公路上参观大峡谷，了解古老岩石的形成；可以让计算机评估自己的作业成绩，了解自身优势和劣势；可以通过国际互联网和各国学生交流合作。"① 这种转变也促使新工党政府提升对教育的重视程度，加大对智力资源的投入、对信息技术相关课程的重视，以及对科技型和创新型人才的培养。同时，这意味着学校将会有更多擅长科学技术的毕业生，意味着学生为新技术占主导地位的工作生活打下基础。②

与此同时，全球化与现代化的进程对英国教师教育的发展造成了关键性的影响。③ 布莱尔坚信，为了迎合现代化和全球化浪潮所发起的教育改革，其关键性因素之一便是"教师"职业的现代化。正如美国教师教育专家琳达所指出："当前，我们的世界正处于一个飞速变革的时代，教师必须具备使全体学生都能进行有效学习的能力。这要求教师需要具备广博且深厚的知识积累，以及现代化且多样化的教学技能。"④ 成功教育制度的基础是拥有优秀的教师和优秀的学校，同时也需要在教育和新技术之间建立新的联盟。"经过几十年的漂泊，我们必须采取果断行动，把教学的重要性提高到专业的前列。只有迈入现代化，才能使我们的国家为新世纪做好准备。

---

① GREEN A. Blair's educational legacy：Thirteen years of New Labour ［M］. New York：Palgrave Macmillan，2010：35.

② ［英］托尼·布莱尔. 新英国：我对一个年轻国家的展望 ［M］. 曹振寰，译. 北京：世界知识出版社，1998：152.

③ FURLONG J. Globalisation，neoliberalism and the reform of teacher education in England ［J］. The Educational Forum，77（1），2013：28－50.

④ ［美］琳达·达林－哈蒙德. 美国教师专业发展学校 ［M］. 王晓华，译. 北京：中国轻工业出版社，2006：1.

我希望你（各位教师）能和我们一起迎接这个挑战。"① 为此，布莱尔提出了"教学必须成为 21 世纪职业"的著名口号。所谓"21 世纪职业"，即致力于满足 21 世纪现代化和全球化的需求，运用现代化的教育理念和技术，培养 21 世纪所需的现代化全球化人才。因此，在新工党领导的教师教育改革之中，格外重视教师信息和通信技术的发展，以及教师这一职业的可持续发展力。②

第二节　基于标准的职前教师教育政策

新工党政府执政一年后发布绿皮书《教师：迎接变革的挑战》（*Teachers：Meet the challenge of change*），希望通过发展"新专业主义"来实现教师队伍现代化。绿皮书指出："孤立、免责的专业人士在不参考外部环境的情况下，独自制定课程和教学策略的时代早已过去。"③ 并对现代教师职业做出如下要求：对自己和学生满怀期待；接受问责；提高自身技能和学科知识，承担个人和集体责任；所有决定都基于工作的有效性；与学校其他职员合作；欢迎家长、商界和其他一切有助于实现学校发展的校外捐助；预测变革、推动创新。同时，政府还计划提高教师培训的灵活性和严谨性，使所有新入职的教师都具备良好的教学技能。为此，绿皮书建议让所有培训教师参加国家考试，以保证他们在计算、读写、信息和通信技术方面的高水平技能，并统一审查合格教师资格的程序。绿皮书的发布意味着新工党正式确立对未来教师的培养目标，也是整个新工党执政期间内关于职前教师教育的核心要点和基本标准。围绕绿皮书的目标，政府陆续出台一系列致力于打造现代化教师的政策与标准，在建立教师新专业化标准

---

① FURLONG J. Making teaching a 21st century profession：Tony Blair's big prize［J］. Oxford Review of Education，34（6），2008：727 - 739.

② GREEN A. Blair's educational legacy：Thirteen years of New Labour［M］. New York：Palgrave Macmillan，2010：7.

③ FURLONG J. New Labour and teacher education：the end of an era［J］. Oxford Review of Education，31（1），2005：119 - 134.

的同时，加强了对职前教师教育课程和教师实践教学等方面的控制。

一、不断完善合格教师标准

20 世纪末期，美国、澳大利亚等发达国家相继开始使用"标准化"的规定来培养和评估合格教师。① 受国际化影响，英国政府逐渐意识到，在多元师资培训途径的背景下很难确保职前教师教育质量和水平的稳定性。因此，为实现教育现代化的目标，提高基础教育和职前教师教育质量，有必要建立标准化的制度和程序，以此为基础督查职前教师培训质量。② 为此，新工党执政后相继颁布 10/97 通告和 4/98 通告，设定详细的合格教师资格标准，开设职前教师教育"国家课程"。并于 2002 年和 2007 年对合格教师资格标准进行修订，由此形成了涵盖教师职业生涯发展各阶段的标准体系。

（一）10/97 和 4/98 通告：确立合格教师标准与职前教师国家课程

1. 10/97 通告：确立新工党时期合格教师资格标准

为表达对职前教师教育的重视，塑造现代化专业教师，新工党在上任之初便依照《卓越的学校》白皮书所设立的目标，修订《教学：高地位、高标准——职前教师教育课程标准》（*Teaching：High status, high standards*，即 10/97 通告），以此取代前任保守党政府围绕"能力"所制定的课程标准。通告规定了所有小学合格教师培训课程必须符合的新准则，同时规定了所有受训者必须具备的知识、理解和技能标准，以便顺利完成教师培训课程并获得合格教师资格。

通告详细规定了职前教师教育课程内容。分为知识与理解，规划、教学与班级管理，监督、测量、记录、报告与绩效考核，以及其他专业要件四部分。知识与理解课程涵盖学前教育和基础教育两个阶段，包括幼儿、小学、中学教师的知识与理解标准；教学与班级管理课程包括核心课程（英语、数学、科学）的规划、教学与班级管理标准；在监督、测量、记

---

①　BURN K, CHILDS A. Responding to poverty through education and teacher education initiatives：a critical evaluation of key trends in government policy in England 1997—2015 ［J］. Journal of Education for Teaching, 2016, 42 (4)：387 –403.

②　HEXTALL I, MAHONY P. Consultation and the management of consent：Standards for qualified teacher status ［J］. British Educational Research Journal, 2000, 26 (3)：323 –342.

录、报告课程中，新合格教师必须掌握系统地评价和记录每个学生学习情况的能力，包括通过观察、提问、测试的方法进行记录，并利用这些记录结果了解学生的学习优势与劣势，做出针对性学习计划。其次，通告首次规定了职前教师教育的两门国家课程。由于小学英语和数学成绩的提升是新工党政府教育大计的一个关键要素，基础教育政策均渴望提高学生的读写和计算能力，并朝着新的目标取得进展。因此，职前教师教育国家课程规定所有师资培训机构必须教授且能够运用与英语和数学有关的知识和技能。同时，新工党政府并未具体规定课程模式或工作计划，师资培训机构应自行决定如何开展相关培训。

最后，新标准详细界定了课程总体要求。（1）受训者选拔要求。能用清晰且无语法错误的英语进行交流与写作；GCSE 考试中英语、数学至少达到 C 级水平；无犯罪记录且身心健康，具有适合从教的品质与才能；PGCE课程的申请者需获得学士学位，且学士阶段所学科目与欲申请任教科目需保持一致。（2）课程设置要求。课程的内容、结构、实施都应该围绕受训者知识技能的运用来设计；课程应当涵盖基础教育的不同年龄阶段；高等教育机构应根据考评结果定期改进和完善课程。（3）伙伴关系要求。高等教育机构必须与中小学建立伙伴合作关系，中小学也需主动且完整地参与职前教师教育课程的规划与实施，以及受训者的选拔与评估；建立伙伴关系的高等教育机构和学校必须建立充分、有效的沟通机制。此外，新标准对中小学承担课程的时长也做了详细规定。

2. 4/98 通告：职前教师教育必修课程的确立

为了"使所有合格教师充分发挥其知识、理解和技能，有效提高整个教育系统的工作效率和学生成绩"，《教学：高地位、高标准》于次年 5 月重新印发，即 4/98 通告。该通告内容大致上与 10/97 通告一致，主要包括合格教师职前课程标准和职前教师教育国家课程两个部分。在课程标准方面，维持原先知识与理解，规划、教学与班级管理，监督、测量、记录、报告与绩效考核，以及其他专业要件四部分，课程总体要求较之前也无太大差别。不过，与前一年的标准相比，新标准更为具体、详细，且更加有操作性。新标准多达 849 项，划分细密且表述清晰。便于师资培训机构依据标准制定培养方案，以及对师范生的表现进行评价、设定改进目标等。

然而，在"职前教师教育国家课程"方面，修订后的通告在科目、内容上都发生了较大变化。科目上，由小学英语、数学两个科目增长至小学和中学阶段英语、数学、科学、信息技术四个科目。同时，通告要求合格教师需具备将信息通信技术（ICT）运用于各学科教学的能力。内容上，通告将其整合为三个部分：知识与理解、有效教学和评价方法、培训者自身对学科知识的理解。前两部分的课程旨在清晰明了地传达受训者必须"被教授"的课程内容，以及入职后"如何教授"的具体步骤方法。例如，小学英语课程规定了阅读教学、写作教学、听说教学、语法教学的课程时长和授课方法。教授小学生发音和书写的核心知识时，应当先教字母，再教单词，从辅音—元音—辅音结构入手。在第三部分，官方列出了详细检查清单，每一位受训者的学科知识水平必须受到严格"审查"。如存在明显差距，师资培训机构必须设计各种策略，使受训者在培训结束之前消除这种差距，达到合格学科知识水平。

3. 对 10/97 和 4/98 通告的评价

就职前教师教育的发展而言，这两个通告的出台确立了更为详细、具体且标准化的职前教师教育课程要求。相对于保守党政府发布的 9/92 通告与 14/93 通告，新工党政府最大的改变在于将授予合格教师资格的判断依据确定为更详细的标准。这也突显出政府对职前教师教育以及合格教师资格更加精确的要求。教师培训署主任米利特认为："这是我们第一次在教师教育领域制定如此清晰、明确的标准，指明我们希望新教师应达到的标准，规定他们必须知道、理解和能够做什么。"[①] 因此，新标准是清晰、详细、可评价的，为统一地授予合格教师资格提供了参考和评估依据。

就政府的政治目的而言，职前教师教育国家课程是政府对职前教师教育加强控制的策略。国家课程通过一系列国家会议中对草案的广泛协商而制定。也可以理解为，职前教师教育国家课程即政府为实现提升学生读写及计算能力这一国家目标的关键要素。[②] 课程的引入给课程设计和内容、学

---

① RICHARDS C, SIMCO N, TWISELTON S. Primary teacher education：High Status？High Standards？［M］. London：Falmer Press，1998：47.

② BURGESS H. What future for initial teacher education？New curriculum and new directions［J］. The Curriculum Journal，11（3）：405－417.

生评价、教学安排，以及职前教师教育项目的管理带来了巨大的变化。其中，争议最大的是信息通信技术课程和英语课程。在信息通信技术课程方面，实际问题是大多数中小学和高等教育机构在提供课程所需的信息和通信技术培训方面准备不足，无法提供合格的课程。英语课程在政治上更具争议性，尤其是在强调语音阅读教学，以及标准英语和语法方面。教师培训署主席表示，国家课程的相关规定试图确保教授受训者们运用一些有效的教学方法开展阅读、写作和算数教学。事实上，课程的设计与其说是约束受训者，不如说是约束教师教育者。① 官方对课程的科目、内容，甚至具体实施方法都制定了详细标准，这种做法也在逐渐侵犯教师教育者的教学自主权。更重要的是，课程被视为对教师专业知识核心地位的根本挑战，也引起了教师们的反对与抗议。教师与讲师协会认为，政府对职前教师教育干预的具体方法是一种严重的倒退，课程的引入进一步削弱了教师职业的自主性。② 课程标准和国家课程对学科课程的侧重导致了职前教师培训课程中学科教学知识和教育学知识的分离，长此以往将涌现诸多弊端。

（二）《合格任教》：取消国家课程和简化合格教师标准

1. 出台背景

4/98 通告中围绕小学核心课程而开设的职前教师教育国家课程出台后，引起了社会各界热议，教师教育者及中小学均表示出担忧，认为这种对核心课程的过分重视和对基础学科的忽视将导致学科发展不平衡。1999 年，教师培训署就"基础学科课程的教学是否会因为对核心课程的重视而受影响"这一问题进行了回应。教育部也成立了讨论小组，对小学和中学阶段的英语、数学和科学课程的内容，以及比重分配进行探讨。大学教师教育委员会表示："很明显，分配给基础学科教学的时间已大大减少。许多师资培训机构不再把基础课程作为一门专业课程来开设，有些学生甚至没有接

---

① ［英］约翰·富隆，伦·巴顿. 重塑教师专业化［M］. 马忠虎，译. 北京：北京师范大学出版社，2010：171.

② RICHARD C, SIMCO N, TWISELTON S. Primary teacher education: High status? High standards?［M］. London: Falmer Press, 1998: 20.

受过任何基础课程教学方面的培训。"① 这种比例的失衡将导致新教师教育质量的下滑和学生教学的偏科现象。

此外，师资培训机构建议职前教师教育国家课程应当包含一份关于教学价值观和作用的声明，从而明确教师未来所需的价值观、知识、技能和素质。当时的国家课程要求过于偏重中小学科目教学，这可以改变教学的性质，培养出"学科专家"而非"合格教师"。因此，他们认为，职前教师教育课程的要求应当平衡课程的广度与深度。讨论小组建议重新修订并简化 4/98 通告所出台的标准、明确基础学科的地位，以及合格教师标准、入职培训、评估标准等方面均应反映出共同价值观及对教学本质的认识。②

受各界反馈影响，2001 年 7 月，教师培训署发布《合格教师资格标准与职前教师教育要求》（*Standards for the award of qualified teacher status and requirement for initial teacher training*）咨询文件，其主要建议如下：（1）在原标准基础上进行修改与简化。新标准将更加强调专业价值观，并围绕2000 年课程（Curriculum 2000）展开。③（2）初等阶段的职前教师教育课程应强调与核心科目和基础科目相关的教学活动技能培养。（3）新标准应当易于职前教师教育参与者们（包括受训者、中小学及高等教育机构）理解并且操作性强。（4）新标准应包括专业价值观与实践、知识与理解、教学三大部分，课程总体要求与之前基本一致。④ 咨询文件发布后的第二年，政府便正式出台职前教师教育新标准。

2.《合格任教》的具体内容

2002 年 1 月，政府正式发布《合格任教：合格教师资格标准与职前教

---

① UCET. Notes from UCET ITE Committee discussion on the review of Circular 4/98 ［C］. London：UCET，2000.

② BURGESS H. What future for initial teacher education? New curriculum and new directions ［J］. The Curriculum Journal，11（3）：405 – 417.

③ 为实现《卓越学校》白皮书中所提出的，2002 年以前 80% 的 11 岁学童在数学和英语两个学科达到国家课程四级水平的目标，新工党政府修订了国家课程，并于 2000 年开始正式实施。2000年课程规定英语、数学、科学、信息、历史、地理、现代外语等 12 门课程为公立学校学生必修课。同时，学校有义务对学生开展宗教教育、性教育、升学与就业指导、人格培养及健康教育。社区活动、劳动体验等课程也被纳入课程体系之中。

④ TTA. Standards for the award of qualified teacher status and requirements for initial teacher training ［R］. Consultation document. London，2001.

师训练要求》（以下简称《合格任教》），取代 4/98 通告。与 4/98 通告内容相比，《合格任教》最大的改变莫过于取消职前教师教育的国家课程，代之以更为简洁明了的标准。① 该标准适用于所有培训项目的受训教师。标准没有设置课程，也没有规定培训应该如何组织或运行，仅仅从"最低法律标准"这一层面对职前教师教育做出了规范性约束。《合格任教》在 4/98 通告的基础上做了修订与精简，将授予合格教师资格的标准由 849 条简化为42 条，使得合格教师标准和职前教师教育要求的结构更清晰，内容更精练，实践更具操作性。②

表 3 - 1　2002 年《合格任教：合格教师资格标准与职前教师教育要求》

合格教师资格标准	职前教师教育要求
S1 专业价值观与实践（8 条） S2 知识与理解（8 条） S3 教学 　S3.1 规划、期望与目标（5 条） 　S3.2 监督与评估（7 条） 　S3.3 教学与班级管理（14 条）	R1 受训者遴选要求（8 条） R2 训练与评估（6 条） R3 职前教师教育伙伴学校管理（3 条） R4 品质保障（6 条）

如表 3 - 1 所示，政府为了更清晰地对合格教师标准和职前教师教育要求进行阐述，将合格教师资格标准分为三个一级标准，每个一级标准分别对应若干二级、三级标准。职前教师教育要求分为四个一级标准和若干二级标准。

在合格教师资格标准中，S1"专业价值观与实践"标准是对 4/98 通告中合格教师资格标准的补充。以英格兰教学总会的专业守则为基础，对合格教师的教学态度和责任感进行了相关标准界定，包括如下 8 项二级标准：（1）对每个学生充满高期许。（2）一贯尊重和体贴地对待学生，关注学生作为学习者的发展动态。（3）应向学生展现并培养学生积极的价值观、态

① HARTLEY D. Repeat prescription：The national curriculum for initial teacher training ［J］. British Journal of Educational Studies，1998，46（1）：63 - 83.
② RICHARDS C，SIMCO N，TWISELTON S. Primary teacher education：High status？High standards？［M］. London：Falmer Press，1998：46.

度和行为。（4）与家长或监护人保持有效的沟通，认识他们在学生学习过程中应承担的责任和应享受的权利。（5）为整个学校的教育工作承担责任并做出相应贡献。（6）能够承认并理解学校其他专业人员对教学所做的贡献。（7）能够通过自我评估和主动学习来提高自己的教学能力，对自己的专业发展承担越来越大的责任。（8）认识和遵守与教师职责有关的法定框架，并遵循这个架构开展工作。① S2"知识与理解"标准要求新资格教师对所教科目足够了解，具备权威性的自信，足够了解如何为学生设定合适的目标，以及学生如何为了达到目标而进步。这要求合格教师确保其对所学科目知识技能的理解，同时了解和理解国家课程手册的价值观、目标、宗旨和一般教学要求，并顺利通过计算、读写和信息通信技术测试。S3"教学"标准主要要求掌握教学、计划、监督、评估和班级管理技能，旨在培养合格教师设置合理的班级和个人学习目标、制订计划、监督实施，以及及时评估并根据结果予以反馈和修改计划的能力。②

　　同时，教师培训署编制了一本手册，对上述标准进行配合性指导。第一部分包括一系列标准所要求的知识和技能的具体举例。教师培训机构可以利用这些事例更好地规划和开展职前教师教育课程，并检查培训的内容和质量。第二部分阐明了职前教师教育的要求，并提出了一些问题，供师资培训方在评估时参考。教育标准局也根据上述标准编制了一份职前教师教育检查手册。手册指出，全面检查的重点将放在受训者所达到的标准、管理和质量保证要求等方面。③

　　就职前教师教育本身而言，2002 年颁布的《合格任教》具有重要意义。首先，它为此后新工党领导下的职前教师教育发展提供了基本框架。其次，《合格任教》中规定的标准和要求为教育标准局制定督查准则和开展各种检

---

① TTA. Qualifying to teach：Professional standards for qualified teacher status and requirements for initial teacher training［R］. London：TTA, 2002.

② TTA. Qualifying to teach：Professional standards for qualified teacher status and requirements for initial teacher training［R］. London：TTA, 2002.

③ TTA. Qualifying to teach：Professional standards for qualified teacher status and requirements for initial teacher training［R］. London：TTA, 2002.

查提供了参考。随后，教育标准局根据新标准制定并出版了职前教师教育检查手册。此外，该标准首次附有教师培训署开发的指导手册，用来帮助教师教育者更深入地理解标准和要求。事实上，在实际操作中，它不仅仅是师资培训机构的指南，还是教育标准局进行监督和检查的关键文件。约翰·富隆认为，《合格任教》政策的出台意味着政府将职前教师教育作为挑战教师自主权的着手点，同时标志着政府向教师自主权"更直接的干预策略"的转变。政府设计了一系列说明性的策略，包括干预如何教学的详细过程，不仅针对接受职前教师培训的教师，更针对所有教师。①

（三）《2008 合格教师资格标准和职前教师教育要求》：标准的进一步完善

1. 出台背景

2005 年大选如期而至，工党获胜，继续执政。两年后，布莱尔辞去党魁及首相职位，原财政大臣布朗上任。布朗在竞选新工党领袖的宣言中强调，他将走出一条不同于布莱尔的执政新路。他谈道："托尼·布莱尔以卓越、勇气、热情和远见领导了我们的国家十年。而今后几周和几个月里，我的任务是证明，我有新观点、见解和经验获得英国民众的信任，如今（英国）有新的执政重点，而我将在这一时刻成为新领导人。"②

实际上，布朗有关教育的规划基本沿袭了布莱尔时期的核心主旨。首先，努力扮演政府的"教育服务"角色。其次，继续以中小学教育改革为主要任务，进一步推动终身学习体系建设。在具体变革中，布朗上台后随即将原本的教育与技能部拆分为"儿童、学校和家庭部"与"创新、大学与技能部"。儿童、学校和家庭部颁布了《儿童规划：建设更美好未来》和《你的孩子、你的学校，我们的未来：建设 21 世纪学校教育制度》白皮书，对 0 到 18 岁儿童的事业与基础教育发展做了未来 10 年的战略规划。突显出

---

① FURLONG J. Globalisation, neoliberalism and the reform of teacher education in England [J]. The Educational Forum, 2013, 77 (1): 28–50.

② ［英］弗朗西斯贝·克特·戈登·布朗：他的过去，现在和将来 [M]. 王法，王艾婷，等译. 上海：上海远东出版社，2009：138.

重视基础教育的优质与均衡发展，致力于不让一个孩子掉队的核心目标。①创新、大学与技能部发布了《创新国家》白皮书，以广泛的视角勾画和阐述了英国的创新国家战略，在高等教育、继续教育，以及年轻人教育三个不同教育领域制定了创新人才培养战略。概言之，布朗政府在基础教育阶段，仍将"标准"与"技能"作为改革关键词。在高等教育阶段，则将"创新"与"技能"作为改革关键词。这对属于高等教育同时也服务于基础教育的职前教师教育造成了很大影响，这一时期的职前教师教育更加注重专业标准与专业技能的培养。

此外，2006 年布莱尔政府对《合格任教（2002）》进行了修订，颁布了《2006 合格教师专业标准与职前教师教育要求》（以下简称 2006 标准），此文件也成了布朗政府制定合格教师标准的参照标准和基础。2006 标准将《合格任教》中的"专业价值观与实践"改为"专业素质"，包括与儿童和年轻人的关系、架构、与他人交流、工作，以及个人专业发展；"知识与理解"改为"专业知识与理解"，包括教与学、评价与监督、学科与课程、读写、计算与信息通信技术、成就与多样化，以及健康与幸福；"教学"改为"专业技能"，包括规划、教学、评估、监督与反馈、学习环境，以及团队合作。②从一级标准表述的变化可以发现，新工党政府越来越重视职前教师教育专业精神的培养，新的教师教育专业化进程也在逐渐推进。同时，职前教师教育要求也发生了些许变化，由原本 4 个一级要求缩减为遴选要求、培训要求、管理及品质保障要求，原一级要求"职前教师教育伙伴学校管理"划分为"管理及品质保障要求"的二级要求。整体标准数量也从 2002 年的 51 条精简为 33 条。2008 年，新上任的布朗便以 2006 标准为基础，进行修改和增订，发布了布朗时期第一个（也是新工党政府时期的最后一个）合格教师标准——《合格教师专业标准和职前教师教育要求》（以下简称 2008 标准）。

---

① WHITTY G. Twenty years of progress? English education policy 1988 to the present［J］. Education Management Administration & Leadership，2008，36（2）：165－184.

② TDA. Professional Standards for Qualified Teacher Status and Requirements for Initial Teacher Training［R］. London：TDA，2006.

2.《合格教师专业标准和职前教师教育要求（2008）》的具体内容

2008 年，教师培训与发展委员会结合《2007 英格兰普通教师专业标准》,① 在"2006 标准"的基础上进一步修改，最终发布《合格教师专业标准和职前教师教育要求（2008）》。合格教师专业标准依旧分为"专业素质""专业知识与理解""专业技能"三大范畴。"专业素质"标准主要针对合格教师的专业态度与专业精神，要求教师具备与他人良好沟通、认真钻研专业知识，以及理解国家基础教育相关政策架构的能力。"专业知识与理解"标准则要求合格教师对自己所任教科目的专业知识掌握娴熟，可以在传授知识的基础上让受教者逐渐进步。此外，合格教师还需要理解如何为学生谋求福利，理解影响学生发展的不同因素，最终致力于学生的全面发展。"专业技能"即关于教学实践的标准，依旧包括规划、测评、监督、反馈和团队合作这几个方面。合格教师有责任建立一个有利于学习的环境，建立明确的课堂纪律框架，建设性地管理学习者的行为，促进其自我控制和独立性。

职前教师教育要求方面，依旧分为准入要求、培训要求与管理和品质保障要求三部分。较"2006 标准"作出的重要修改如下：第一，毕业后教授 3 至 11 岁年龄段的合格教师，英语、数学、科学三门科目都需要达到普通中等教育证书 C 级。第二，所有受训者在培训开始 28 天之内，需要到英格兰教师总会进行登记。第三，将基础教育分为 3 至 5 岁、6 至 7 岁、8 至 9 岁、10 至 11 岁、12 至 14 岁、15 至 16 岁、17 至 19 岁这七个年龄阶段，所有受训者必须修习横跨两个或以上连续年龄阶段的专业知识技能。第四，新增基于就业的教师培养方案（Employment-Based Programme）。②

---

① 2007 年，学校培训与发展处根据国家职业标准（National Occupational Standards）相关内容，在广泛征询各界意见的基础上颁布了《英格兰教师专业标准》，自 2007 年 9 月起实施。这套教师专业标准涵盖了教师的整个职业生涯，在原来合格教师资格标准的基础上，又增加了普通教师核心标准、资深教师核心标准、卓越教师标准、高级技能教师标准，不同标准相应地与薪资挂钩。所有参加职前教师教育者必须在英格兰教学总会注册，经培训达到合格教师资格标准后，方可以新合格教师（Newly Qualified Teacher, NQT）身份到中小学参加为期一年的入职期试用。入职期结束后，达到普通教师核心标准的新合格教师方能成为正式教师。

② TDA. Professional Standards for Qualified Teacher Status and Requirements for Initial Teacher Training [R]. London：TDA, 2008.

综上，新工党通过对合格教师资格标准的不断完善和修订，最终确立了职前教师教育课程、教学、实践等方面的具体化标准，也实现了现代化教师的新专业化转向，保障了职前教师教育与国家基础教育方向的一致性。

二、拓宽合格教师准入途径

新工党执政初期，英国经济状况良好，失业率逐年下降。然而，师资培训面临着招募危机。在数量上，合格教师供不应求，职前教师教育课程申请人数不足。同时，这一时期的英国就业形势良好，工商业对理工科目毕业生需求量大。因此，中小学数学、科学、信息技术等理工科目出现师资短缺状况。在质量上，现有师资培训途径对学制、时长的限制较多，经济补助相对较少，导致许多优秀毕业生无法选择从教。新工党政府对教育的大力重视也对合格教师做出了更严格的要求。加之受新自由主义经济理念的影响，新工党政府十分重视市场调控的作用。在新工党政府执政期间，一直鼓励职前教师教育"提供者"之间的竞争，在职前教师教育方面建立竞争性的市场。因此，开辟多样化的合格教师准入途径也由此成为新工党时期职前教师教育政策的特点之一。[①] 对 SCITT 计划的持续支持有助于培养更加符合合格教师标准、具备教学能力的合格教师。"基于就业"的职前教师教育项目可以吸引年龄较大的申请者（包括已经成家或者非师范专业却希望改行从教的人）加入教师队伍，缓解个别科目师资短缺的情况。

（一）对 SCITT 计划的继续支持

SCITT 计划发起于梅杰政府时期，该计划允许中小学完全脱离高等教育机构，直接受政府资助而制定本校培训方案。然而，该计划在梅杰政府时期的实施效果和参与规模都不尽如人意。如图 3 - 1 所示，1993—1997 年间，参与 SCITT 计划的人数缓慢增长。然而，新工党执政期间，SCITT 计划参与人数实现了翻倍式增长，由 1993 年 250 人发展至 2007 年 1650 人。此外，该计划最初旨在培养中学教师，1997 年以后，培养小学教师的比例逐渐增加。在新工党政府的领导与支持下，SCITT 计划发展规模愈加庞大，成

---

① FURLONG J, MCNAMARA O, CAMPBELL A, et al. Partnership, policy and politics：Initial teacher education in England under New Labour [J]. Teachers & Teaching, 2008, 14 (4)：307 –318.

为新工党政府培养合格教师的主要途径之一。①

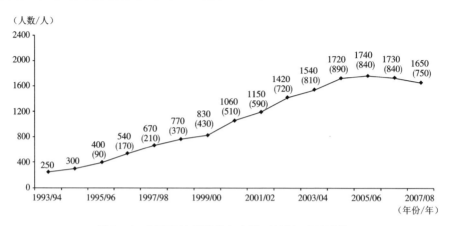

图 3 - 1 SCITT 计划的参与人数（1993—2008）②

新工党政府在上台之初发布的《教师：迎接变化的挑战》就明确表示出对基于学校的职前教师培训予以支持和鼓励。究其原因，除了受保守党政府政策影响外，还有国际化背景下其他国家的影响。当时美国也出台了类似计划，专门设立了职业发展学校（Professional Development School）来培训新教师，促进教师专业化，提高教师实践技能和学生的成绩。③ 同时，新工党政府吸取了保守党时期实施 SCITT 计划的经验与教训。为解决中小学的沉重负担，新工党政府努力创建一个支持成人和儿童持续学习的社区环境。这种社区的特点包括开放性和合作性，这使得有经验的教师和受训者可以互相学习，这样的社区为教师和受训者提供了观察彼此实践的机会。SCITT 伙伴学校也可以将学员纳入学校自己的 INSET 项目④，并通过正式和非正式的讨论来支持他们的学习。同时，受训者成为培训学校教学团队的一部分。在这所学校实习一整年使受训者能够参与该学校全部课程，成为学校

---

① GILROY P. New Labour and teacher education in England and Wales：The first 500 days [J]. Journal of Education for Teaching, 1998, 24 (3)：221 - 230.

② UN YOUNG JEONG. Teacher policy in England：An historical study of retrospect to changing ideological and socio-economic contexts [D]. Bath：University of Bath, 2009.

③ COLES M. The National SCITT [J]. Education 3 - 13, 2000, 28 (1)：55 - 59.

④ INSET 项目即 In-service Education and Training，是英国政府旨在促进在职教师培训与持续发展的项目。引自：WILLIAMS M. In-Service education and training, policy and practice [M]. London：Cassell, 1991：1.

的一部分，并在为儿童提供长期学习计划的背景下学习。因此，SCITT 计划实施的过程也可以视为成人和儿童分享专业知识，共同学习成长的过程。① 这种改变也使得中小学认识到成为培训学校所能获得的效益。通过参与 SCITT 计划，这些学校获得了教师培训机构为每个学生分配的大部分资源，新工党政府对质量的标准化要求也督促着中小学提供稳定且优质的教学服务。

从职前教师教育发展的角度看，长久以来关于职前教师教育的理论与实践、培训与教育、基于高校与基于中小学的争论在 SCITT 计划中得到了回应。新工党政府对 SCITT 计划的重视表明了政府将优先考虑实践、培训和校本职前教师教育。于教师而言，SCITT 这种基于实践的培训方式促使他们通过不断质疑自己的实践并加以改进而获益，这也有利于新工党所期望的"实践反思"教师专业精神的建构。SCITT 计划的倡导者大卫·哈格里夫斯认为："从教师的角度来看，参加 SCITT 计划的优势很简单，他们可以通过不断回顾自己的实践来取得进步。"② 中小学也由此变成了一个学习组织，培养下一代教师是其职业发展的驱动力。在培训教师的过程中，学校、教师、受训者、学生均可作为学习共同体一起互相学习，相互受益。

从政府的角度来看，随着 SCITT 计划的引入，中小学作为一种新的教师培训机构，与传统的教师教育提供者——高等教育机构产生了竞争关系，这正是新工党政府鼓励职前教师教育"竞争市场"建立的举措之一。在政府设计的这些职前教师教育新途径中，学校是关键的代理机构。为此，政府强烈支持中小学参与职前教师教育的各个方面。更重要的是，自从中小学引入国家课程以来，中小学课程中渗透着政治的干预。③ 服务于中小学合格教师在应然和实然状态下都应与中小学课程发展趋势保持一致。因此，中小学成为职前教师教育的最佳场所。

（二）开发更多弹性制的 PGCE 模式

自 1980 年 PGCE 课程成为提供合格教师的主要途径以来，其地位不断提升。如图 3-2 所示，BEd 模式培养的合格教师人数从 1994 年的 9350 人下降到 2007 年的 5900 人。与此同时，PGCE 模式培养的合格师资人数呈现

① WHITTY G. Teacher professionalism in new times [J]. Journal of In-Service Education, 2000, 26 (2): 281-295.

② HAMMERSLEY M. Educational research and teaching: A response to David Hargreaves' TTA lecture [J]. British Educational Research Journal, 1997, 23 (2): 141-146.

③ COLES M. The National SCITT [J]. Education 3-13, 2000, 28 (1): 55-59.

出大幅度增长趋势。尤其在 2003 年，PGCE 模式培养的教师数量是 BEd 教师数量的三倍多。究其原因不难发现，由于中学数学、科学、现代外语和技术等科目的师资短缺严重，从 1999 年 9 月开始，政府采取了如学生培训助学金、机构补助财政等激励措施鼓励更多毕业生通过 PGCE 这种快速有效的模式填补以上科目的教师空缺。① 这一举措也导致参与 BEd 模式人数的下降。然而，BEd 模式的逐渐没落表明，新工党政府理想中的教师正在逐渐成为一种研究生职业。政府渴望开发更多适合不同资质从教者的 PGCE 项目。一方面，可以加强职前教师教育领域"提供者"之间的竞争，构建符合新工党意识形态的合格教师培训体系；另一方面，可以针对性地培养适用于更多科目的合格教师，从而提升教师质量和教育质量。为此，2000 年 10 月，教师培训署推行"弹性 PGCE"计划，即基于就业的职前教师培训（Employed-based Initial Teacher Training）。其基本原理是将基于就业的课程迅速引入教学领域，为那些由于个人情况而无法学习标准的一年制 PGCE 课程的学生提供从教机会。新途径将为不同学员量身定做培训计划，允许学员在一年中的许多不同时间开始或结束培训，并持续足够长的时间，使他们达到国家标准。② 由此，旨在吸引有能力的毕业生从事教师职业"快速通道（Fast Track）"和基于就业的"GTP""先教后学（Teach First）"政策应运而生。（见图 3-2）

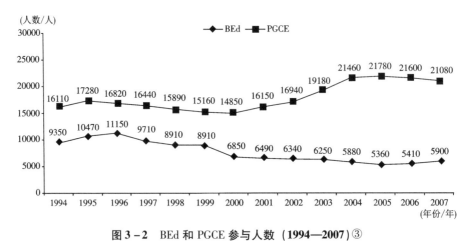

图 3-2　BEd 和 PGCE 参与人数（1994—2007）③

①　DfEE. Excellence in Schools［R］. London：TSO. 1997.

②　TTA. Designing Training to Meet Individual Needs.［R］. London：TTA. 2001.

③　UN YOUNG JEONG. Teacher policy in England：An historical study of retrospect to changing ideological and socio-economic contexts［D］. Bath：University of Bath，2009.

Fast Track 计划出台于 2000 年，其最初目的是通过提供优质职业和升职空间来吸引一群有能力的毕业生和渴望改行从教的优秀人才。① 对于许多已经取得合格教师资格的毕业生而言，Fast Track 被视为一种精英计划。2001年9月，首批 Fast Track 培训教师被招募并分配到"1号队伍"，该队伍的成员将获得额外的经济奖励和入职后的晋升发展机会。② 值得注意的是，Fast Track 是首个由地方教育局直接发起和资助的计划，其目的是进一步推动教师队伍的现代化和教师职业地位的提升。然而，由于较高的经济成本和较低的入职率，几年后该政策逐渐发展为一项在职课程。自 2005 年以后，Fast Track 一直是一个供在职教师晋升的领导力项目。

大学毕业生教师方案（Graduated Teacher Programme，简称 GTP）出台于 1998 年，针对年满 24 周岁的大学毕业生而设计，他们的学士学位、教育和工作背景为他们所选择的教学阶段或任教学科提供了基础。同时，该方案的出台还为了满足那些不愿意开设 SCITT 项目，希望通过其他途径培训服务于本校的合格教师的中小学。该项目规模在基于就业的培训路径中处于领先地位，2000 年时参与名额就高达 1680 人，2007 年增长至 5300 人。虽然正常的培训时间为一年，但也可以根据个人的需要和情况灵活安排。并且，在培训期间，学校为准就业者提供薪资。从 2000 年 9 月开始，教师培训署负责补助如 GTP 学员等担任学校正常编制以外的受训人员津贴，补助金额高达 13000 英镑每人每年。这一策略也促使越来越多的毕业生参加 GTP计划，中小学某些科目所短缺的师资也在短时间补充到位。

"先教后学"（Teach First）计划始于 2003 年，也是一项基于就业而开展的计划，旨在招募能力出众、具备学科背景但非师范专业的毕业生。受训者必须在没有职前教师教育背景的情况下，于教学环境具有挑战性的中学任教两年。在正式任教之前，受训者将先参加为期 6 周的住校培训，简单高效地学习教学基本原理。第一年受训者受雇为该项目所承认的"不合格教师"，经过为期一年的实践训练和学习，考核合格后获得"合格教师"资

---

① KING S. Becoming a fast track geography teacher. What does it mean？ ［J］. Geography：An International Journal，2006，91（2）：99 – 108.

② UN YOUNG JEONG. Teacher policy in England：An historical study of retrospect to changing ideological and socio-economic contexts ［D］. Bath：University of Bath，2009.

格。选择继续留任的受训者获得"新合格教师（New Qualified Teacher）"资格，选择离开的受训者也可自由从事其他行业。该计划将培训内容与任教科目相结合，目标除了培养合格教师，缓解师资紧缺情况外，还希望受训者通过该方案成为行业领袖。此外，该计划借鉴了 20 世纪 90 年代美国施行的"为美国而教（Teach for American，TFA）"计划，以至于 Teach First 计划与 TFA 计划有诸多相似之处。① 不同的是，Teach First 计划是由高等教育机构提供认证，由教师训练与发展委员会和儿童、学校与家庭部辅助支持。

计划起初以伦敦地区中学为实施对象，由坎特伯里基督教大学提供认证，招收的第一批学员人数为 170 名。戈登·布朗上台后，继续拓展该计划的规模。从伦敦扩大至西北和中部地区，从 170 人扩招至 350 人。2006—2007 年间，教育标准局对伦敦地区 Teach First 方案的实施情况进行审查评估。评估结果显示，210 名受训者中，约一半获得合格教师杰出成绩，约三分之一获得良好成绩，其余为合格。同时，在完成两年培训获得合格教师资格的学员中，有一半选择继续第三年的教学。虽然该计划规模不大，但对新工党政府来说意义非凡。正如索伦森所言，该计划满足了 1998 年"绿皮书"中提出的三条新工党教育政策主线任务："开设更多基于学校的项目、招收成绩优秀的毕业生、重点关注面临招生困难的学校。"②

至此，新工党领导下的合格教师培训途径共计 5 种，包括传统高等教育机构主导的文/理学士合格教师（BA/BSc QTS）、教育学士（BEd）、研究生教育证书（PGCE）和新开辟的学校主导的 SCITT 计划，以及涵盖 GTP、Fast Track、Teach First 计划在内的就业本位职前教师教育方案。据官方统计，直至 2007 年，高等教育主导的传统培训途径学员数占全国总名额的 85%，其中 PGCE 计划占 59%。此外，SCITT 和就业本位计划的学员数

---

① "为美国而教"（Teach for American）是美国一项旨在吸引各个专业优秀、有活力、有能力、具有领导才能和献身精神的大学毕业生到中小学执教的计划，目的是让全国的儿童特别是贫困地区的儿童获得平等的受教育机会，参加该计划的志愿者将在办学条件较差、师资紧缺的学校任教两年，两年后可根据自己意愿留任或离开。"为美国而教"招募的学生来自各个学科领域，如数学、科学、文学、商业、行政管理学、教育学等。同时，考虑到数学和科学教师在美国学校中极为短缺，"为美国而教"团队还提供了特别的条件以吸纳数学和科学两门学科的学生。

② SORENSEN P. YOUNG J. MANDZUK D. Alternative routes into the teaching profession [J]. Interchange, 2005, 36（4）：371 - 403.

占 22%。

三、保障合格教师标准实施

保守党政府在执政期间，通过教师培训署和教育标准局的设立，成功建立起中央集权、标准统一的职前教师教育监督管理体系。继任的新工党政府在继承上一任政府成果的基础上，通过扩大教育标准局职责和改组教师培训署确保了合格教师标准的实施和新专业化教师的发展。[①]

在体制发展方面，教师培训署经历了 3 个不同的阶段：定型阶段（1994—1995 年）、扩大阶段（1996—2004 年）、新框架下的改革阶段（2005 年后），其机构名称也从教师培训署（Teacher Training Agency）变革为学校培训与发展署（Training and Development Agency for Schools，简称 TDA）。在新工党执政的十多年间，该机构始终在职前教师教育领域中扮演重要的中央代理机构角色，承担着政府赋予的监督、认证职责，其职责范围随着教育的发展不断扩大。

21 世纪初期，政府扩大了教师培训署的职责范围。首先，原本一直由教育就业部出台的职前教师教育合格标准改为由教师培训署发布、实施并进行监督和认证，教师培训署相继出台了 2001、2002、2008 合格教师标准。随后，新工党政府于 2002 年设立 SCITT 项目的"指定机构"（Designated Recommending Bodies，简称 DRB），成员包括高等教育机构、SCITT 伙伴学校和地方教育当局，教师培训署拥有指定机构的生源名额分配权和辅助财政拨款权。此外，教师培训机构还拥有就业本位师资培训项目的合格教师资格认证权。在布莱尔执政期间，教师培训署和教育标准局一直对师资培训机构施加压力，建立合格的质量保障体系，定期检查和评估各机构，并

---

① 《2006 年教育与督导法》规定将原教育标准局改组为教育标准、儿童服务与技能局（Office for Standards in Education, Children's Services and Skills）。原教育标准局成员可以转入新教育标准局。该局设立一名教育、儿童服务与技能皇家主任督学（Her Majestry's Chief Inspector of Education, Children's Services and Skills），具有对职前教师教育进行检查和督导的权利。2007 年，根据《2006 年教育与督导法》规定，教育标准、儿童服务与技能局成立。新的教育标准局除了承担原教育标准局的工作以外，还负责成人教育督导、儿童服务督导等职责，其职责范围涵盖所有儿童、青年和成年教育工作。

对表现不佳的机构予以公示和处罚。①

除职前教师教育的监督与认证职责外，教师培训署还提议实施"国家伙伴计划（The National Partnership Project）"，目的是促进全英国职前教师教育伙伴关系的确立与发展。计划将职前教师教育"提供者"（大学、中小学、地方教育当局）聚集在一起，分9个地区成立小组，每个分区有1名区域伙伴关系经理和1名区域伙伴关系委员，由教师培训署下设1名管理人员进行协调管理。官方预算约为每年17万英镑。该计划致力于提高学校的培训能力和教师教育质量，提升合格教师在教学中所需要的培训技能，设立共同导师培训方案，为学生设计常见的校本培训教材，与潜在的新伙伴学校开展"拓展工作"，为区内不同课程的学生提供专业训练课程支援，以及协调学校与学校之间的合作程序。有学者称，国家伙伴计划的出台确立了新工党领导下，职前教师教育治理型伙伴关系的确立。这种分区协调共同发展的方式也符合新工党"教育公平"的政策目标。② 2004年9月，政府决定再次扩大教师培训署的职责范围，从职前教师教育阶段延伸至新合格教师（NQT）和持续专业发展（CPD）阶段，从而形成英国合格教师职业生涯的质量监督与保障体系。

《2005年教育法》的出台将教师培训署改组为学校培训与发展署。即在原机构的基础上进行改革，在一个新的框架内运作。根据现代化战略，新工党政府将学校培训与发展署视为"现代化机构"，旨在确保整个学校系统的劳动力变化和发展基于统一标准。学校培训与发展署是一种受教育与技能部（Department for Education and Skills，DfES）控制的半官方机构，教育与技能大臣（Secretary of State for Education and Skill）负责任命学校培训与发展署的主席和其他工作人员。改组后的机构负责领域从职前教师教育扩大至中小学，改组目的是提升教学标准及中小学工作人员的工作标准，促进中小学工作人员的职业生涯发展，提升中小学工作人员的工作质量和效

---

① FURLONG J. Making teaching a 21st century profession：Tony Blair's big prize［J］. Oxford Review of Education，2008，34（6）：727－739.

② CAMPBELL A. MCAMARA O. FURLONG J，et al. The evaluation of the national partnership project in England：Processes，issues and dilemmas in commissioned evaluation research［J］. Journal of Education for Teaching，2007，33（4）：471－483.

率，以及确保中小学参与所有职前教师教育课程计划、实施与评价工作。此外，该机构需要监督中小学提供一系列扩展服务，如照顾孩子、成人教育、教育项目的支持、社区卫生和社会保健服务、团队和课外活动，以及提供更高标准的教育。

无论是教师培训署，还是改组后的学校培训与发展署，在保障合格教师标准化质量、确保合格教师供应、维系职前教师教育"提供者"之间良好的竞争与伙伴关系方面扮演着重要角色，其工作成果也被教育部长们称为工党政府的成功事迹之一。①

第三节　新工党政府职前教师教育政策中的利益博弈

受保守党政府的影响，新工党政府出台的职前教师教育政策一定程度上继承了前任政府的遗产。② 继续实施基于学校的教师培养模式，继续坚持国家监管和自由市场相结合的理念，继续开拓新的师资培训途径从而保持职前教师教育市场竞争性；继续加强教育标准局、教师培训署等中介机构的权力从而加强政府监控。③ 然而，正如约翰·富隆所指出，与之前相比，新工党时期的职前教师教育政策有连续性，但也做出了真正的改变。④ 在继承上述政策的基础上，新工党政府也颁布了自己的职前教师教育政策。创建合格教师标准，实现了职前教师教育从注重能力到基于标准的政策议题变迁。此外，随着新工党对教育愈加重视，职前教师教育不再是政府与高等教育机构为教师专业特性而进行政治斗争的领域，而是定义教学本质的

① GLENDENNING C, POWELL M, RUMMERY K. Partnership, New Labour and the governance of welfare [M]. Bristol: Policy Press, 2002: 7.

② FURLONG J. Globalisation, neoliberalism, and the reform of teacher education in England [J]. The Educational Forum, 2013, 77 (1): 28-50.

③ BURN K, CHILDS A. Responding to poverty through education and teacher education initiatives: A critical evaluation of key trends in government policy in England, 1997—2015 [J]. Journal of Education for Teaching, 2016, 42 (4): 387-403.

④ PHILLIPS R, FURLONG J. Education, reform and the state: Twenty-five years of politics, policy and practice [M]. London: Routledge Falmer, 2001: 129.

重要参照物。新工党政府希望通过职前教师教育来实现教师新专业化。政府加强控制的目的更多是为了服务基础教育，从而提升全民教育水平。在实现教师新专业化的过程中，也充满着执政党与教师意识形态之间的冲突与博弈。

一、新自由主义与教师意识形态的冲突

新工党政府执政之初所面临的最大挑战是现代化与全球化，而教育是应对这一挑战的核心。为了做到这一点，教育必须按照"新自由主义路线"重新塑造，教师职业也随之改革。新工党希望通过发展教师教育的"新专业主义"来确保教师接受政府规定的战略和目标，从而实现教师队伍现代化。

不同于保守党政府新右派意识形态对中央集权绝对性的强调，新自由主义意识形态注重权力下放与平等自由。教师专业化不再由课程领域控制，也不再以自主性和判断力为基础，而是以在竞争更激烈的环境中改善教师的地位、条件和经济奖励为依据。① 《教师：迎接变化的挑战》充分显示出新工党政府对重塑教师专业化的渴望，包括改善教师的公众形象、提升教师的职业吸引力和社会地位等。这一切与前任保守党政府对教师专业性的质疑、打压、干涉截然相反。这些创新标志着一场旨在重新发动教师专业精神运动的开始，从而迎接新世纪的新挑战。最为讽刺的是，新工党的举措还促使当时处于反对党地位的保守党重新发现了传统教师自治的优点，这正是 20 世纪 80 年代的保守党政府致力于推翻的规则。②

然而，新自由主义意识形态与教师意识形态的关系并不像新工党政府所表述的那样和谐。事实上，所谓新专业主义即服务于国家目标，符合新自由主义文化，是在"去专业化"基础上所形成的新专业化。在新工党政府出台的合格教师标准和英国教育标准局的新检查标准中可以发现，虽然

---

① MCCULLOCH G. The reinvention of teacher professionalism. in John Furlong. Education, Reform and state [M]. London: Routledge Falmer, 2001: 103.

② MENTER I, BRISARD E, SMITH I. Making teachers in Britain: Professional knowledge for initial teacher education in England and Scotland [J]. Educational Philosophy and Theory, 2006, 38 (3): 269 –286.

对核心要求的限定范围比以前有所缩小，但在语音阅读教学和对学生行为的管理等细节方面，教育部对其有了更严格的规定和监督。这也意味着，新自由主义意识形态指导下的新工党政府，所要塑造的教师新专业精神实际上是符合官方需求的"国家"职业精神，而非尊重教师专业性发展、符合教师需求的职业精神。正如英国教师教育领域学者杰夫·惠迪所述，新自由主义意识形态所强调的"权力下放"与学校体制改革的市场化做法一样。一方面，中央政府鼓励教师和学校承担更多师资培训的责任，发展属于自己的"专业主义"。另一方面，中央政府设定的合格教师标准和师资培训检查标准意味着教师职业自由实际上受到"评估要求"的严格限制。① 属于教师自己的专业主义实际上在中央政府规定的标准框架内发展和实施，受到新自由主义意识形态的约束。政府对如何教学和组织课堂进行了"规定性且详细的干预，挑战了教师的专业能力，剥夺了他们做出专业判断的权利"。②

在新工党政府的统治下，"标准化、清单式"的约束成为职前教师教育政策的主旨。约翰·富隆认为，标准化的职前教师教育政策和师资培训督查框架固然有一些积极的影响，可以在一定程度上促进职前教师教育和教师职业的现代化进程，确保职前教师教育质量的稳定性。然而，他也指出，一些全球教育水平领先的国家所采用的是对教师专业精神约束较少、充分尊重教师自主性的制度。例如，新加坡采用了一种更开放的教师专业主义形式，这让他开始思考，追求政府深入监管的新自由主义意识形态是否能顺利将教师塑造为 21 世纪的职业。③

此外，新自由主义政策强调在职前教师教育方面维持一个有竞争力的市场，这也是对前任保守党政府政策的继承。不同于保守党政府对市场的过分强调和依赖性，新工党政府意识到，市场不能脱离于政府，也无法只

---

① WHITTY G. Teacher professionalism in new times [J]. Journal of In-Service Education, 2000, 26 (1): 281 – 295.

② DOCKING J. New Labour's policies for schools: Raising the standard? [M]. London: David Fulton, 2000: 33.

③ FURLONG J. Making teaching a 21st century profession: Tony Blair's big prize [J]. Oxford Review of Education, 2008, 34 (6): 727 – 739.

靠市场提供正确的职前教师教育。因此，在新工党执政期间，职前教师教育提供者之间的竞争市场被视为一种治理工具。政府鼓励职前教师提供者之间的激烈竞争，因为这使政府有机会干预和监管职前教师教育，界定什么是职前教师教育，以及什么是专业实践。

这种政府的干预和界定，与教师自治的意识形态和属于教师的专业化定义有着极大冲突。也有学者认为，新工党"标准化"的要求和"市场化"的竞争实际上是在培养合格教师不加批判地以政府规定的方式"传授"政府规定的课程，从而塑造一种新自由主义的、功利主义的教师专业化。①

二、教师与中央政府之间的利益博弈

自撒切尔夫人执政起，中央政府一直致力于设立半政府形式的代理机构，代替中央政府监督和管理教师行业，逐步挑战教师的课程、培训、教学自主权。这种做法也一直遭到教师教育者的反对，全国教师工会曾多次发表声明，请求政府废除教师培训署。新工党在 1997 年大选之际，也曾公开承诺废除教师培训署，然而，在其执政期间非但没有履行承诺，反而不断扩大教师培训署的权力范围。教育标准局与教师培训署改组成的学校培训与发展署作为中央政府监管和干涉职前教师教育的代理机构，合法地表达和满足了中央政府的利益诉求。② 以上行为对教师利益损伤颇大。许多教师坚持认为，只有学校和教师拥有更大的专业自由和自主权，才更有可能提高标准和专业水平。教师们认为，他们需要政府更加重视，需要更好的领导、管理、评价和奖励体系和更好的代表团体。最终，在教师们的不断发声之下，新工党政府于 1998 年通过《1998 教学与高等教育法》宣布设立英格兰教学总会（The General Teaching Council for England，GTC）。这也代表着教师与中央政府之间利益博弈的阶段性成果，教师的利益诉求得到了阶段性满足。

法律规定，英格兰教学总会是英格兰地区独立、非营利、致力于公共

---

① HILL D. Critical teacher education, New Labour, and the global project of Neoliberal Capital ［J］. Policy Futures in Education, 2007, 5（2）：204 – 225.

② LAWTON D. Education and Labour party ideologys, 1900—2001 and beyond ［M］. London：Routledge Falmer, 2005：144.

服务的自治性专业团体，具有法定咨询和管理权。① 与教师培训署和教育标准局不同，英格兰教学总会并不受政府控制，不具备行政属性，只对教学专业负责，但它有权向政府提出教师发展专业建议。作为教师专业团体，英格兰教学总会代表教师的利益，反映着教师的专业诉求，同时，也为家长、学生和社区提供公共教育服务，旨在不断促进教师专业标准的发展，保障合格师资质量。"成为一名注册的合格教师，是向市民和家长对教师队伍高素质作出的重要保证。"②

英格兰教学总会主要职责有两项。

第一，向政府提供咨询决策。《1998 教学与高等教育法》规定，英格兰教学总会有义务向教育大臣以及政府其他部门就以下方面提供政策建议和决策咨询：（1）教学标准；（2）教师的行为标准；（3）教学专业的角色；（4）教师的培养、职业发展及业绩管理；（5）教师录用；（6）其他与教学相关的事宜。因此，英格兰教学总会有权就职前教师教育招募、教师供给、教师职前和入职教育，以及教师专业发展等问题向教育与技能部或其他人士提供咨询，就相关政策向政府提供建议，反映教师的专业观点。同时，其也有义务通过对专业的管理，保障和保持已有的高专业标准。为实现上述权力和责任，英格兰教学总会应当充分吸收与采纳全国教师的观点和建议，利用教师的专业知识与教学经验进行汇总交流。为此，英格兰教学总会借助现代化的信息技术，与各种教师组织建立网络联系，同时设立"教学专业人员网站"，提供良好平台供教师们沟通交流，互利互进。

第二，监督和管理合格师资。《1998 教学与高等教育法》规定，英格兰教学总会有权对所有合格师资进行注册管理。该机构首席执行官基思·巴特利（Keith Bartley）表示："当你在 GTC 注册时，你就成为英国教学专业机构的一部分。"③ 具体包括起草教师执业守则和注册教师专业行为标准；取消不能胜任专业工作教师的注册资格；接受未能通过入职考核的新教师

① Parliament. Education Reform act 1988 ［R］. London：HMSO：1998.

② General Teaching Council for England. Teachers ［EB/OL］. （2011 - 01 - 10）［2019 - 10 - 02］. https：//www. gtce. org. uk/teachers/index. html.

③ General Teaching Council for England. Teachers. ［EB/OL］. （2011 - 01 - 10）［2019 - 10 - 02］. https：//www. gtce. org. uk/teachers/index. html.

的申诉。英格兰教学总会在成立之后发布了《合格教师专业守则》，该守则规定了合格教师应该具备的能力、责任和专业态度，也为《2002 合格任教》中"专业价值观与实践"标准的制定提供了参考和基础。自 2000 年起，完成职前教师培训的学员，还必须通过数学、读写、信息科技三门考试，最终由英格兰教师总会授予合格教师资格。

英格兰教学总会的成立在促进英国教学专业发展、制定职前教师教育标准、管理和保障合格师资质量等方面发挥着巨大作用，通过与教师之间的交流和联系，深入了解教学水平情况，并据此向政府和相关机构提出建议。更重要的是，英格兰教学总会的成立意味着教师的利益诉求开始受到政府正视，教师可以通过更多合法途径有效地表达自身利益诉求，也可以理解为这是教师守护自主权的重要途径。

第四章
联合政府时期的职前教师教育政策：
追求卓越

　　2010 年 5 月，英国迎来了又一次大选。此时的工党距离 1997 年托尼·布莱尔获得空前的大选胜利已有 13 年。工党 13 年的连续执政，使得政坛的政治钟摆效应显现。在多年执政过程中，工党积累了各种矛盾，不复以往的意气风发，疲态已现。保守党自卡梅伦上任后，竭力维护团结，力图在理论政策领域推陈出新，展现新形象，其民调支持率逐渐上升。因此，在 2010 年大选之中，保守党获得 307 个席位，得票率为 36%，工党获得 258 席，得票率为 29%。① 然而，位列第一的保守党未能获得过半数席位的支持，导致英国自 1974 年以来再次出现"悬置议会"局面。因此，两党联合政府成为当下的最佳选择。由于参选的第一和第二大党通常是直接竞争对手，它们联合的可能性微乎其微，第三大党的选择成为组建联合政府的关键。②

　　最终，得票率第三的自由民主党选择与保守党结成同盟，组建联合政府。这是二战后英国出现的首个联合政府，由保守党党魁卡梅伦担任首相，自由民主党党魁尼克·克莱格担任副首相。保守党原教育大臣迈克尔·戈夫出任新组建的教育部长。在野 13 年的保守党，又重新回到了执政地位。英国也开启了二战后首次两党共同执政的新篇章，职前教师教育亦是如此。

---

　　① 　BUTLER D, BUTLER G. British political facts ［M］. Basingstoke：Palgrave Macmillan，2011：271.

　　② 　李筠. 2010 年大选后的英国政党政治 ［J］. 国外理论动态. 2010 (9)：36 - 40.

第一节 联合政府时期职前教师教育政策的背景

联合政府的成立意味着二战后英国首次面临两个党派意识形态的联合领导，两党执政理念的差异和融合对这一时期各项政策的制定产生了很大影响。受到 PISA 测试排名连续下滑的冲击，联合政府更加意识到提升基础教育质量和教师质量的重要性，职前教师教育急需新一轮的改革。

一、联合政府的执政理念

2010 年 4 月，英国各党派竞选拉开帷幕。希望连续执政的工党、虎视眈眈的保守党和来势凶猛的自由民主党（Liberal Democrat Party）展开激烈角逐。① 当时英国受 2008 年银行危机的影响，经济环境每况愈下，经济复苏成为大选的关键问题。② 但教育作为国家振兴的根基，备受民众关注，因此也成为三大党派竞选纲领中最为关键的部分之一。保守党一针见血地指出："工党执政期间教育体制中的官僚作风日趋严重。应当适当下放权力给校长和学校，赋予其更多办学自主权。"工党"坚信英国基础教育已经得到巨大改善，继续坚持深化教育尤其基础教育改革，加大教育财政投入，确保教育机会公平"。自由民主党"同样支持赋予学校和校长更多的办学自由，其目的在于增强教育创造性。同时，希望颁布教育自由法案，禁止政府过多干涉学校"。③ 最终，获得306票的保守党和获得57票的自由民主党组成联合政府，保守党领袖戴维·卡梅伦出任首相，自由民主党领袖尼克·

---

① 自由民主党前身为自由党，自 1918 年大选开始便一直是除保守党、工党之外英国的第三大政党。1981 年，自由党分裂为两派。一派为首相阿斯奎斯的支持者，另一派则支持继任首相劳埃德·乔治。1981 年，一些工党右翼议员对党内日渐左倾的政策方针感到失望，于是组建了社会民主党。1987 年大选后，社会民主党和自由党的领导人物迫切希望两党合并，最终于 1988 年合并成为自由民主党。引自：［英］丹尼斯·卡瓦纳. 英国政治：延续与变革［M］. 刘凤霞，张正国，译. 北京：世界知识出版社，2014：186.

② FURLONG J. Education：An anatomy of the discipline［M］. London：Routledge, 2013.

③ First prime ministerial debate［EB/OL］.（2010 - 04 - 15）［2019 - 11 - 01］. http：// news. bbc. co. uk/2/shared/bsp/hi/pdfs/16_ 04_ 10-firstdebate.

克莱格任副首相。由于英国保守党和自由民主党在意识形态及改革主张上存在不少分歧，因此，联合政府所出台的政策是两党执政思想的折中与调和。

（一）两党理念之差异

从意识形态上看，已经连续三次败选的保守党全员充斥着一种"卷土重来"的迫切感，渴望重新夺回政权。深入分析败选教训后的保守党民众也深知，重整旗鼓的前提是摆脱 20 世纪"撒切尔主义"带来的各种纷争。在撒切尔离职后的"后撒切尔主义"时代，她的新右派意识形态一直深刻影响着党内政治，也使保守党一直沉溺在无休止的意识形态纷争中。① 此时，对保守党人来说，对执政地位的追求已经逐渐重于对意识形态的坚守。因此，在党魁选举时，党民们更偏向于具有较少意识形态色彩，坚持实用主义的改革派人物卡梅伦。继承保守党右派传统，更多地转向中间立场，同时具有社会自由主义倾向的卡梅伦所带领的保守党重拾实用主义，以独具特色的"中间偏右"意识形态指导着政治、经济、教育变革。自由民主党奉行的则是自由主义意识形态。2007 年，克莱格成功当选为党魁后，便宣称自己"既是一个社会自由主义者，又是一个经济自由主义者"。② 这也表明，自由民主党秉持的是"左右之间"的中庸意识形态。

从政党性质上看，保守党属于"中右"政党，自由民主党属于"中左"政党。这导致二者在经济、外交、教育理念上存在较大分歧。在经济政策上，两党关于削减财政赤字问题的目标基本一致，但希望采取的措施及立场有着很大不同。在外交问题上，卡梅伦希望英国保持独立性，不加入欧元区。而克莱格希望英国能与欧洲其他国家进行更密切的交流，并加入欧元区。在教育问题上，就教育发展理念而言，保守党强调"教育效率"，主张加强国家管控，通过提供更优秀的师资和设定更为严格的纪律、恢复严格的课程与考试制度、使家长拥有择校权等政策手段来提高教育质量。同时，兼顾"教育公平"。他主张提高所有学生的成绩水平，尽量缩小贫富地区之间的教育质量、教学条件差距，并将学校改革方案作为其扶贫战略的

---

① 谢峰. 英国保守党领袖选举研究：制度变迁与政治发展 [M]. 南京：江苏人民出版社，2013：167.

② GRIFFITHS S, HICKSON K. British party politics and ideology after New Labour [M]. Basingstoke：Palgrave Macmillan，2010：184.

重要组成部分。但介于经济危机的影响，应适当缩减教育开支。自由民主党的主要党内成员是工商从业者、律师、教师等，代表中小资产阶级的利益。它既强调"社会公正"，又强调"个体自由"。① 因此，强调自由、公正、立志于建立公开、自由、公平的社会的自由民主党首先强调"教育自由和公平"，表示要减少政府对学校的政治干预，增强办学自由。其次，为所有学生提供公平的开端、最优质的受教育机会，增加对最贫困学生的资助，让每位孩子受到卓越的教育。此外，自由民主党也注重"教育效率"。主张通过制定更高的教育标准、增加教育财政投入等政策手段来追求高质量的教育。

（二）两党理念之融合

基于两党之间对公平和效率的共识，2010 年 5 月，联合政府提出了以"自由、公平、责任"为核心的施政纲领，开启了新一轮的改革。事实上，担任联合政府首届教育部部长的迈克尔·戈夫为保守党议员，这导致联合政府的教育政策更多地受保守党理念影响。

经济改革方面，联合政府首先大力削减公共部门的开支，对社会福利系统进行大规模整治，促使享受国家福利却待业在家的民众出门就业。其次，进行大规模的基础设施建设。据统计，联合政府执政四年内在交通、住宅、新能源等方面投资高达 4660 亿英镑。同时，首相卡梅伦有效引进外资，给经济建设注入资金支持，并鼓励企业创新，对高科技领域进行财政和税收支持。利物浦大学政治学教授乔纳森·汤奇表示，自 2010 年以来，卡梅伦领导的联合政府采取了一系列财政紧缩和经济刺激政策，英国得以顺利走出经济危机阴霾，经济稳步发展。②

教育改革方面，联合政府郑重承诺对学校教育进行全面改革。"我们需要对学校制度进行深入改革，赋予学生及家长更大的择校权，以应对英国基础教育不均衡的问题。每一所学校都应当具备优质教学及标准。"③ 在基础教育政策上主要沿两条路径展开。一条是深化放权，促进学院式学校

---

① 崔士鑫. 历史的风向标：英国政党竞选宣言研究（1900—2005）［M］. 北京：北京大学出版社，2013：208.

② 邓永标. 卡梅伦新传［M］. 北京：中央编译出版社，2016：240.

③ HM Government. The coalition：Our programme for government［R］. Cabinet Office，2010.

（Academy）和自由学校（Free School）政策的落实。另一条则是延续工党所推行的保底性和提升教育质量的相关政策。① 在教师教育方面，联合政府提出要把教育体系建立在真正卓越的基础之上，对失败教育采取零容忍态度，为每位儿童提供世界一流的教育。因此，提升教师教育尤其职前教师教育标准势在必行。此外，联合政府还希望寻求其他方式以提高教师队伍素质。针对英国基础教育的短板，吸引更多一流的数学和科学学科毕业生进入教师队伍。

二、基础教育质量的持续下降

自21世纪起，经合组织每三年举行一次国际学生评估测试（The Program for International Student Assessment，以下简称PISA），评估学生分析和应用知识的能力，其结果可以帮助各国全面了解本国基础教育现状与国际水平，并根据学生PISA测试结果的国际比较，反思本国教育的薄弱点与优劣势，针对性地实施改革措施。②

表 4-1　2003—2009 英国 PISA 测试排名

年份	科目		
	数学	阅读	科学
2003	8	7	4
2006	24	17	14
2009	28	25	16

如表 4-1 所示，21世纪初，英国的数学、阅读、科学三门科目的教育质量不容乐观。一方面，2003 至 2009 年期间，英国 PISA 测试的国际排名呈现持续性下降趋势；另一方面，2006 和 2009 年的测试结果显示，英国学生成绩的国际排名均未进入前十，甚至处于二十名开外的水平。这也意味着，无论是教育发展现状，还是国际竞争水平，英国基础教育都面临着一定危机。

---

① 李建民. 英国基础教育［M］. 上海：同济大学出版社，2015：35.

② 该项目是经济合作与发展组织（OECD）进行的15 岁学生阅读、数学、科学能力评价研究项目。2009 年的主要领域是阅读，包括美国、英国、日本、巴西，以及中国香港在内的 65 个国家和地区的学生参加了测评。

在此情形下，民众对前任新工党政府教育政策的实施效果展开了激烈抨击，社会各界要求对基础教育进行全方位改革的呼声日益高涨。测试结果表明，教育成功国家和地区的基本经验主要体现在建设高质量的师资队伍、保证教育体系的公平性、创设满足不同学生需求的学习环境三方面。①在 PISA 历届测试中排名稳定靠前的芬兰和韩国相当重视职前教师教育，严格保持教师准入资格的高标准。在职前教师培训生源筛选方面，基于"卓越"标准，韩国和芬兰分别吸引成绩排名前5%和前10%的高中毕业生就读师范专业。② 一方面，从源头把关师资培训质量，从"卓越学生"中培育"卓越教师"，另一方面，准入门槛的高要求也能提高教师的社会地位，从而吸引更多优秀人才选择教师这一职业。教育部部长戈夫在报告中指出："在芬兰，职前教师培训学员通常在经验丰富教师的指导和监督下进行课堂教学实践。在新加坡，我看到学员们通过观察最为优秀的中小学教师来学习如何提高教学技能及加强管理技能。事实证明，以上国家的基础教育水平都超过了英国，他们对强化实践培训和职前、在职教师教育的重视，是取得成功的核心原因。"③

然而，教育标准局 2008—2011 年之间的评估结果显示，90%的职前教师教育培训机构均为"良好"及以上的水平。其中，49%的伙伴培训、36%的学校中心培训，以及18%就业导向的培训均被评估为"优秀"水平。④ 这一评估结果与 PISA 测试的结果十分矛盾，联合政府新上任的教育部长迈克尔·戈夫也表示，这一矛盾的产生是否因为职前教师教育评估标准过低。他认为应当适当提高职前教师教育评估标准和准入门槛，那些曾经被认证为"良好"等级的机构也应当及时提升，否则将失去认证资格。⑤

---

① 刘宝存，屈廖健. PISA2012 教育成功国家和地区的基本经验 [J]. 比较教育研究，2015 (6)：14 – 20.

② 王璐. 提升职业吸引力，提高职前教育质量：英国教师教育改革最新趋势 [J]. 比较教育研究，2012 (8)：20 – 24.

③ GOVE M. Michael Gove to National College [EB/OL]. (2011 – 09 – 13) [2019 – 10 – 31]. https：//www. gov. uk/government/speeches/michael-gove-to-the-national-college.

④ HMCI. Annual report of Her Majesty's Chief Inspector of education, children's services and skills [R]. London：Ofsted, 2011.

⑤ WHITTY G. Recent developments in teacher training and their consequences for the "University Project" in education [J]. Oxford Review of Education, 2013, 40 (4)：466 – 481.

因此，为解决以上矛盾，切实提高基础教育质量，实施以"教师和教学"为中心的教育改革已迫在眉睫。

基于此，联合政府于 2010 年 11 月命教育部出台《教学的重要性》（*The importance of teaching*）白皮书，提出"教学和教师质量是决定基础教育质量的核心因素"这一主要观点。正如教育部长迈克尔·戈夫在发表《教育：一种经济上的成功》演讲时指出："最成功的教育国家招募最优秀的教师，并为他们提供高质量的培训和专业发展，让他们在最具挑战性的学校里工作。我们学校教育的白皮书之所以被称为《教学的重要性》，是因为在改善教育方面，让每个孩子都有机会感受最好的教学、确保师生之间的每一刻互动都能产生成果极为重要。"① 白皮书的出台预示着在联合政府的领导下，教育体系尤其教师教育体系将会发生的新变革。同时，它概述了联合政府时期重塑教师专业化的计划，为未来基础教育和教师教育改革奠定了基础框架。②

基础教育方面，白皮书明确指出："扩大学校办学自主权是本届政府推行教育改革的重头戏"。③ 政府希望建立一种新的问责机制，减少政府对学校不必要的行政干预，确保学校享有越来越多的办学自主权。同时，政府将改革国家课程，新的国家课程突出学生对基础学科基本知识和核心概念的掌握与运用，但批准各校结合实际情况采用不同的教学方法。白皮书还宣称，将从推进课程评估改革、建立新型学校制度、加大财政经费投入等几个方面来着手推动基础教育的全面改革。教师教育方面，白皮书指出："创建世界一流的学校教育体系必须要有世界一流的教师队伍作为保障……教师素质是影响学校办学质量的最重要因素，决定着学生成就的好坏"。④ 这也意味着，政府从教师的专业特性和学生的学业进步层面判断教师的教学能力和水平，认为教师教育与学校教育之间形成了新的逻辑线索，即我

---

① GOVE M. Education for Economic Success［EB/OL］. （2011 - 09 - 15）［2019 - 10 - 31］. http：//www. education. gov. uk/inthenews/speeches/a0072274/michael-gove-to-the-education-worldforum.

② EVANS L. The shape of teacher professionalism in England：professional standards，performance management，professional development and the changes proposed in the 2010 White Paper［J］. British Educational Research Journal，2011，37（5）：851 - 870.

③ DFE. The Importance of Teaching：The school White Paper 2010［R］. London：DFE，2010.

④ DFE. The Importance of Teaching：The school White Paper 2010［R］. London：DFE，2010.

们需要培养何种学生—这样的学生需要如何进行教学—这样的教学需要什么样的教师—这样的教师如何培训。职前教师教育质量与学校教学质量紧密挂钩，也拉开了新一轮职前教师教育改革序幕。

为此，政府部门建议从提高教师准入门槛、开辟多元准入途径、保护教师合法权利、重视新教师在职培训等方面入手，改善师资队伍质量，培育优质教师。① 此外，白皮书鼓励开发更多的校本职前教师教育培训项目，建议建立一个全国性的教学学校（Teaching School）网络，以支持更多以学校为主导的教师教育项目开展。这类教学学校将会在他们的领域内承担起提供和保障职前教师培训的主要责任，政府还将资助他们为教师和领导提供专业发展。这一举措也与保守党长久以来希望创建学校为中心的职前教师教育体系的政治目的息息相关。同为保守党派成员的教育部长迈克尔·戈夫和尼克·吉布公开表示："我们将通过拓展现有的校本师资培训路径，为更多学员提供多元化的教师准入项目。"② 正如英国教师教育专家约翰·富隆所指出："白皮书的颁布标志着学校和教师教育进入新议程，大学在教师教育中的角色再一次发生变化。"③

三、经济危机导致高等教育财政补助紧缩

2010 年大选前夕，英国正经历着一场浩大的"后金融危机"。一方面，受到全球性经济危机的拖累，英国经济在过去两年出现连续六个季度的下滑，经济规模缩水 6.1%。同时，经济危机还导致英国失业率大幅上涨，截至 2010 年 2 月已经达到 8%。另一方面，英国政府面临着巨额公共财政赤字。据英国国家统计局报告显示，2009—2010 年度，英国财政赤字高达1528 亿英镑，打破了二战后的最高纪录。英国前财政大臣阿利斯泰尔·达林声称，如果英国经济复苏步伐过于缓慢，公共部门的财政状况将进一步

---

① BURN K，CHILDS A. Responding to poverty through education and teacher education initiatives：a critical evaluation of key trends in government policy in England 1997—2015 ［J］. Journal of Education for Teaching，2016，42（4）：387 – 403.

② CHILDS A. The work of teacher educators：an English policy perspective ［J］. Journal of Education for Teaching，2013，39（3）：314 – 328.

③ FURLONG J. Education：An anatomy of the discipline ［M］. London：Routledge，2013：135.

恶化，从而影响各类公共服务的财政拨款。

新上任的联合政府将财政缩减聚焦于福利开支与无谓的公共开支上，但优先考虑教育、国民医疗、学校，以及资本投资等领域以支持经济长期增长，开创一条使国家稳健地通向持续繁荣与公平的道路。在教育财政支出中，一方面政府加大了对基础教育和学校教育的财政拨款力度，包括增长 5 到 16 岁学生教育的预算、为所有家境贫困的 2 岁儿童提供免费早教服务、投入 158 亿英镑用于更新 600 所参与"建设未来学校"与"公办民营学校"计划的学校，以及增添 25 亿英镑的学生补助金用于支持最贫困地区的教育发展，让贫困地区的学生得以享受公平的学习机会。[①] 另一方面，政府却在缩减着高等教育的财政补助，这充分体现在本科生教学课程的公共补贴计划中。除了科学、技术、工程和数学（即 STEM 学科）这样与经济有直接联系的学科外，大学生必须通过复杂的贷款计划来支付他们大学教育的全额学费。此外，为了增加市场竞争，私立大学的数量有望增加。在学校部门，同样的原则支持建立公共资助的免费学校的承诺，在瑞典，家长和其他非营利组织现在可以申请建立国家资助的独立学校。所有现有的学校都可以申请成立学院，这样它们就完全独立于当地政府。[②] 教师教育方面，政府为鼓励学校领导的职前教师教育，决定兴建 500 所教学学校（Teaching School），专门用于培训教师。同时，为培育卓越教师，政府缩减了部分职前教师教育方面的开支，将其转移至在职教师教育的财政拨款中。

第二节　追求卓越的职前教师教育政策

新工党政府通过不断完善合格教师标准、拓展合格教师准入途径和保障合格教师标准实施建立了标准化的合格教师职前教育体系。然而，不断下滑的基础教育质量让联合政府意识到，原有教师标准和职前教师教育目

---

① GREK S, OZGA J. Governing education through data: Scotland, England and the European education policy space [J]. British Educational Research Journal, 2010, 36 (6): 937–952.

② FURLONG J. Education: An anatomy of the discipline [M]. London: Routledge, 2013: 138.

标已经无法满足当下基础教育的需求，英国需要重新制定更高的职前教师教育目标和培养标准。因此，联合政府提出培养"卓越教师"的发展方向，《培养下一代卓越教师》白皮书的颁布确立了新的培养目标，《2012 教师标准》和《卓越教师标准》的颁布确立了卓越化培养标准。

一、《培养下一代卓越教师》：培养目标卓越化

《教学的重要性》白皮书发布之后，首相卡梅伦再次强调："为了向顶尖教育水平国家看齐，我们唯一能做的就是借鉴他们的成功经验，吸引和保留最好的生源，确保他们接受高标准的专业培训，最终成为卓越教师。"①为呼应《教学的重要性》白皮书中提出的"提高职前教师教育受训者的选拔标准、开辟多元准入途径"，英国教育部于 2011 年发布《培养下一代卓越教师：实施计划》，其目的是提高教师地位，吸引更多优秀毕业生从教，拓宽中小学主导的职前教师教育培训途径，从而培育新一代的卓越教师。②其具体改革措施如下。

（一）加入技能测试，提高准入标准

《教学的重要性》白皮书要求教师必须在学科知识和专业背景、英文读写和计算能力、沟通技巧和人际交往这三方面核心素养达到优秀级别，因此，职前教师教育受训者的准入门槛也相应提高。首先，对学员普通中等教育毕业测试成绩做出了明确要求。受训者在该门考试中成绩必须达到优秀级别，且英语和数学这两门学科的成绩必须同时获得 C 级以上的等级。此外，选择教授 3 到 11 岁儿童的受训者，还需满足科学科目的成绩达到 C 级以上的要求，如此方可获取受训资格。其次，原本用于结束职前教师教育培训课程后，获得合格教师资格前进行的技能测试，现在成为教师培训的入学考试。即申请受训者在正式接受培训之前，必须通过相应技能测试，方可获取受训资格。学校培训与发展署开始对技能测试进行审查，并向师资培训机构详细说明技能测试的操作细节，以确保这些测试符合严格的读

---

① MCBEATH J. Education of Teachers：The English experience ［J］. Journal of Education for Teaching，2011，37（4）：377 - 386.

② DFE. Training our next generation of outstanding teachers ［R］. London：2011.

写和计算标准。同时，取消信息通信技术技能测试。文件宣称从 2012 年 4 月起，通过信息通信技能测试将不再是获得合格教师资格的必要条件。最后，白皮书强调了职前教师教育机构在选拔学员方面的核心作用，规定职前教师教育机构必须按照教育标准局和教育部合作设定的招聘标准进行招聘筛选，以保障具备丰富学科知识和教学资质的优秀人才获得受训资格。另外，学校培训与发展署继续努力，确保职前教师教育机构得以合理评估学员的非认知技能，如自我组织能力等。以上条例的变化从 2012 年 9 月起生效，适用于 9 月开始培训的学员。①

（二）增加培训项目，拓宽准入途径

如表 4 - 2 所示，卡梅伦执政初期，英国合格师资准入途径基本分为"高等教育机构领导（HEI-Led）"模式和"中小学领导（School-Led）"模式两大类。其中，高等教育领导模式即传统的学士学位课程和研究生教育证书课程模式。中小学领导模式则兴起于 20 世纪 80 年代，历届政府都主张不断扩宽此模式的路径，增加更多基于中小学的师资准入项目，联合政府也不例外。《培养下一代卓越教师》提出，教师培训的质量与高质量校本活动之间存在着密切联系。作为合格教师的雇主和就业点，中小学对职前教师培训至关重要，应该在教师职前的招聘、选拔和培训方面发挥更大的领导作用。因此，白皮书鼓励更多的大学效仿大学与中小学伙伴合作的整合运作模式，将职前教师教育的重点放至合格教师在实践教学中最需要的技能和知识上，以便于中小学更多地参与和领导职前教师教育项目。此外，白皮书还指出，鉴于新工党政府推动的 Teach First 项目在招聘优秀毕业生任教方面成效显著，联合政府决定进一步扩大该项目的规模，期望以此促进英国基础教育的均衡发展。在发动更多合作院校加入项目的同时，将此项目与基于就业的师资培训途径相结合，大力拓宽合格师资的准入途径，吸引更多优秀毕业生和转行者的参与，"学校直培（School Direct）"和"军转教师（Troops to Teachers）"项目由此应运而生。②

---

① DFE. Training our next generation of outstanding teachers［R］. London：DFE，2011.
② DFE. Training our next generation of outstanding teachers［R］. London：DFE，2011.

表4-2 联合政府时期英国合格师资培训途径

培训模式	主要途径内容
高等教育机构领导（HEI-led）的培训模式	教育学士学位模式（BEd）
	研究生教育证书模式（PGCE）
中小学领导（School-Led）的培训模式	以学校为中心的职前教师教育项目（SCITT）
	"先教后学"项目（Teach First）
	"学校直培"项目（School Direct）
	"军转教师"项目（Troops to Teachers）

1. "学校直培（School Direct）"项目

"学校直培"项目是联合政府为培养新一代合格教师所发起的职前教师教育项目。该项目在实施中共分为7个流程：注册、申请培训名额、招募学员、获得经费、培训、雇佣、审计与评估。即由一所或一组中小学主动向教学署提出申请参与项目，获批的学校有资格自行挑选受训者，提供职前教师教育的场所，同时选择具备资格的师资培训机构合作进行职前教师教育。一旦受训者完成培训并取得合格教师资格，学校将会直接录用受训者成为该校合格教师。在对每学年的学员培训情况进行审计与评估后，中小学可根据自身对教师的需求情况进行下一轮的项目申请，以一种不断循环的体系确保合格师资供应的延续性。① 在资金方面，如果参与该项目的受训者获得了教育部的培训补贴或助学金资助，教学署将额外向参与培训的机构发放财政补贴。此外，"学校直培"项目的招生名额不占用职前教师培训总名额指标。教育部在2012—2013年间提供500个"学校直培"项目名额，计划在之后几年进一步扩大名额数目和项目规模。②

以伯明翰大学为例。"学校直培"项目提供两类培训名额：（1）学校直接培训课程（无薪）。所有毕业生均可参加，学费由学员支付。伯明翰城市大学培训课程的费用为9250英镑。部分学员可申请学生贷款/助学金。（2）学校直接培训计划（带薪）。这是一个以就业为基础的教学途径，为有三年或三年以上工作经验的高质量毕业生服务。培训生将被学校聘为非正式教

---

① 王岩. 英国《培养下一代优秀教师实施计划》研究［D］. 重庆：西南大学，2014.
② DFE. Training our next generation of outstanding teachers［R］. London：DFE，2011.

师，学校将支付培训生工资。申请培训名额的条件如下：首先，必须获得英国高等教育机构颁发的荣誉学士学位，或提供受认可的同等学位，为小学教师的工作提供必要基础。其次，拥有英国普通中等教育证书（GCSE）中英语和数学 C 级或以上水平。最后，必须符合英国教育部对职前教师培训者的准入要求。学校的直接培训计划侧重于发展教学技能，所以在开始培训之前，受训者应该对想教的科目有一个深刻地理解。如果所修的学位课程与所选的教学科目没有紧密联系，则建议在开始培训前参加一门学科知识提升课程。

不同于其他基于学校的师资培训项目，"学校直培"项目的出台意味着中小学在职前教师教育领域地位的再一次提升，中小学开始拥有主动挑选受训学员和合作伙伴的权力，以及自行选择、培训和聘任理想合格教师的权力。① "该计划允许学校以它们希望的方式，在它们需要的学科和阶段，将顶尖毕业生培训为教师。他们也将能够选择他们想要合作的认证提供者——比如顶尖大学或教学学校合作伙伴，学校将在教师培训方面获得更多发言权。"② 这也意味着政府希望中小学在招募和培训新教师方面拥有更大的控制权，以此鼓励发展更多以学校为主导的教师培训伙伴关系，从而提高职前教师培训的质量。同时，白皮书指出，该项目让更多的中小学将有机会成为受认证的职前教师教育供应机构。③ 时任教育部长的迈克尔·戈夫在伯明翰举行的全国大学年会上谈道："这些变化对初级教师培训的影响将是革命性的。到本届议会结束时，超过一半的培训名额将由学校提供。"④ 参与该项目的学校有权直接向政府竞标培训名额，并且额外受到教学署的资金资助。原本的职前教师教育供应机构——大学，将通过参与"学校直

① JACKSON A, BURCH J. School Direct, a policy for initial teacher training in England：Plotting a principled pedagogical path through a changing landscape ［J］. Professional Development in Education，2016，42（4）：511 –526.

② DFE. New school-led teacher training programme announced ［EB/OL］. （2012 – 06 – 14）［2019 – 11 – 03］. https：//www. gov. uk/government/news/new-school-led-teacher-training-programme-announced.

③ DFE. Training our next generation of outstanding teachers ［R］. London：DFE，2011.

④ DFE. New school-led teacher training programme announced ［EB/OL］. （2012 – 06 – 14）［2019 – 11 – 03］. https：//www. gov. uk/government/news/new-school-led-teacher-training-programme-announced.

培"项目的方式增加中央财政拨款。这种变化不仅会大大减少大学的财政补贴，还使中小学成为职前教师教育课程的主要设计者和授课者，从而形成一个由学校主导，而非由大学主导的培训体系。

2. "军转教师（Troops to Teachers）"项目

受美国于1993年发起的"军转教师"计划影响，同时，为解决师资短缺问题，加大师资来源的多样性，英国教育部与国防部联合发起"军转教师"项目，于白皮书中正式发布。该项目旨在为优秀的退伍军人提供教师培训机会，并提供显著的额外福利，包括培训期间的工资、助学金和定制培训。① 白皮书明确指出，由于服役毕业生（Service Leavers）经历过军队的特定训练，拥有坚持不懈、高纪律性、高组织性等一系列军队优秀品质，因此，他们有能力与处境艰难的年轻学生友好相处，亦可成为卓越的教师及导师。在《学校白皮书》中，教育部承诺支持退伍军人将以上可迁移性技能与相关价值观传授至学校中，以此帮助或激励一些有特定困难的学生（如有畏难情绪或者反社会倾向的年轻人）合理面对困境，并走出困境。该方案的具体内容包括：（1）支持服役毕业生获得合格教师资格。（2）为服役毕业生提供一个新的角色——教师，让他们在校纪校规的规范方面发挥领导作用，并针对出现反社会倾向的学生进行教授与开导工作。（3）支持能力突出的服役毕业生直接升入学校领导职位。

就该计划的教育目的而言，军转教师计划能在一定程度上缓解教师短缺的问题，也开辟了多元化的师资供给路径。然而，在该项目开展过程中，英国民众一直对退伍军人的学术水平以及该项目的成本和产出表示担忧。据报道，自项目启动以来至2016年，共花费430万英镑，69名学员获得了教师资格。截至2018年3月，政府数据显示，已有106名退伍军人接受了教师培训，另有96名正在接受培训。②

就该计划的政治目的而言，军转教师计划的出台和实施也意味着政府

① PRICE M. From troops to teachers：changing careers and narrative identities ［J］. Journal of Education for Teaching, 2019, 45（3）：335 – 347.

② GOV UK. New bursary to get veterans into teaching ［EB/OL］.（2018 – 03 – 06）［2019 – 11 – 16］. https：//www. gov. uk/government/news/new-bursary-to-get-veterans-into-teaching.

对教育传统价值观的重塑。① 迈克尔·戈夫于 2010 年公开表示："如今这一代的士兵身上有许多已经从学校消失的美德，我们和家长们都希望看到这些美德得以恢复。"迈克尔·戈夫意在表达，退役军人能够恢复英国教室的传统秩序和纪律。实际上，其潜台词是：如今英国的学校不再是适合学习的环境。这一态度得到了社会各界诸多回应。英国 BBC 电台曾公开发问："英国问题重重的教室阻碍了数千名儿童的教育，所以现在是时候派遣军队了吗?"② 然而，教师和教育活动家弗朗西斯·吉尔伯特认为："政府提出的'军转教师'计划，通过建议我们需要召集军队来解决学校的纪律危机，诋毁了像我这样的教师。"③ 不少学者认为，该计划似乎处于一种更广泛的政治目的之中，即政府希望学校教育回归传统价值观，回归纪律性与权威性共存的时代。这一做法也引发了教师们和教师教育者的诸多反对。吉尔伯特在《卫报》中呼吁道："任何认为我们的学校十分混乱，需要军事干预的观点都是错误的。在教育标准局的评判结果中，70% 的学生都获得了'优秀'或'杰出'，这意味着接受学校教育的绝大多数人的行为规范都属于良好。"④ 加里教授认为，对教育政策的政治评论常常"反映出对理想化的'黄金时代'的怀念，远离'教育机构'的阴谋诡计，但在教育改革人士的记忆中却栩栩如生"。⑤

（三）改革行政机构，保障师资培养

为保障卓越教师的顺利培养，联合政府教育部对教育管理与监督机构进行了一系列改革。首先，设立教学署（Training Agency）以取代原学校培训与发展署。联合政府下令废除原学校培训与发展署（TDA）、英格兰教学

① TIPPING A. Troops to teachers：Implications for the coalition government's approach to education policy and pedagogical beliefs and practice ［J］. Educational Studies，2013，39（4）：468 –478.

② BBC Radio. Today Programme ［EB/OL］.（2010 – 02 – 06）［2019 – 11 – 16］. http：// news. bbc. co. uk/today/hi/today/newsid_ 8501000/8501715. stm.

③ GILBERT F. The Omens don't look good for Gove's troops to teachers programme local schools network ［EB/OL］.（2011 – 02 – 11）［2019 – 11 – 16］. http：//www. localschoolsnetwork. org. uk/ 2011/02/the-omens-don% E2% 80% 99t-look-good-for-gove-stroops-to-teachers-programme/.

④ TIPPING A. Troops to teachers：Implications for the coalition government's approach to education policy and pedagogical beliefs and practice ［J］. Educational Studies，2013，39（4）：468 –478.

⑤ GARY M. Privatising the past? History and education policy in the 1990s ［J］. British Journal of Educational Studies，1997，45（1）：69 – 82.

总会（GTC）、儿童劳动力发展理事会（CWDC）和资格与课程发展署（QCDA），新设教学署（Teaching Agency）代替以上机构所有职责。教学署为教育部下设的行政机构，负责教师队伍的供应培训和发展、教师行为规范，以及学校考试的管理。① 教学署直接问责于教育大臣，在新的职前教师教育改革中承担核心作用。随后，教育部宣布将教学署与原全国学校领导力学院合并，成立国家教学与领导学院（The National College for Teaching and Leadership）。国家教学与领导学院是教育部的执行机构，有 3 个主要的工作目标：第一，通过确保有足够数量的合格教学专业来满足学校系统的需求，从而提高学术水平，促进学校之间互相帮助。第二，禁止有严重专业不当行为的教师授课，监督教师的上岗情况并授予"合格教师和早期教师资格"，来支持教师职业的质量和地位。第三，负责英国职前教师教育项目的认证机构，定期评估各职前教师教育机构所提供的培训项目是否达到职前教师培训标准。②

为配合"学校直培"项目的顺利实施，同时保障中小学领导的师资培训模式稳健发展，英国政府建立了"教学学校（Teaching School）"联盟，第一批教学学校联盟成员由国家教学与领导力学院指定。教学学校联盟由一批参与教师教育的中小学组成，旨在领导中小学系统培训和培养卓越教师。他们的职责范围涵盖教师职前培养和在职培训阶段，既包括参与中小学领导的职前教师教育计划，也包括为已经入职的新教师提供专业化发展培训。此外，教学学校联盟还负责通过一定措施，协调联盟内各学校在职前教师教育方面的教学活动，从而增强各联盟学校在职前教师教育领域的所有权，同时改善培训质量。例如，鼓励在联盟内建设最优质的学校设施，并设置卓越见习导师；与优质的大学合作进行职前教师教育从而确保选拔和培训满足当地师资需求；管理和协助"学校直培"项目的顺利实施。白

---

① DFE, NCTL. Teaching agency business plan 2012 to 2013 ［EB/OL］. （2012 – 04 – 01）［2019 – 11 – 20］. https：//assets. publishing. service. gov. uk/government/uploads/system/uploads/attachment_ data/file/544049/teaching_ agency_ business_ plan_ 2012_ to_ 2013. pdf.

② 朱剑. 英国联合政府执政期间职前教师教育质量保障措施探析［J］. 比较教育研究，2016（6）：90 – 107.

皮书宣布首批设立 400 所教学学校，计划国家教学与领导力学院在 2012—2013 学年再增设 100 所教学学校。①

（四）针对紧缺学科，增加财政补贴

尽管英国正处于经济危机后的恢复期，政府大力削减公共服务开支，但教育部仍然决定，在职前教师教育领域继续使用财政奖励，以吸引紧缺学科（数学、物理、化学）中优秀的毕业生。《培养下一代卓越教师》提出采用新的财政激励措施，普遍提高助学金额度，尤其为拥有良好学术基础的师资紧缺学科学员提供更加优质的奖助福利。此举为提高教师的职业地位，吸引优质的教师培训生源提供了良好的基础和吸引力。②

首先，教育部将集中资金招聘和培训更多的数学、物理和化学专业教师。这些学科的高质量教学在学生科学素养提升方面至关重要。因此，国家已经设置了高达 2 万英镑的奖学金，以吸引更多的化学和物理专业的优秀毕业生从事教学工作。其次，教育部设置新的卓越物理教师培训奖学金（Institute of Physics Teacher Training Scholarships），由物理研究所颁发。该奖学金旨在吸引更多的优秀毕业生从事物理教学工作。物理研究所通过其大学和会员网站与物理专家们建立良好的联系，然后通过与教学实践专家的合作，为具有卓越的学科知识、对物理学习具有热情和教学潜力的学生提供专项奖学金，培养出一批卓越的物理教师。该奖学金于 2011 年正式开设，教育部提供约 100 个首批奖学金名额，每人资助两万英镑。同时，政府意图于 2013—2014 年将物理研究所奖学金的模式扩展到其他学科专业，吸引更多学科的优秀毕业生接受职前教师教育，成为卓越教师。最后，教育大臣们认为，职前教师教育课程中的通识性科学课程在培养学生教授物理、化学和生物方面不如专业课程有效。因此，在 2012—2013 年，取消修读通识性科学课程学员的奖金补助。从 2012 年 4 月起，各个职前教师教育机构减少普通科学培训课程的数量，转而开设专业性课程，并将重点放在专业物

---

① JACKSON A, BURCH J. School direct, a policy for initial teacher training in England: Plotting a principled pedagogical path through a changing landscape [J]. Professional Development in Education, 2016, 42 (4): 511–526.

② DFE. Training our next generation of outstanding teachers [R]. London: DFE, 2011.

理、化学和数学方面。①

《培养下一代卓越教师》政策的出台对英国职前教师教育的生源结构、生源质量、学员数量，以及整体上英国职前教师培训项目的发展都产生了巨大影响。师资培训的生源数量，尤其紧缺型学科参训项目的人数不断得以补充，生源结构和质量不断优化更新。同时，针对不同职业和处境增设的师资培训项目很大程度上满足了不同学员的教育需求，拓宽了职前教师教育的生源渠道，逐渐取消了教师职业与其他职业间进行转换的壁垒，促进教师职业对于其他职业优秀人才的吸引，以此提高教师职业和学校教育的专业性与多元性。②

二、《教师标准》和《卓越教师标准》：培养标准卓越化

《培养下一代卓越教师》政策的颁布为英国教师教育的发展树立了新目标，奠定了新基础。与此同时，新工党政府所颁布的《2008 合格教师标准》（以下简称《2008 标准》）虽因其简洁明了、清晰严谨的指标阐述获得较高评价，但实施效果也饱受争议。例如，针对教师职业生涯发展不同阶段的几个标准，即合格教师资格标准，以及普通、资深、优秀和卓越教师标准之间的统一性缺失，需要进行统整贯通。此外，该标准未将教师道德规范列入文本，不能作为学校解决表现不佳和行为不端教师问题的参照基础。显然，新工党政府制定的《2008 标准》已无法满足当下培养卓越教师的需求，英国政府需要根据《学校白皮书》和《培养下一代卓越教师》所提出的目标与要求制定一份新的标准。

（一）《教师标准》

教育部部长迈克尔·戈夫指出："教师标准……应当针对我们学校的每一位老师所应展示的技能做出明确规定。为确保教师能够专注于最重要的教学技能，我们将对教师标准做出重大改进。"③ 在此基础之上，根据由莎

---

① DFE. Training our next generation of outstanding teachers ［R］. London：DFE, 2011.

② FOSTER D. Initial teacher training in England ［M］. London：House of Commons Lirary, 2019：4.

③ TATTO M, FURLONG J. Research and teacher education：papers from the BERA-RSA Inquiry ［J］. Oxford Review of Education, 2015, 41（2）：145–153.

利·科茨主持编写的《教师标准独立审查报告》① 中所提出的建议，新的教师标准于 2011 年 7 月推出，2012 年 9 月开始实施。《教师标准》在结构、内容和应用方面都发生了重大变化。开篇的序言部分就合格教师价值观作了清晰阐述，并首次将合格教师价值观与英国基本价值观②相融合。《教师标准》提出：教师必须把学生的教育作为第一要务，并在工作和行为上达到高标准、严要求；教师行事须诚实正直；教师应具有较强的学科知识储备，同时保持教师知识和技能的与时俱进，以及自我批判、自我反思；教师应热爱学校，团结同事，建立积极的职业关系；教师应当从学生利益最大化的角度出发与家长进行良好沟通与合作。对标准的阐述共分为教学和个人与职业操守两大部分。

1. 教学

该部分主要针对合格教师的实践教学技能进行标准界定，教学标准围绕 8 个核心一级指标和若干二级指标展开。

（1）对学生③设定较高期望来激励和挑战学生。具体包括在相互尊重的基础上，为学生建立一个安全、有激励性的环境；设定目标，扩展和挑战不同背景、能力、性格的学生；始终如一地向学生展示他们应有的积极态度、价值观和行为。

（2）促进学生保持良好的学习进展和成果。具体包括对学生成绩的进步和成果负责；了解学生的能力和他们原有的知识储备程度，并在此基础上设定计划进行教学；向学生展示如何学习和运用知识及其对教学的影响；鼓励学生以负责和认真的态度对待自己的生活和学习。

---

① 2011 年 3 月，英国教育大臣萨莉·科茨主持了"教师标准独立审查"（Independent Review of Teachers' Standards）项目。这项检讨邀请了优秀教师、校长及其他专家，共同审查现有教师专业标准的架构与内容，在相关报告中呈现出项目调查结果和建议。第一份报告着眼于合格教师资格标准（QTS）和核心专业标准。第二份报告着眼于标准框架的上层结构。

② "英国的基本价值观"一词首次出现于英国内政部于 2011 年发布的《预防战略 2011》（*Prevent* 2011），起初是一个国防概念，意在从国民的思想源头入手，促进国民对英国本国价值的认同和执行，以潜移默化的手段抑制本土恐怖主义的产生，从而应对恐怖主义、极端主义猖獗的时代挑战。其基本定义为包含民主、法治、个人自由，以及对不同信仰之间的相互尊重和容忍的价值观体系。

③ "学生"在整个标准中都有使用，包括所有由合格教师授课的年龄层的儿童，具体指早期基础阶段的儿童和 16 岁后教育阶段的儿童。

（3）展示良好的学科及课程知识素养。包括掌握有关科目和课程的基本知识，培养和保持学生对有关科目的兴趣；对学科和课程领域的发展进行批判性的分析理解，提升学术价值；无论担任什么专业的任课教师，都要具备高水平的读写能力、发音能力、语言能力。例如，如果教授早期阅读，则教师要对系统的合成语音有清晰地理解。

（4）策划并教授结构良好的课程。包括有效利用上课时间，传授知识，促进理解；培养孩子对学习的热爱和对世界的求知欲；布置家庭作业并组织课外活动，以巩固和扩展学生已获得的知识；系统地反思课程和教学方法的有效性；设计和提供拓展相关学科领域知识的课程。

（5）教学安排与学生所长和所需相匹配。具体包括掌握如何有效教学的技能；对有碍于学生学习能力提升的一系列因素，以及如何克服以上因素有清晰的认知；清楚掌握儿童的身体和智力发展阶段，同时可以灵活调整教学计划以适用于学生在不同发展阶段的教育；清楚了解所有学生的需求，包括有特殊教育需要的学生①、天赋能力强的学生、母语非英语的学生，以及身患残疾的学生。能够针对不同特殊需求采用独特的教学方法。

（6）准确而有效地利用评估。具体包括了解并掌握如何评估相关的学科和课程领域，包括国家规定的评估要求；利用形成性和总结性评价来保障学生的进步；使用相关数据指导学生学习进度，合理设定目标，并计划后续课程；通过口头评价和精确评分，定期对学生的学习情况予以反馈，并鼓励学生对反馈做出回应。

（7）有效管理学生行为习惯，建立和确保良好及安全的学习环境。具体包括明确设置课堂中的行为纪律规范，并根据学校的政策，负责在教室和学校周围推广良好的、有教养的行为习惯；设置高标准的行为准则，并通过一系列的策略建立一个纪律框架，持续且公平地使用表扬、制裁和奖励等措施维持纪律；使用适合学生的方法有效地管理课堂；与学生保持良好的关系，行使适当的职权，必要时果断采取行动。

---

① 英国2001年颁布的《特殊教育需要守则》所界定的"特殊教育需要的学生"是指：有学习困难的儿童。这意味着他们要么在学习上比大多数同龄儿童有更大的困难；或有残疾，使他们不能或妨碍他们使用当地教育局所辖学校内一般为同龄儿童提供的教育设施。

（8）履行更广泛的专业责任。具体包括为学校更丰富的生活和校风做出积极贡献；与同事建立有效的专业关系，从而及时获得他们的建议和专业支持；有效调配行政协助人员；负责通过适当的专业发展提升教师技能，并对同事们的建议作出积极反馈；根据学生的成绩和身心状况与家长进行有效沟通。①

2. 个人与职业操守

《教师标准》指出，教师应始终表现出高标准的个人和职业操守。为此，《教师标准》设置了 3 个一级指标，对行为及态度标准作出了明确定义，这些行为和态度为教师的整个职业生涯设定了必要的规范性准则。

（1）教师有义务在校内及校外维持公众对专业的信任，同时保持高水平的道德及行为规范，包括：有尊严地对待学生，建立相互尊重的关系，并始终遵守与教师职业地位相适应的适当界限；根据法律规定，保障学生的身心健康；尊重他人的合法权利；坚决维护英国的基本价值观，包括民主、法治、个人自由和相互尊重，以及对不同信仰的理解与包容；确保个人信仰不会以利用学生弱点或可能导致他们违法的方式表达。

（2）教师必须对其任教学校的道德风气和教学政策作出适当且专业的考虑，严格保证自己的出勤率和守时率。

（3）教师必须理解并始终在规定其专业职责和职责的法定框架内行事。②

《教师标准》指出，这些标准定义了受训者和培训教师从获得合格教师资格（QTS）开始所应达到的最低预期水平。与原《2008 标准》相比，新《教师标准》将职前教师教育标准和新教师入职培训标准合二为一，适用于评估所有渴望获得 QTS 资格的职前受训者、所有完成法定入职期的受训者，以及所有在职教师。同时，为弥补《2008 标准》不能用于学校解决表现不佳和行为不端教师问题的缺陷，《教师标准》明确指出，该标准的第二部分适用于国家教学与领导学院评估严重不当行为案例，该部分涉及个人和职

---

① DFE. Teachers' Standards：Guidance for school leaders, school staff and governing bodies［R］. London：DFE，2011.

② DFE. Teachers' Standards：Guidance for school leaders, school staff and governing bodies［R］. London：DFE，2011.

业行为，可以成为案例判定的参考条例。这些标准取代了由前学校与培训发展署出版的合格教师资格标准（QTS）和核心专业标准（即《2008 标准》），以及英格兰教学总会出台的注册教师行为和实践准则。教育标准局副主席罗伊认为："新教师标准发出了一个明确的信号，即高效的教学在这个行业中至关重要。"这些标准设置的目的是制定一个基本框架。在这个框架内，所有的教师都应该从最初的资格审查开始。适当的自我评价、反思和专业发展活动对于提高教师在各个职业阶段的实践水平至关重要。这些标准清楚地列出了教师自我评估和被他人评估的核心要素。随着教师职业生涯的发展，他们应当拓展知识和技能的深度和广度，以标准化的要求进行提升。

（二）《卓越教师标准》

《教师标准》颁布后，萨利·科茨带领的审查小组又一次提出，新标准所定义的是职前教师教育受训者所应达到的最低预期水平，即"合格"水平。结合《培养下一代卓越教师》所提出的发展目标和要求，英国应当再出台一份针对"卓越"水平的教师标准以供优秀申请者们参考。在此基础上，英国政府于 2011 年 11 月颁布《卓越教师标准》 （Master teacher standards）。审查小组提出："这是对真正卓越教师的认可，也是所有优秀教师规划职业发展的一个焦点。"① 卓越教师标准建立在《教师标准》的基础上，描述了在新的教师标准范围内对卓越教师的要求与期望，主要包括以下 5 个方面。

1. 知识

卓越教师应当对所任教的专业知识有深刻且广泛地了解，同时不局限于他们对既定课程的认知。这意味着卓越教师必须在学术上与时俱进，及时更新自己的知识储备，从而引导学生在超越教学计划的范围外进行探索与扩展式学习。

2. 课堂表现

卓越教师应当自如地掌握课堂，熟练地引导、鼓励学生，拓展课堂教

---

① DFE. Great teachers could become "Master Teachers" ［EB/OL］. （2011 – 12 – 12） ［2019 – 12 – 10］. https：//www. gov. uk/government/news/great-teachers-could-become-master-teachers.

学。卓越教师的教学基调是激励性的，基于所有学生已有的能力，同时对其设定最近发展区内的高要求；卓越教师的教学安排是精密性的，这要求班级、小组与学生个人教学之间必须紧密结合，以此获得学生和家长的支持与尊重。

3. 计划组织

卓越教师应当有优秀的计划和组织能力，确保学生在各种形式的考试中获得优异成绩。这也要求卓越教师对相关评估和考试中所需的专业知识有系统性地了解。

4. 课堂氛围

卓越教师的课堂教学应当展示积极向上、令人振奋的学术文化，以及相互尊重和文明礼貌的交往氛围。

5. 专业背景

除了与学生和家长的友好相处外，卓越教师还应受到同事的充分尊重，与同事们友好交流、相互学习。包括共同参与制订学校政策，并与学校以外的专业人士建立联系。同时，充分利用持续的专业发展来理性地评估和提升自己的专业知识与技能。①

萨利·科茨认为，《卓越教师标准》把具备卓越水平教师的标准提升到合理水平。它的目的是要对"成为一名真正卓越的教师意味着什么"这一话题做出清晰的陈述。作为卓越教育的基准，《卓越教师标准》将激励新一代教师发展创新策略，从而激发个人潜力，改善学习状况。纽约肯尼迪特殊学校的校长戴安·罗克福德认为，《卓越教师标准》将鼓励和加强教师在所有教育环境中课堂教学的表现，同时表彰那些不断寻求鼓励和高标准的教师——无论他们的人生起点如何。此外，《卓越教师标准》是定义专家型教师特征的重要标志，这个标准是所有卓越教师都渴望且应当达到的。至此，《教师标准》和《卓越教师标准》组成了英国教师教育标准的新体系，也为职前教师教育提供了新目标。

2014 年 5 月 1 日，迈克尔·戈夫任命安德鲁·卡特爵士担任职前教师

---

① DFE. Great teachers could become "Master Teachers" ［EB/OL］. (2011 – 12 – 12) ［2019 – 12 – 10］. https：//www.gov.uk/government/news/great-teachers-could-become-master-teachers.

教育课程独立审查委员会主席。审查的目的如下：第一，定义职前教师教育课程的有效性。第二，评估当前英国职前教师教育课程的实施效果。第三，提出需要改进的问题及改进的策略。次年1月，著名的《卡特对英国职前教师教育的审查报告：基于证据》［*Carter review of initial teacher training (England)：Call for evidence*］审查报告出台，该报告也意味着对联合政府执政时期职前教师教育政策实施的效果及现状作出回应。①

报告内容显示，联合政府时期职前教师教育总体上表现良好，但依旧可以对未来英国职前教师教育做出如下展望：第一，职前教师教育课程内容有相当大的可变性，在一系列课程中存在潜在的重大差距。建议相关部门制定优秀职前教师教育课程核心要素标准以供各大机构参考。第二，在职前教师教育领域里，最需要改善的环节为培训评估。建议相关部门建立更为完善的评估体系。第三，职前教师培训项目应当注重合格教师行为管理，学员在这方面获得切实可行的建议和策略至关重要。第四，职前教师教育"导师"工作并未达到预期效果，建议教育部委托专业部门机构制定国家导师工作标准。第五，调查结果显示，师资培训机构和学员对专业技能测试表示失望，普遍质疑这些测试的专业性与科学性，认为现有测试可能会导致原本优秀的申请者在准入环节被淘汰。建议教育部审查技能测试在选拔高质量学员方面的有效性。第六，职前教师教育培训项目在"信息化"与"公开化"方面有所欠缺。建议开发和扩展培训项目的网站，以便于各申请者全面、准确地了解相关信息。

第三节 联合政府职前教师教育政策中的利益博弈

通过《培养下一代卓越教师》《教师标准》《卓越教师标准》的颁布，联合政府执政五年时期内英国职前教师教育取得了显著成果。首先，受训学员数量增加。由于教育部加大了对特殊科目的资助力度，开辟了"学校

---

① DFE. Carter review of initial teacher training (England)：Call for evidence ［R］. London：DFE, 2014.

直培""军转教师"等准入项目，申请参加职前教师培训的人数逐年增加。据官方统计，2014 至 2015 学年，小学职前教师培训学员数为 19870 名，中学为 15850 名，均超出预计人数。其次，受训生源质量提高。以受训者学士学位等级作为衡量依据，获得一等一级和二等一级学位以上学员数量显著增加，这也反映出英国追求卓越的职前教师教育初具成效。最后，新教师（Newly Qualified Teacher）对职前教师教育的满意度也有所提升。根据 2013 年国家教育与领导学员对新教师的调查结果显示，超过 90% 的新教师认为他们参与培训的质量达到"好"以上，其中 46% 认为"非常好"。以上成效也突显出了新工党执政时期至今，英国职前教师教育主题从注重标准转向追求卓越，这一变化依旧离不开相关的利益冲突与博弈。

一、执政党与教师教育者意识形态的冲突

随着 2010 年大选时新工党的败选，以保守党卡梅伦为领导，自由民主党辅佐的联合政府拉开序幕。不同于英国其他历史时期单党执政，以单一意识形态指导改革的情况，此时，英国教育的改革经历了两党意识形态的冲突与融合。卡梅伦领导的保守党虽然反复强调已经脱离 20 世纪 80 至 90 年代撒切尔主义的控制，实则还是继承保守党右派传统，坚持质量与效率至上和市场多样化选择，以及中央政府的绝对领导性与权威性。而自由民主党受新自由主义意识形态影响，既强调社会公正，又强调个体自由，认为中央政府要减少对学校的政治干预，增强办学自由。[①] 基于不同意识形态指导，却共同执政的保守党与自由民主党在冲突、博弈与妥协后决定适当放权，将权力下放至"中小学"和"校长"手中，给予其一定自主权。然而，这与教师和教师教育工作者的传统意识形态产生了利益冲突与博弈，从而对职前教师教育政策的变迁造成了影响。

首先，担任联合政府教育大臣的迈克尔·戈夫是保守党议员，他坚定地站在过去保守主义的立场之上，认为职前教师教育应当更多地基于中小

---

① 崔士鑫. 历史的风向标：英国政党竞选宣言研究（1900—2005）［M］. 北京：北京大学出版社，2013：208.

学进行实践教学，而非基于大学的理论培养。① 早在 20 世纪 90 年代，保守党政府就在智库文件《教师应接受理论培训还是学科教育?》中要求解散所有拥有研究生教师培训资格的机构，并以医学培训为例，提出了教学型大学中大学讲师和教授应当在特定的中小学环境中扮演教师的角色。同时，建议参与师资培训的学生到中小学做学徒，而不是在专业高等教育机构接受理论知识教育。由于遭到激烈的反对，这些提议并未出现在教育政策议程中，但这一理念深刻影响着保守党派成员们。② 戈夫在任职初期一次公开演讲中表示："教学是一门手艺，最好的学习方法是当学徒，观察一位技艺精湛的工匠或妇女。观察别人，在自己成长的过程中严格观察自己，是灵活掌握课堂的最佳途径。"为此，联合政府时期的教育政策和职前教师教育政策很大程度上由保守党意识形态主导，继续推行以实践和中小学为主导的职前教师教育形式，弱化大学和教师教育者在职前教师教育领域的地位。

其次，联合政府通过拓宽师资准入途径，开辟一系列基于中小学的师资培训项目，以及针对不同学历、不同背景的申请者的特殊师资培训项目，最终导致职前教师教育领域"提供者"多元化和"申请资格"多样化。这也充分满足了新保守主义对市场多样化的追求。此外，为了将权力下放至学校，给予中小学充分的自主权，2012 年 7 月 27 日，教育部门在新闻发布会上表示："英格兰的学院式学校③现在可以自由招募未经过职前教师培训的专业人员成为教师，为学校提供丰富的知识和新技能。"④ 这也是自 1979 年以来，政府首次支持如此激进的举措，即在教师教育市场中，允许学生进入教师行业，而无须接受任何培训。这一政策在突显中小学聘任自由、教学自由的同时，进一步地削弱了以大学为主的职前教师教育的影响力。

---

① CHILDS A. The work of teacher educators：an English policy perspective ［J］. Journal of Education for Teaching, 2013, 39（3）：314 – 328.

② BROWNE L, REID J. Changing localities for teacher training：the potential impact on professional formation and the university sector response ［J］. Journal of Education for Teaching, 2012, 38（4）：497 – 508.

③ 学院式学校（School Academies）是由中央政府全额资助建立的州立中小学。

④ GILBERT F. Academy plan to use untrained teacher is an outrage ［EB/OL］.（2012 – 07 – 27）［2019 – 12 – 15］. https：//www.theguardian.com/commentisfree/2012/jul/27/academy-plan-untrained-teachers-outrage.

国家教学与领导学院首席执行官也公开表示支持加快发展更多以学校为主导、以学校为本的职前教师培训路径。

对于教师教育者而言，联合政府所秉持的意识形态对教师教育者的意识形态甚至于教育学学科都有着巨大的冲击性。首先，这两种意识形态对于"知识的本质"这一问题的理解相冲突。联合政府受实用主义与新右派意识形态影响，认为知识即技能，必须从做中学，通过实践、训练的方式获得理论知识和经验。而高等教育机构的教师教育工作者认为，知识即理论，追求的是理论素养的提升，从而以理论指导实践教学。其次，联合政府对职前教师教育中教学实践课程的强调也对教师教育者自身发展造成了影响。一些教师教育者表示，这导致他们在教学专业课程与传统大学职责产生的分歧之间困惑不已。曾任牛津大学教育系主任的约翰·富隆依然强调，大学教师教育者是经验丰富的专家，兼具实践者的智慧与科学研究的理论基础。① 此外，联合政府的意识形态也阻碍了教师教育者的学术自治和教学自由。

二、教师与中央政府之间的利益博弈

新工党政府初步建立的对教师自主权的重视在联合政府时期又一次被剥夺。一方面，英格兰教学总会于 2012 年被废除，教学署取而代之。英格兰教学总会成立于新工党政府时期，在促进英国教学专业发展、制定职前教师教育标准、管理和保障合格师资质量、向政府提供政策咨询与建议等方面有着重要职责。更重要的是，英格兰教学总会的成立意味着教师的利益诉求开始受到政府正视，教师及教师教育者可以通过更多合法途径有效地表达自身利益诉求，捍卫其专业自主权。正如杰夫·惠迪曾在《新时期的教师专业化》（*Teacher professionalism in new times*）一文中担忧地提出："我担心的是，传统职业模式的捍卫者和中央集权主义者之间的战线将围绕英格兰教学总会展开。"② 因此，英格兰教学总会被废除意味着此后将没有

---

① FURLONG J. Education：An anatomy of the discipline ［M］. London：Routledge，2013：142.
② WHITTY G. Teacher professionalism in new times ［J］. Journal of In-Service Education，2000，26（2）：281–295.

值得信赖的利益相关团体能够代表和争取大学与教师教学工作的整体利益。而教学署为教育部下设的行政机构，直接问责于教育大臣，在新的职前教师教育改革中承担核心作用。① 实际上，教学署与梅杰执政时期设立的教育标准局和教师培训署性质一样，都是隶属中央政府的中介机构，承担着中央政府问责与控制职前教师教育的代理人工作。废除英格兰教学总会，将其职责转移至教学署也意味着英国政府再一次加强了对职前教师教育的控制，加大了对教师和教师教育工作者自主权的干涉力度。

另一方面，"大学"一词的出现频率在联合政府时期出台的职前教师教育政策中屈指可数。传统上，大学是教师教育项目的主要提供者，但在关键政策声明和公开的部长级演讲中，大学往往被忽视。甚至有学者认为，大学从职前教师教育的政策话语中完全消失。② 这一转变首先在《教学的重要性》白皮书中充分显现。白皮书是一份关键的政策文本，为联合政府时期颁布的教育政策和职前教师教育政策指明了方向，标志着学校和职前教师教育的全新议程。然而，在这份内容广泛、长达90多页的文件中，没有一处提到大学。白皮书的颁布也是一个关键的驱动因素，导致了英国的职前教师教育领域的变革导向发生改变。"中小学"在政策中的反复提及，以及对校本培训途径的扩展，都体现出这一时期政府对于大学和教师教育工作者的轻视。政策提出："我们的职前教师教育将由最强的中小学带头，充分发展受训者的实践技能，向最好的（中小学）老师学习。"③

随后出台的《培养下一代卓越教师》白皮书拓展了多个基于中小学的职前教师教育项目，多次强调中小学在职前教师教育领域的职责与地位，对于"大学"的责任并未作出过多解释。2014年，国家教学与领导学院首席执行官查理·泰勒在其首次公开演讲中进一步强调："到2016年，教学

---

① DFE, NCTL. Teaching agency business plan 2012 to 2013 ［EB/OL］. （2012 - 04 - 01）［2019 - 11 - 20］. https：//assets. publishing. service. gov. uk/government/uploads/system/uploads/attachment_data/file/544049/teaching_ agency_ business_ plan_ 2012_ to_ 2013. pdf.

② MCINTYRE J, YOUENS B, Howard Stevenson. Silenced voices：The disappearance of the university and the student teacher in teacher education policy discourse in England ［J］. Research Papers in Education，2019，34（2）：153 - 168.

③ DFE. The importance of teaching：The school White Paper 2010 ［R］. London：DFE，2010.

学校将成为领先的教师培训机构。"① 同年，新上任的教育部长宣布，未来英国将更多地依靠中小学指导和以中小学为中心的职前教师培训项目来培养卓越的教师。以上种种均表现出，大学在提供职前教师教育方面的作用被联合政府刻意边缘化，而中小学的责任范围与话语权也随之扩大，呈现此消彼长之势。②

最后，为满足其利益诉求，联合政府还通过限制招生名额，控制媒介宣传等手段与教师教育者进行利益博弈。2012 年，迈克尔·戈夫宣布只有在教育标准局审查中获得"杰出"等级的高等教育机构才拥有两年的招生资格和名额，获得优秀、合格的高等教育机构将取消当年招生资格和财政补助。2015 年，政府推出了一个供职前教师教育申请者们查询信息、了解途径的网站，这个网站也清楚地表达出了官方的政策态度。网站中有一系列视频来帮助申请人决定最适合他们的路线。在网站所呈现的 11 个视频中，只有 1 位老师分享了参与大学领导的师资培训项目的经验，剩下的 10 名教师均分享了参与中小学领导的师资培训项目经验。

与此同时，这一时期内的教师教育工作者们也为了自身利益诉求展开了一系列博弈。教师教育者们认为，许多官方声明歪曲了传统大学领导的职前教师教育的性质和质量。例如，在教育标准局的一份新闻稿中，将第一次教师培训检查结果描述为中小学领导的职前教师教育优越性的证据。实际上，这份检查结果并没有提及任何反映高等教育质量不好或反映学校主导的教师培训效果良好的数据。因此，教师工会公开表示，职前教师教育政策是由政府的意识形态驱动的，而非基于事实证据。为此，下议院教育委员会出台了《伟大的教师：吸引、培训和留住最好的》报告，这份报告内容来自包括大学教师教育者、基于学校的培训项目提供者，以及大学教师教育协会和教师工会在内的职前教师教育领域利益相关者们的意见与建议。报告坚决支持大学在职前教师教育方面发挥强有力的作用。"我们的证据清楚表明，教学途径的多样性是职前教师教育领域中颇受欢迎的特点。

---

① GOV，UK. Nicky Morgan speaks at the teaching awards ［EB/OL］. (2014 - 10 - 30) ［2019 - 12 - 05］. https：//www. gov. uk/government/speeches/nicky-morgan-speaks-at-2014-teaching-awards.

② CHILDS A. The work of teacher educators：An English policy perspective ［J］. Journal of Education for Teaching，2013，39（3）：314 - 328.

毫无疑问，中小学和大学之间的伙伴关系能在最大程度上提供最优质的职前教师教育。因为其内容不仅涉及重要的学校经验，更包括理论研究和方法建构。"①

教师教育与培训常设委员会（Standing Committee for the Education and Training of Teachers）在 2010 白皮书发表后不久出版了《捍卫教师教育》(*In defence of teacher education*)，试图更清楚地论证高等教育机构中教师教育工作者的工作职责与存在的必要性。雪莉·劳斯指出："作为教师教育者，我们需要的合格教师不止需要知道如何'传授'知识，不止需要了解学校排行榜和教育标准局的检查结果，他们更加需要超出来自理论和学科专业知识的原则性意见看待问题……教师不能仅仅知道他们做什么以及如何做，他们需要知道他们为什么这样做，这是大学在职前教师教育领域存在的意义。"②

最终，执政党的意识形态在博弈中获得胜利。多样性、选择和自由是新自由主义意识形态的关键，而融入新保守主义的意识形态则导致多样化的教师教育参与者变得更加统一、标准化和分层次控制。正如英国教师教育领域研究专家杰夫·惠迪谈道："2010—2015 年职前教师教育政策的变化，是学校教育体系的重新配置，反映了新自由主义与新保守主义的复杂融合，其目的在于强调专注于重建保守社会秩序的教育体系。"③ 而大学和教师教育者也成了改革过程中最大的利益受损方，政策一直致力于将大学的地位边缘化。为谋求自身利益的实现，大学不得不在困境中进行"重塑"。英国政治与政策领域学者史蒂芬·鲍尔将其形容为"苏格拉底式的自我审查"，前路漫漫。④

① WHITTY G. Recent developments in teacher training and their consequences for the "University Project" in education [J]. Oxford Review of Education, 2013, 40 (4): 466 – 481.

② CHILDS A. The work of teacher educators: an English policy perspective [J]. Journal of Education for Teaching, 2013, 39 (3): 314 – 328.

③ MCINTYRE J, YOUENS B, STEVENSON H. Silenced voices: The disappearance of the university and the student teacher in teacher education policy discourse in England [J]. Research Papers in Education, 2019, 34 (2): 153 – 168.

④ BALL S. Subjectivity as a site of struggle: Refusing neoliberalism? [J]. British Journal of Sociology of Education, 2016, 37 (8): 1129 – 1146.

第五章
二战后英国职前教师教育政策变迁的审思

教育政策的制定是一个复杂的过程，是内外因共同作用的结果。外因包括国内外环境因素的影响，内因则是政策制定的不同利益主体博弈的影响。"教育政策目标体现了政治上占统治地位的阶层利益，教育政策内容则决定着教育资源在不同社会阶层的分布情况。"①

第二次世界大战后，英国处于工党与保守党两大党派轮流执政的政治状态，两党政治的形态对英国教育政策的制定和决策影响深远，职前教师教育也不例外。英国学者提到："英国的教师教育已经成为一个由政府严密控制的国家体系。这一行动的后果之一是，职前教师教育现在同不断变化的国家政治密切相连。"② 同时，政策也是利益冲突、博弈与妥协后的合法化产物。不仅集中体现了职前教师教育在不同阶段的矛盾焦点，也集中反映了各利益相关者的利益诉求与利益平衡。本章从以下三个方面对战后英国职前教师教育政策进行理论分析。第一，英国职前教师教育政策在不同阶段的主题是什么？不同阶段的政策内容之间经历了什么样的变化？第二，基于利益相关者视角，影响战后英国职前教师教育政策变迁的利益相关者有哪些？他们分别有怎样的利益诉求？第三，战后英国职前教师教育政策变迁的动因是哪些？它们对政策变迁有着怎样的影响？

---

① 易红郡. 战后英国高等教育政策研究［M］. 长沙：湖南师范大学出版社，2016：346.
② JOHN F, OLWEN M, ANNE C, et al. Partnership, policy and politics：Initial teacher education in England under New Labour［J］. Teachers & Teaching, 2008, 14（4）：307－318.

第一节　二战后英国职前教师教育政策变迁的利益相关者

二战后英国职前教师教育经历了主导权从大学高度自治转变为中央集权控制；职前教师培训的机构由高等教育机构转为大学与中小学联合培养；职前教师教育的培养目标从注重理论修养到强调实践技能；职前教师教育的主题由扩充数量到追求卓越。这一系列的转向和变革都体现出，二战后英国职前教师教育背后各种不同力量之间所展开的利益冲突与妥协，并在不同历史时期发挥着不同作用，从而推动政策变迁。① 根据属性计分法中对"决定型"利益相关者的界定方式，可以将影响二战后英国职前教师教育政策变迁的利益相关者界定为：对英国职前教师教育政策的制定具有合法参与权，在参与过程中运用各种策略呈现或实现自身利益诉求，同时其利益又被政策实施的结果所直接影响，与职前教师教育政策呈现出交互性利益影响关系的特殊群体。结合二战后英国职前教师教育政策制定过程的特殊性和发展的阶段性，可以将本研究中的"决定型"利益相关者进一步划分为：中央政府与地方政府、高等教育机构、中小学校、官方教育中介组织、教师和教师组织几大类别。按照他们在职前教师教育政策制定中所处的位置和扮演的角色，可将其分为教师教育掌控权的争夺者（中央政府、地方政府与地方教育当局、官方教育中介组织）、教师培训权的争夺者（高等教育机构、中小学校）、自身利益的维护者（教师）。

一、政府：职前教师教育的掌控者

（一）中央政府：中央集权的维护者

理论上来说，在实行君主立宪制的英国，国家元首和最高权力拥有者是英国君主。但实际上，女王（国王）的元首地位只是一种象征性的，其实际行使的权利仅限于被咨询、向议会和内阁提供意见和警告的权利。英国政治的最高权力最终掌握在国会和内阁手中，教育政策的决策主导权也

---

① 肖甦. 比较教师教育 [M]. 南京：江苏教育出版社，2010：59.

是如此。

英国教育政策的出台经历专家建议与教育政策问题提出、教育政策议题的社会公开讨论、议会决策三个环节。参与英国职前教师教育政策制定的中央政府机构包括国会、内阁部门、公共（中介）机构三大类。英国国会分为上议院和下议院。上议院又称贵族院，其议员主要由王室后裔、世袭和新册封的贵族、上诉法院法官和教会领袖等构成，不经选举产生。资产阶级革命后，上议院的地位与权力被逐步削弱。保留了对政府公共政策的质询权和监督权，以及对立法的审查权。下议院又称平民院，不仅是英国中央层面的立法机构，而且是英国政党政治的中心舞台。政策文本出台之前的决策权实际大部分掌握在下议院手中。内阁即代表中央政府利益的中央层面行政机构。内阁的负责人被称为首相，内阁各部的负责人被称为国务大臣或部长。公共（中介）机构承担着一定的公共行政职能，内阁各部门的大量工作都需要通过这些公共机构开展，或者是和这些公共机构一起共同开展。

在职前教师教育政策领域，政府实现自身利益诉求的手段包括贯彻执政党意识形态、建立中介机构和实现权力转移。第一，在政策内容的制定过程中渗透执政党的意识形态。20 世纪 80 年代保守党政府执政时期，新右派意识形态强调质量、市场化和中央权威的绝对性。因此，中央政府通过出台相关政策确立了突出实践和能力的职前教师教育课程标准，设立了师资培训监督机构，以此增强中央政府对职前教师教育的控制。同时，引入中小学参与的伙伴合作师资培训模式，拓宽师资供给途径，增加职前教师培训机构之间的竞争力。"这些政策为长期存在的结构化不平等形式提供了合法的掩饰。它们最主要的效果之一就是解除了许多教师的权利。"①尽管梅杰先生声明要信任教育专业工作者，但中央政府却削弱了他们的自治权并以许多有效的方式增强了它自己的权力，因而也加强了对整个教育事业的控制。以此满足中央政府"集权化"和"市场化"的利益诉求。② 第二，

---

① APPLE M, JUNGCK S. You don't have to be a teacher to teach this unit［J］. American Educational Research Journal, 1990（27）：227-251.

② ［英］杰夫·惠迪，萨利·鲍尔，大卫·哈尔平. 教育中的放权与择校：学校、政府和市场［M］. 马忠虎，译. 北京：教育科学出版社，2003：24.

通过政策的颁布增设师资培训监督机构。保守党政府建立的教师标准局和师资培训署、新工党政府建立的学校培训与发展署，以及联合政府建立的教学署均为隶属于中央政府的中介机构，承担着代替中央政府监管职前教师教育的职责，输出着中央政府的利益诉求。第三，中央政府通过创建"基于学校""学校直培"等弹性制 PGCE 培养模式，实现职前教师教育主导权在高等教育机构和中小学之间的转移和此消彼长。

此外，在职前教师教育政策的制定过程中，对政策议案进行筛选直至决策出台主要依靠内阁的教育部（Department for Education，简称 DfE）和下议院的教育委员会（Education Committees）共同负责，也可以理解为，这两个中央机构所代表的利益诉求即中央政府的利益诉求。据统计，英国议会所审议的法案只有 10% 左右是由普通议员提出的，80% 以上的法案由执政党所组建的政府提出。① 普通议员提出的法案往往是其所在选区或某些利益集团写好后请他们出面提出而已。而政府各部提出的法案则是在内阁统一领导和协商下，在各部拟定初稿后由内阁的法案起草室统一起草，然后交由政府提交议会讨论表决。各政党都非常重视教育部所负责的相关事务。不仅会在大选前的施政纲领和施政演说中对教育的改革或政策计划大谈特谈，当选后的新一届政府也常常把教育法案的通过和教育改革计划的实施作为其重要的施政业绩，以此来兑现在大选前提出的施政纲领和对选民的承诺。因此，在现有的英国政治制度下，教育部虽然是中央政府负责教育相关事务的行政机构，但其所推动的重大教育政策必须获得国会的认可才能出台和实施。

下议院教育委员会实质上是一个调查委员会而非立法委员会。但教育委员会提出的意见和建议既具有议会的权威又往往承载着舆论和民意，因此一般都会得到教育部的高度重视。教育委员会通常会设定自己的工作议程，同时选择一些教师教育的问题对教育部及相关机构提出有针对性的质询，每次质询都会提前进行公示并欢迎各利益相关方提交书面意见，一些非中央机构的利益相关者也可以借机呈现出自己的利益诉求给中央参考决策。

---

① GILLARD D. Education in England: A brief history [EB/OL]. (2018-05-01) [2019-03-10]. http://www.educationengland.org.uk/history/.

（二）地方政府与地方教育当局：地方利益的维护者

自《1902 教育法》颁布后，英国开始设立地方教育当局（Local Education Authority），其目的是建立中央集权与地方分权并行的教育管理体制，英国也由此发展为一个教育分权制的国家。地方教育当局在教育行政系统中占据极为重要的地位，曾经是英国教育系统中最为强有力的市政机构，对职前教师教育政策的制定也有着极大的影响。英国学者指出，在英国，关于教育政策的咨询途径可以分为很多种。其中，最重要的就是教育部长与地方教育当局以及民间联合组织保持的密切交流。在许多重要的教育政策问题上通过交流讨论的方式征询建议，地方教育当局也通过此途径合理表达出自己的利益诉求，以供政策制定者参考。① 二战以来，英国国民教育一直在基于《1944 年教育法》初步确立的框架内发展，中央政府与地方政府成功建立"国家制度、地方管理"的伙伴关系。职前教师教育及公立学校教育也基本被地方教育当局和教师教育机构垄断。1988 年以前，英国职前教师教育机构由地方教育当局直接分管，地方教育当局负责为教师提供培训指导和监督，中央对职前教师教育的控制和干涉主要体现为财政拨款。换言之，当时的地方教育对职前教师教育有着"绝对的控制权"。② 然而，随着英国中央集权制的不断发展，地方政府与地方教育当局在教育中的控制权力与影响作用逐渐衰退。

一方面，20 世纪 80 至 90 年代间，每年平均至少产生一部《教育法》。这些立法带来的冲击极大改变了地方政府议会的作用，也改变了地方教育当局的职能与权限，使它们逐渐失去对高等教育机构、教师培训学院和高等中学的控制。《1988 年教育改革法》规定，在一定数量家长的要求下，地方教育当局所管理的所有中小学可以摆脱地方教育当局的控制，直接获得中央政府财政资助，受中央政府管控。这也是英国打破地方教育当局控制学校教育传统的关键步骤，地方政府和教育当局的权力由此被削减。

另一方面，英国职前教师教育变革的独特性也决定了地方教育当局与

---

① FENWICK I G K. The comprehensive school 1944—1970：The politics of secondary school reorganization［M］. London：Methuen&Co Ltd, 1976：21.

② HUDSON C, LIDSTROM A. National school policy changes in Britain and Sweden［M］. New York：Palgrave Publisher, 2002：54.

中央政府之间所存在的利益诉求冲突。在英国职前教师教育政策的制定中，地方教育当局同样是政府利益的捍卫者，但其捍卫的是地方政府在职前教师教育中的控制与主导权。在《罗宾斯报告》出台之际，关于"二元制"的提议是否应当被合理采纳引起了中央和地方政府的激烈探讨。此时，大部分中央官员对于罗宾斯的建议持怀疑态度，因此并未即刻对该报告的内容公开发表意见。实际上，这种怀疑与教师培训学院应当纳入大学，统一被中央政府监管这一想法不谋而合。由于战后重建时期师资紧缺的特殊情况，中央政府只能将此想法抑制，继续支持地方教育当局对教师培训学院的控制。① 20 世纪 80 年代，撒切尔夫人出任英国首相之后，开始大刀阔斧地按照弗里德曼、哈耶克等人的新自由主义经济学理论整治。通过创建中央政府指派的中小学和大学联合培养教师的"以学校为基地"职前教师教育模式，将职前教师教育的部分权力从地方教育当局转移出去。在上层和下层的教师教育权力都得到提升之后，位处中间层的地方教育当局权力就相对地被减弱。

（三）官方教育中介组织：中央利益的维护者

官方教育中介组织也被称为缓冲组织，即建立了联结政府机构和高等教育机构纽带的中介组织，作为高等教育机构与政府间的中介组织，在平衡和协调二者权力方面起到了重要作用。在职前教师教育政策的制定中，其职能主要有两点。第一，中介组织可以作为一个利益集团参与职前教师教育政策的制定过程。第二，中介组织可以为执行职前教师教育政策承担部分责任，在此阶段中的中介组织也可视为一种类政治组织，职责为接管政府的一部分任务。但是，人们向来认为英国的教育系统受到中央政府的影响是有限的。基于根深蒂固的学术自由观点，对这种教育系统的驾驭和控制很大程度上依赖于大批院校和官方教育中介组织。② 不同于其他国家，初建期的英国官方教育中介组织在应然状态和实然状态下都处于中介缓冲地位，甚至有时更偏向于代表学术的利益。20 世纪 70 年代起，政府有意争

---

① GODWIN C. The origin of the binary system [J]. History of Education, 1998, 27 (2): 171 - 191.

② ［荷］弗兰斯·F. 范富格特. 国际高等教育政策比较研究 [M]. 王承绪，译. 杭州：浙江教育出版社，2002：364.

夺职前教师教育的控制权和主导权，官方教育中介机构逐渐发展为服务于政府利益，争夺高等教育机构对职前教师教育控制权的工具性组织。因此，英国官方教育中介组织在职前教师教育政策的制定和变迁中发挥着不可忽视的作用。

二战后与英国职前教师教育发展联系密切的教育中介组织代表为教师教育认证委员会（Council for Accreditation of Teacher Education，CATE）、国家教学领导学院（National College for Teaching and Leadership，NCTL）、前英国教师培训署（Teacher Training Agency，TTA）、教育标准局（Office for Standards in Education，Ofsted）等。

教师教育鉴定委员会（Council for Accreditation of Teacher Education，CATE）成立于1984年。委员会成员由教育大臣任命，来源于中小学教师、大学教育学院教师、地方教育当局代表，以及中央政府官员。其职责主要包括监督、检查和评估职前教师教育机构课程实施情况，以及对合格教师进行专业认证。教师培训署和教育标准局均设立于1994年，其设立初衷是，保守党政府为保证他们所新建的职前教师培养模式顺利实施，决定设立独立于政府之外的中介机构代为管理。教育标准局负责根据政府制定的具体标准对职前教师教育进行督导和视察，有权判定职前教师教育机构合格与否，并对不合格的职前教师教育机构做出相应责罚。教师培训署独立于教育部之外，其官方职能是：提供教师培训、负责根据教育标准局公布的视察结果对英国师资培训机构进行拨款工作、为提高教师职业准入门槛和教学水平作出贡献，以及提供教学方面的信息和建议。中央政府颁布《2005教育法》将教师培训署改名为学校培训与发展署（Training and Development Agency for Schools），作为其扩大职权的一部分，负责改进学校工作人员的培训和发展。2012年，教学署（The Teaching Agency）作为教育部的执行机构成立，取代了学校培训与发展署。该教学机构负责英国教师的职前培训，以及对教师职业进行监管。次年，教学机构与国家学校领导学院合并为国家教学领导学院（NCTL）。①

---

① The National Archives. Records of the teacher training agency and successors ［EB/OL］. （2013 – 08 – 01）［2019 – 03 – 06］. http：//discovery. nationalarchives. gov. uk/.

以上由官方建立的教育中介组织对职前教师教育政策变迁的影响并不仅仅体现在其工作职责上，更为重要的是，它们在中央政府与高等教育机构关于职前教师教育的利益博弈中起着重要的纽带作用。

正如英国学者玛格丽特·威尔金所述："教师教育认证委员会建立的真实目的即政府希望确保其对教师教育课程控制的合法化。"① 实际上，教师教育认证委员会、教师培训署和教育标准局的工作内容是为了满足中央政府的利益诉求，削减和分散高等教育机构的权力。中央政府通过强制性的国家统一课程培训和作用于教师资格评选的标准导向评估模式，将职前教师教育的主导权和控制权从大学手中夺取，最后满足中央集权的利益诉求。② 根据保守党政府在全国的调查显示，尽管这种职前教师教育的体制遭到大学的一定抵制，但最终英国大部分地区建立了以中小学为培养基地的职前教师教育模式，由此，职前教师教育逐步由原来的教师自治发展为中央政府统一控制。③ 21 世纪初，原本的教师培训署经历了两次更名和一次合并。同时，随着教师培训署在职前教师教育领域的权力不断扩大，其最终成为权威性的国家教学领导学院。中央政府通过不断提高对职前教师教育质量的要求以及设立全国统一课程和考核制度等手段，进一步增强了中介组织的权力，也进一步满足了执政党对于职前教师教育发展的利益诉求。

二、教育机构：职前教师培训权的争夺者

对职前教师教育主导权和主办权的争夺是各国职前教师教育政策制定过程中最为显著的利益冲突，英国更是如此。战后英国教师培训权的争夺即职前教师教育主导权的争夺。在 20 世纪 80 年代之前，教师培训权的争夺体现在多样化的教师教育机构之中。但 20 世纪 80 年代后，中小学加入了权力竞争的角斗，与代表高等教育的传统教师教育机构进行了关于职前教师

---

① WILKIN M. Initial teacher training：The dialogue of ideology and culture ［M］. London：The Falmer Press，1996：150.

② ROBINSON W. Teacher training in England and Wales past，present and future perspective ［J］. Education Research and Perspectives，2006，33（2）：19 - 36.

③ FURLONG J，BARTON L，MILES S，et al. Teacher education in transition Reforming professionalism？［M］. Edinburgh：Open University Press，2000：143.

培训权的利益博弈。

（一）高等教育机构

二战前，英国教师培训权主要由地方政府与大学合作建立的日间师资训练学院（Day Training College）承担。直到 1914 年，近一半的中小学师资由附属大学日间师资训练学院培养，这些具备资格的日间师资训练学院也改称为大学教师培训部，此时教师培训机构处于依附于大学的状态。二战后，英国政府决定成立以大学教育学院为核心的地区师资培训机构，"将被认可的日间师资训练学院开始成为大学教育学院的一个有机组成部分"。[①]这一举措打破了长期以来英国职前教师教育机构的孤立状况，进一步加强了教师培训机构与大学的联系。[②] 同时，大学在职前教师教育中的责任和作用得到了肯定，从此明确大学在职前教师教育中需要发挥的职能，大学对职前教师教育权的主导作用进一步增强。《罗宾斯报告》发表后，为提高职前教师教育的地位，英国政府决定将一些培训水平较高的地方师范学院改称为地方教育学院，它们属于大学教育学院，可以开设大学认可的教育学士学位课程。此时，教师培训权由地方教育学院和大学教育学院共同承担。

20 世纪 70 年代初，英国基本上不存在独立、专门的师资培训机构，职前教师教育已经作为一个专业院系合并于大学教育系和高等教育学院之中。教师职前培训主要由大学教育系、高等教育学院、技术教育学院、艺术师资培训中心、开放大学这几个高等教育机构共同负责。其中，大学教育系和高等教育学院是科类齐全、专业完备的机构，在培养教师方面起骨干作用。[③] 直至此时，职前教师教育机构对师资培训权的主导权力达到顶峰，即"大学自治"模式。以大学为主的职前教师教育机构有权决定职前教师教育应该"教什么""在哪教"以及"怎么教"。但 20 世纪 70 至 90 年代之间，这种大学为主体的教师培训模式受到了英国民众和政府的质疑。一些右翼议员和教育大臣公开提出，教师培训应以中小学为基地，职前教师教育应当强化实践。为此，英国开始推行大学与中小学合作的校本教师培训模式，

---

① 瞿葆奎，金含芬. 英国教育改革［M］. 北京：人民教育出版社，1993：138.
② 易红郡. 战后英国高等教育政策研究［M］. 长沙：湖南师范大学出版社，2016：84.
③ 顾明远，梁忠义. 世界教育大系·教师教育［M］. 长春：吉林教育出版社，2000：98.

此时师资培训权从高等教育机构主导转变为高等教育机构与中小学"伙伴模式"下的分权控制之中。

传统的职前教师教育机构在职前教师教育政策制定过程中，核心利益诉求一直是对师资培训甚至整个职前教师教育领域的主导权。然而，20世纪80年代末起，职前教师教育的主导权开始成为英国政府与大学之间的意识形态斗争的重要领域。政府也通过拓宽师资准入途径、增设督查监管机构等方式对大学手中的教师培训权进行分割，从而逐渐将职前教师教育的主导权回归至中央手中。"过去40年来，英国学术机构在自治方面遭受了多方面的重大损失。当新的大专院校拨款委员会开发了合同系统的时候，由于院校的计划执行和财务安排比以往任何时候都受到更为严密的排查，它们在提供课程方面的回旋空间可能进一步压缩。"①

（二）中小学校

不同于其他国家中政府与高等教育机构，以及不同高等教育机构之间对于职前教师教育主导权的利益冲突，英国特色的"以学校为基地"（school-based）教师培训模式将"中小学"——这本与高等教育和职前教师教育并无利益联系与冲突的机构——成功卷入职前教师教育利益博弈的漩涡中，中小学也成为影响职前教师教育政策制定和变迁的核心利益相关者。这一变动的标志性事件为20世纪90年代，"以学校为基地"教师培训模式的兴起。

20世纪70年代的全国教育大辩论导致了人们对教育尤其是职前教师教育的负面印象，这些批评的焦点集中在教师实际教学能力的不足上。高等院校的课程设置过于注重学术研究，对教学实践和教学方法强调过少。② 皇家督学在20世纪80年代对新任合格教师所做的两次全国性的调查结果中显示："职前教师教育课程太偏重理论学习，同时又太缺少有关教学方法和教学实践方面的内容，影响了职前教师教育质量的提高。"③ 1992年，时任国

---

① ［英］罗纳德·巴尼特. 高等教育理念［M］. 蓝劲松，译. 北京：北京大学出版社，2012：184.

② REID K, TANNER H. An analysis of the changing shape of initial teacher education and training in Wales since devolution［J］. Educational Studies, 2012, 38 (3)：309-325.

③ FURLONG J, BARTON L, MILES S, et al. Teacher education in transition Reforming professionalism?［M］. Edinburgh：Open University Press, 2000.

务卿的肯尼斯·克拉克在英格兰北部会议上指出，职前教师教育应当有80%的时间在符合政府制定标准的中小学中进行，政府应当更加重视以学校为基地的教师培养模式。① 同年，"以学校为基地"的教师培养模式正式确立。职前教师教育的主办权和实施基地由高等教育机构和政府指定的中小学共同承担。这也使大学、教育学院等职前教师教育机构与中小学之间的关系发生新的变化。职前教师教育机构必然要放下"架子"和"部分权力"，走出高等教育的高深楼院，到中小学中构建更适合的职前教师教育模式。中小学则积极承担指导和监督学生的作用，和大学配合完成职前教师教育。

此外，20 世纪 80 年代起，保守党政府对职前教师教育"量"的要求逐渐转变为对"质"的追求，师资培训的重心从理论提升转变为注重实践。但推动教师教育政策做出此番转变的真实动因是对职前教师教育利益的争夺。职前教师教育从教师自治变革为全国问责制，其实质是政府与高等教育机构之间关于职前教师教育主导权的利益冲突。教师培训从高等教育机构全权负责变革为与中小学建立"伙伴关系"共同负责培训，其实质是高等教育机构与中小学之间对教师培训权的利益斗争。此后，无论是强调标准与专业的新工党，还是追求卓越的联合政府，都通过不断拓宽职前教师培训途径、扩大中小学职责的方式将中小学与职前教师教育的利益链紧密相连。中小学也通过参与职前教师教育课程标准、培养方案制定和主导多个"校本"职前教师培训项目的方式影响着职前教师教育政策的变迁。

三、教师：自身利益的维护者

教师是职前教师教育政策的核心客体，是政策目标的中心，也是政策制定的出发点和落脚点。因此，从教师自身的利益诉求出发，英国职前教师教育政策的内容对其影响重大，教师的利益诉求也随着二战后英国职前教师教育政策的变化而改变。教师组织即与教师教育和教师管理高度相关，能独立发挥客体间纽带作用并对职前教师教育政策产生重大影响的非政府社会组织。其主要成员为在高等教育担任教学或者行政管理职务的高校教

---

① ROBINSON W. Teacher training in England and Wales past, present and future perspective [J]. Education Research and Perspectives, 2006, 33 (2): 19 – 36.

师。也可以理解为，教师组织是代表了教师利益的利益共同体，其利益诉求即教师的利益诉求，其组织中心思想即争取教师自身权益。有学者认为，作为驾驭（政策）过程中的第三种势力，学术界本身可以是一个强有力的实体，即"教授势力"。① 关于"教授势力"的典型代表即所谓的教师利益组织，如各种教师联合会。这种组织通过各种形式与社会行动工作相互合作、互相影响，以促成其全体成员（即教师们）的利益。② 教师组织为了实现自身（即教师群体）的利益诉求，通过向教育大臣派送其政策建议、参加国会听证会、在政策出台前的公众辩论环节引导公众舆论，以及选派组织代表加入中央和地方政府的各种咨询委员会等方式，不断向中央和地方政府施加压力，通过协商以确保相关机构支持教师组织的利益诉求，从而对职前教师教育政策的制定造成影响。正如克拉克指出："在许多高等教育系统，教授已经把地方权力变为全国性的权力，从而全国性的教授成为官僚和政治家所尊敬的反对者，成为插手政策决策的工具。"③

英国的教师组织众多，其中对教师教育政策影响最大的有全国教师联合会（The National Union of Teachers，NUT）、英格兰教学总会（General Teaching Council for England，GTC）、大学教师教育委员会（The Universities Council for the Education of Teachers，UCET）等。

成立于 1889 年的全国教师联合会（以下简称 NUT）是全英国最大的教师组织，其前身为 1870 年成立的全国小学教师联合会，其主要会员为英国具有教师资格证的教师。有研究认为："NUT 的教师政策在英国被认为是最有影响的政策之一，其全国性的政策实际上代表了英国教学专业的政策。"④ 英格兰教学总会（以下简称 GTC）成立于 21 世纪开端，是英格兰地区独

---

① ［荷］弗兰斯·F 范富格特. 国际高等教育政策比较研究［M］. 王承绪，译. 杭州：浙江教育出版社，2002：8.

② CLARK B R. The higher education system［M］. Berkeley：University of California Press，1983：174.

③ CLARK B R. The higher education system［M］. Berkeley：University of California Press，1983：175.

④ BTITTON E L. Co-operation with educational authorities in the determination of educational policy：The Organization and Activities of the National Union of Teachers（England and Wales）［M］. Paris：Unesco Archives，1971：4.

立、非营利性、研究教学的自治性教师专业团体。其工作方式不同于政府的官方或半官方机构，不具备行政属性也不受政府控制。但向政府提出的有关建议具有法定权威，政府必须听从。通过 GTC，英国教师首次成为政府相关决策过程中的重要组成部分。此外，GTC 的功能还包括向政府提供教师相关政策的决策咨询，以及对所有合格教师进行注册管理。① UCET 作为讨论职前教师教育和教育专业事务的全国论坛，为制定这些领域的政策做出了贡献。其成员是参与职前教师教育的英国高校教师，以及一些高等教育学院的相关部门行政人员。该组织致力于在教师教育领域发出独立且权威之声，同时通过鼓励有凝聚力的伙伴关系、建设性地与利益相关者接触，从而支持教师教育的高品质、可持续性和专业性。②

此外，教师工会也在一定历史时期内对英国职前教师教育政策的制定造成了影响。工资福利、工作条件及额外课程义务都是教师工会与政府集体协议的一部分。然而，撒切尔政府在其执政早期在英国经济的很多领域对工会发起了挑战，极大程度上削弱了工会权力。教师工会是其较晚期的目标之一。1985 年到 1987 年，撒切尔政府直接与教师工会正面交锋，最后通过立法的途径从根本上削弱教师工会的权力，并有效终结了其强大的组织抵制以改变政策的能力。③

第二节　二战后英国职前教师教育政策变迁的表现

二战后至 2015 年的 70 余年中，英国职前教师教育政策经历了 4 个发展阶段，依次为"共识政治"时期的强调数量扩张阶段、保守党政府时期的注重质量与能力阶段、新工党政府时期的基于标准与专业阶段、联合政府时期的追求卓越阶段，每个阶段都有其特定的变迁特征和主题。从历史的共识性看，

---

① 郭朝红. 影响教师政策的中介组织 [M]. 天津：天津教育出版社，2006：85.

② The Universities Council for the Education of Teachers. About us [EB/OL]. (2020 - 09 - 10) [2023 - 08 - 01]. https：//www.ucet.ac.uk/mission.

③ IRONSIDE M，SEIFETT R. Industrial relations in schools [M]. London：Routledge，1995：177.

每一阶段的特征是特定政策环境的产物；从历史的历时性看，每一阶段的特征前后连贯、因果交错，逐步推进了二战后英国职前教师教育的发展。

一、从注重理论和数量转向注重实践与能力

在二战后英国职前教师教育政策变迁的第一个阶段，即"共识政治"时期至保守党执政时期，英国政治从两党共识，轮流执政转向保守党专政数十载；英国经济从国家干预为主转向自由市场化发展；主流意识形态从凯恩斯主义转向新右翼撒切尔主义。如表 5 - 1 所示，与政治、经济密切相关的职前教师教育政策在培养目标和管理体制方面也经历了阶段性的变迁。

表 5 - 1　英国职前教师教育政策的变化（1945—1997）①

时间	政策	主题及内容	培养路径
1945—1979	《战后应急方案》 《麦克奈尔报告》 《罗宾斯报告》 《詹姆斯报告》	注重数量和理论素养的提升。 以高等教育机构为主导。 根据人口数量变化调节师资供应。 课程设置围绕理论知识的建构，几乎与实践绝缘。	以传统 BEd 项目为主
1979—1992	3/84 通告 24/89 通告	注重质量提升。 中小学在职前教师教育中承担的责任愈发重大，但仍然以高等教育机构为主导。 课程设置开始强调实践环节所占比重 国家统一制定实践导向的课程标准。 建立 CATE 管理教师职前培训课程。	BEd 项目 PGCE 项目
1992—1997	9/92 通告 14/93 通告 《1992 教育法》 《1994 教育法》	注重以学校为本的职前教师教育。 强调对合格教师教学能力的培养。 中小学与高等教育机构建立平等的伙伴关系。 建立 Ofsted、TTA 加强对教师教育的监督、管理和质量监控。	ATS 项目 LTS 项目 SCITT 项目 BEd 和 PGCE 的衍生项目

---

① 资料来源：PHILLIPS R，FURLONG J. Education，reform and the state：Twenty-five years of politics，policy and practice ［M］. London：Routledge Falmer，2001：120.

二战后初期，英国职前教师教育所面临的最大问题即人口数量暴增与师资数量锐减之间的矛盾。此阶段内颁布的《战后应急方案》《麦克奈尔报告》等政策均旨在短时间内提升教师培训的效率，即通过缩短职前教师教育时间、增设教师培训机构、扩大师范生招生名额等方式提升师资数量，以缓解师资供需矛盾。与此同时，传统教师教育的理论素养不足、培训方式机械等弊病也逐渐显露，无法满足当时基础教育普及对师资数量和质量所提出的更高要求。因此，在暂时缓解数量矛盾后，政府又将职前教师教育的重心转移至提升理论水平，其主要措施即加强大学与传统教师培训机构之间的联系。

《麦克奈尔报告》和《罗宾斯报告》明确表示出进一步加强大学与教师培训学院联系的意愿，提出将教师培训学院升级为教育学院，与大学一起纳入高等教育的队伍，政府希望通过此方式加强职前教师教育的理论高度与深度，加快教师专业化的进程。此外，当时社会民主理想对职前教师教育理念产生了重要影响。政府和民众对专业教师的设想是一个"理性自主"的人。因此，教师需要以"基础知识和一般知识"为基础的强有力的个人教育，这种教育形式必须优先于实践培训。在大学的引导下，与高等教育接轨的教师培训学院迅速扩大，追求职前教师教育课程的"学位价值"。而定义学位价值的大学规章制度，成为当时职前教师教育者必须遵守的关键政策文本。确保新生学士学位"价值"的主要工具是涵盖教育学科研究与社会学、历史学、心理学和哲学的职前教师教育课程。甚至有学者认为，这一时间段内，"专业教师"仿佛被定义为"从事教师职业的学者"，课程变得越来越理论化，与中小学的世界隔绝。[①] 虽然在 20 世纪 70 年代初期，詹姆斯委员会开始意识到职前教师教育理论与实践相结合和职前与在职一体化的重要性，但终究只是美好愿景，这一时期的主题依旧是高等教育机构主导、理论建构为主的"学者型"（scholar）教师教育。

20 世纪 80 年代起，教育部和皇家督学团公布了大量针对职前教师教育质量检查的报告，其数据和结论或明显或暗示地批评了现有的教师教育，

---

① PHILLIPS R, FURLONG J. Education, reform and the state: Twenty-five years of politics, policy and practice [M]. London: Routledge Falmer, 2001: 123.

其批评的焦点均集中于对师范生实际教学能力培养的欠缺上。一方面，由于长期以来，以高等院校为主导的教师培养模式理论与实践脱离，其弊端在毕业生入职中小学后逐渐暴露。另一方面，撒切尔主张的市场化意识形态开始逐渐渗入职前教师教育领域。在新右翼意识形态观中，高等教育机构和教师属于职前教师教育领域的生产者，以生产者为重心的职前教师教育是低效甚至有害的。如果要提高培训质量，政府应当尽可能地向"市场"——中小学开放，使实践优先于以高等教育为基础的培训。① 英国政府也尝试将职前教师教育重点由数量转移到质量上来，由此，英国职前教师教育开始了由注重理论到重视实践的主题转型。

撒切尔执政时期，转型主要体现在职前教师教育课程新标准的出台上。3/84 通告和 24/89 通告对于实践课程在总课时中所占比重、培训机构与中小学之间合作关系的建立，以及中小学实践课程的具体内容均作出了明确规定，首次提出学科应用、课程研究、教育与专业研究这三门课程内容都应当与中小学实践经验紧密相连。学士学位课程的实践课时应不少于 20 周，学士后学位课程不少于 15 周。课程目标也表示，应当注重学生实践能力的培养与提升。此外，学生的实践教学成绩与学位直接挂钩，即实践教学成绩未达标者，不得被授予合格教师身份及相应学位。此时的职前教师教育开始注重实践技能的培养，中小学也更加积极地参与教师职前培训的遴选和实践课程环节，所承担的责任也愈加重大。然而，这一阶段内，高等教育机构依旧掌握着职前教师教育主导权。职前教师教育呈现出以高等教育机构为主，以中小学为基地，以实践为导向的"专业型（Expert）"教师发展特点。②

20 世纪 90 年代开始，梅杰执政下的保守党政府对职前教师教育的转型意向表达得更为明确和激进。首先，这一届保守党政府比以往任何时候都更协调一致地尝试建立一种更基于实践的专业主义形式。新保守主义思想家宣称的改革目标是"压制冗长、教条主义和令人沮丧的培训课程，并创

---

① WILKIN M. Initial teacher training：The dialogue of ideology and culture［M］. London：The Falmer Press，1996：173.

② PHILLIPS R，FURLONG J. Education, reform and the state：Twenty-five years of politics, policy and practice［M］. London：Routledge Falmer，2001：126.

建一个'中立'的体系。"① 时任教育大臣的克拉克更是在任职之初的演讲
中明确提出："学生们厌烦了学习过多的理论而实践不足的培养观，我希望
接下来的培训能花费更多时间真正进入课堂进行教学。"②

　　为此，保守党政府首先通过开发一系列师资培训新项目的方式进行培
养模式的转型。这些新项目的共同之处在于实践环节的课时比重远大于理
论环节，由中小学负责的时长与内容也远超于高等教育机构。尤其是 SCITT
方案的出台，具有转折性的意义。该方案首次允许中小学完全脱离高等教
育机构，直接受政府资助而制定本校培训方案。更重要的是，该方案中首
次使用"学校中心（school-center）"代替"以学校为基地"　（school-
based），这一转变也意味着英国职前教师教育正式开始进入平等伙伴合作的
发展时期。其次，政府以"能力"为核心目标，注重通过实践为主的课程
培养学生专业教学所需的各种能力。为此，政府在 1992 及 1993 年接连出台
初等和中等职前教师教育课程标准。与以往不同的是，新标准以"能力"
为中心制定框架。无论是理论抑或实践课程均围绕能力培养而展开。明确
要求高等教育机构、学校和学生"在整个初期培训期间集中注意教学能
力"。在这个新框架中，教师，而非教师教育者为学生准备了一份预先定义
的能力清单。政府希望通过这些手段看到新一代教师的崛起，其专业价值
不受传统教师教育观的影响。③ 这一阶段内的教师教育开始建立平等的伙伴
关系，中小学不再处于从属地位，教育主导权也不再属于高等教育机构。
教师培养目标与课程也不再是简单的实践导向，而是以实践为途径，以培
养教学能力为核心的新框架建构。由此，英国教师教育转向以学校为本，
大学与中小学伙伴式平等合作的"能力型从业者（Competent Practitioner）"
发展阶段。

---

　　① LAWLOR S. Teachers mistaught：Training in theories or education in subjects？［M］. London：
Centre for Policy Studies，1990：21.

　　② ［英］约翰·富隆，伦·巴顿. 重塑教师专业化［M］. 马忠虎，等译. 北京：北京师范大
学出版社，2010：77.

　　③ LAWLOR S. Teachers mistaught：Training in theories or education in subjects？［M］. London：
Centre for Policy Studies，1990：21.

二、从教师教育自治转向中央问责制

二战后直至20世纪70年代，英国教师教育按照《1944年教育法》的规定，由地方教育当局负责其教师任命和师资供给。女王督学团作为中央政府代表，对职前教师教育的实施效果、发展水平进行监督和视察，其评估报告对职前教师教育政策的制定有一定影响。除此之外，职前教师教育政策的制定权大部分掌握在大学或者教师培训学院等教师教育领域学者的手中。在20世纪60年代末，职前教师教育政策控制权应该移交给教师的观点被广泛接受。①《麦克奈尔报告》《罗宾斯报告》和《詹姆斯报告》委员会成员虽由教育部或中央政府进行遴选，但其成员基本来自大学、教师培训学院、中小学，以及教师组织，委员会主任均为大学副校长。也可以理解为，这一阶段内的职前教师教育虽然由地方教育当局负责，受皇家督学团监督，但基本发展方向和内容在职前教师教育领域掌控内。英国职前教师教育的内容、结构与培训课程都是教师教育工作者们自己的事。作为一个政策领域，职前教师教育并未受到政府的过多关注与干预。②

然而，职前教师教育的高度自治随着20世纪80年代撒切尔的上台开始受到威胁，执政长达近20年的保守党政府开始逐渐加强对职前教师教育的干预。受新右翼意识形态影响，中央政府企图将市场化理念中的"竞争原则"融入对职前教师教育的改造之中，即通过一系列政策的颁布，在课程、行政管理、监督评估等方面构建职前教师教育的竞争环境，从而建立全国性问责制度。

首先，在课程设置方面，中央政府通过《1988年教育改革法》的颁布，出台了全国统一课程和全国统一考试政策，从而剥夺了地方教育当局和教师在中小学课程方面的自主权，加强了中央政府对中小学课程和考试的控制。同时，这一举措也使教师培训课程更为"国标化"。一方面，职前教师

---

① ROBINSON W, BRYCE M. Willing enthusiasts or lame ducks? Issue in teacher professional development policy in England and Wales 1910—1975 [J]. Pedagogic Historic, 2013, 49 (3): 345 - 360.

② WILKIN M. Initial teacher training: The dialogue of ideology and culture [M]. London: The Falmer Press, 1996: 153.

教育课程的科目必须围绕全国统一课程而展开设置，课程培养目标与之息息相关。另一方面，教育部通过一系列教师职前培训课程新标准的相继发布，逐渐加强对职前教师教育课程的直接干预与控制。高等教育机构虽然依旧拥有制定本校课程及培养方案的权力，但必须以教育部发布的课程标准为核心框架，依据标准设定和实施课程，一定程度上丧失了课程自治权。

其次，在职前教师教育的监督、认证与评估方面，中央政府通过建立师资培训认可委员会（CATE）、教育标准局（OFSTED）和教师培训署（TTA）这些半政府性质的中介机构，对职前教师教育的课程、实施效果、发展水平和课程认证方面造成了干预性影响。MOTE 项目负责人约翰·富隆也认为，从宪法角度看，3/84 号通告的出台是革命性的，它提出的职前教师教育课程新标准和师资培训认可委员会的建立，代表着新的中央问责制框架诞生。①

最后，高等教育机构与中小学之间伙伴关系的建立，同样代表着培养模式和培训体系方面朝问责制转变。9/92 通告和 14/93 通告均对伙伴学校在课程规划、课程实施、管理评估方面的责任做出了明确界定。这也意味着，高等教育机构在以上环节自治、自给、自足的传统被打破。同时，政府宣称，无论公立还是私立学校，均可向中央政府申请成为新教师培训伙伴。但那些不主动申请的学校将被撤销其认证资格。此外，成功申请为教师培训伙伴学校的中小学，需要受到教育标准局的全面督查。这一举措表明，中小学在职前教师教育领域问责权力的增强与范围的扩大实际上是为了更好地建立教师教育中央问责制。至此，英国教师教育正式告别教师自治的时代，转而走向中央问责的发展阶段。

三、从注重能力转向基于标准

保守党政府时期的职前教师教育政策以"能力"为核心目标，注重通过实践为主的课程培养学生专业教学所需的各种能力，所出台的职前教师教育课程政策均以"能力"为中心制定框架。无论是理论抑或实践课程均

---

① PHILLIPS R, FURLONG J. Education, reform and the state: Twenty-five years of politics, policy and practice [M]. London: Routledge Falmer, 2001: 124.

围绕能力培养而展开。然而，新工党在上台之初就公开表示，教育是一切改革任务之首，强调提升全民教育水平，提高教学质量与标准，建设具有国际竞争力的国民教育体系。① 为了实现这些目标，新工党认识到，教师的工作必须比以往任何时候都更加"规范"，需要建立新的标准体系。《卓越的学校》白皮书第五章——"教学：高地位，高标准"提出，教师是提升教育标准的核心力量，为了提升整体教育质量，必须首先提升教师教育标准。新工党教育大臣也表示："以标准化的方式提高我们对合格教师的要求，对于实现政府在整个教育系统中提高学生成绩的承诺，尤其是实现读写和计算能力目标，显然是至关重要的。"②

为此，新工党政府出台了《合格教师资格标准》，替代了职前教师教育课程标准。在内容方面，《合格教师资格标准》比以往更加详细、具体地规定了师范生在核心知识、理解力、技能这些有效教学所依靠的素质方面应达到的要求。甚至对于合格教师所使用的教学手段、方法都做出了标准性的规定。标准化的要求使得合格教师的职前培养过程成为对照清单查漏补缺的操作。在政策用语方面，从"职前教师教育课程标准"到"合格教师资格标准"的变化，更加突显出新工党政府对"标准"的重视。首先，"合格教师"概念的提出意味着政府对教师职业要求和期望的提升。并不是完成职前教师教育课程的受训者就可以称为"教师"，政府需要的是符合"标准"的合格教师。其次，从"课程标准"到"资格标准"的转变也意味着标准化的规定不只存在于课程领域，而是在于职前教师教育领域的各个方面。最后，新工党政府将合格教师的标准贯穿于职前、入职、在职阶段，即教师的职业生涯。相关部门将定期督查，有权取消那些不符合合格教师资格标准的教师资格。

此外，《合格教师资格标准》还成为教师培训署和教育标准局对职前教师教育进行监督检查的参照标准，这意味着新工党将此标准和标准化的流程统一地应用在职前教师培训、监督、评估的各个方面，新工党政府领导

① GREEN A. Blair's educational legacy: Thirteen years of New Labour [M]. New York: Palgrave Macmillan, 2010: 35.

② FURLONG J. New Labour and teacher education: the end of an era [J]. Oxford Review of Education, 2005, 31 (1): 119 - 134.

下的职前教师教育实现了课程、认证、监督、检查、评估基于同一标准的一致性。正如教师培训署主席米勒特在介绍合格教师标准的公开信中指出："合格教师标准确立的积极影响已经超出了职前教师教育范围。可以说，它对整个英国的基础教育和教师教育都至关重要。毫无疑问，新标准的确立将成为教师教育专业化道路上的里程碑，明确了教师们对于教师——这一需求量最大，回报也最丰富的 21 世纪职业的期望。"① 政府对职前教师教育的干预也从小学扩大至中学，从课程标准延伸至具体教学策略，实现了职前教师教育从能力导向到具体标准的转变。

然而，部分学者认为，过于技术化和清单式的标准实际上严重限制了教师的教学自主性和教师专业化发展。教育过程的核心是教师、儿童和课程，但政府和教师培训署视角下的教育过程核心是标准。② 基于实用主义的教学框架标准将教学活动限制在一个技术性的、高度具体的实践框架内，忽视了教学的价值和师生的个体差异性，也忽视了教师反思的作用。在新工党领导下，目前的职前教师教育课程更多地关注学校课程中的"基础"，尤其在为语言和计算能力的教学做准备。有学者认为，新工党"标准化"的要求实际上是在培养合格教师不加批判地以政府规定的方式"传授"政府规定的课程，从而塑造一种新自由主义的、功利主义的教师专业化。③

四、从基于标准转向追求卓越

从 20 世纪末期新工党大选获胜直至 21 世纪初期卡梅伦领导的联合政府上台，英国改革主题从"变革与创新"转向"自由、公平与责任"；主流意识形态从贯彻第三条道路转向新保守主义与新自由主义融合；唯有"教育优先"的改革重点正在被持续性地强调。与此同时，职前教师教育政策在目标和内容方面也经历了阶段性的变迁。

---

① FURLONG J. New Labour and teacher education: The end of an era [J]. Oxford Review of Education, 2005, 31 (1): 119 – 134.

② HAMMERSLEY M. Educational research and teaching: A response to David Hargreaves' TTA lecture [J]. British Educational Research Journal, 1997, 23 (2): 141 – 146.

③ HILL D. Critical teacher education, New Labour and the global project of neoliberal capital [J]. Policy Futures in Education, 2007, 5 (2): 204 – 225.

首先，政策主题从培养标准化的合格教师转为培养全球化的卓越教师，英国政府对职前教师教育的质量要求有了质的飞跃。新工党政府为了强调提升全民教育水平，提高教学质量与标准，通过《合格教师资格标准》的出台与不断完善初步建立了标准化的职前教师教育体系与监督体系。① 在标准化的监督之下，"合格"教师成为这一阶段的职前教师教育目标与主题。然而，面临着英国基础教育水平的持续性下降和激烈的国际竞争，联合政府意识到，仅仅"合格"的教师无法应对教育国际化的挑战，吸引优秀人才、提升教师职业吸引力、培养"卓越"教师成为联合政府时期职前教师教育的目标。

为此，联合政府首先出台《培养下一代卓越教师》白皮书。白皮书概述了联合政府时期提升教师职业吸引力、提高职前教师教育标准，以及重塑教师专业化的总目标，为未来卓越教师教育改革奠定了基础框架。② 同时，白皮书的出台在英国职前教师教育的生源结构、生源质量、教学内容等方面为英国培养卓越教师设定了高标准和严要求的新起点。为了响应白皮书提出的新要求，满足联合政府培养卓越教师的需求，英国教育部随后颁布了新的《教师标准》和《卓越教师标准》。《教师标准》是联合政府对于新工党政府时期《合格教师标准》的更新与变革，在简化的基础上提升了培养要求。《教师标准》为教师的教学实践和行为准则设立了明确的期望水平，即英国合格教师的最低水平。针对"卓越水平"而设置的《卓越教师标准》更加明确地突显出联合政府时期职前教师教育政策主题从合格转向卓越。《卓越教师标准》不仅是教育部为了更好地迎合卓越教师的培养而全新制定的标准，还意味着英国政府首次有意识地将"普通（合格）教师"与"卓越教师"区别开来，从培养目标、培养标准、培养途径和培养内容方面满足"卓越化"的需求，树立"卓越化"的标杆。③

---

① GREEN A. Blair's educational legacy: Thirteen years of New Labour [M]. New York: Palgrave Macmillan, 2010: 35.

② EVANS L. The shape of teacher professionalism in England: professional standards, performance management, professional development and the changes proposed in the 2010 White Paper [J]. British Educational Research Journal, 2011, 37 (5): 851 – 870.

③ REVELL L, BRYAN H. Calibrating fundamental British values: how head teachers are approaching appraisal in the light of the Teachers' Standards 2012, Prevent and the Counter-Terrorism and Security Act, 2015 [J]. Journal of Education for Teaching. Vol42 (3), 2016: 341 – 353.

第三节　英国职前教师教育政策变迁中的利益博弈

教师教育是现代社会的产物。因此，教师教育历来既受到教育者的重视，也受到统治集团的重视，其政治、政策色彩突出。所以，职前教师教育具有毋庸置疑的政治性。[①] 同时，任何政策都是阶级意志和利益的集中体现与表达，政策的制定、执行都属于政治行为，政治制约着教育政策改革的方向与目的，政治本质上也是一种多方利益博弈与平衡的过程。[②] 现代议会的重要政治功能之一，就是为社会各阶层及各种政治主体共同参与重大政治决策，保证政治决策尊重各方的利益提供重要平台。作为现代议会发源地的英国，也在政策制定和变迁的过程中渗透着利益的博弈、协商与妥协。基于利益相关者的理论视角，通过剖析战后英国职前教师教育政策的变迁路径和特征可以发现，利益相关者之间的博弈是直接导致政策变迁的原因，具体包括不同政党之间的利益博弈、教师与中央政府之间的利益博弈，以及教育机构之间的利益博弈。

一、政党意识形态的博弈

在战后英国职前教师教育政策的变迁过程中，利益的博弈不仅体现为对权力和物质利益的争夺，同时还体现为各种意识形态及其价值观念之间的冲突，以上冲突所引发的博弈是推动政策制定和变迁的重要因素。

二战后至 2015 年，英国施行以工党和保守党为主的两党轮流执政模式。不同党派轮流执政所产生的意识形态博弈对职前教师教育政策的变迁起着决定性作用。国家是教育的提供者和确立者。教育制度内部发生的变化大多数是由国家公民与国家的政治关系决定的，国家也是从政治的角度建立教育制度的。法国著名哲学家阿尔都塞提出了教育是意识形态国家机器的理论。他认为，在意识形态国家机器的幕后，执政党将教育作为建立主导

---

① 王长纯. 教师教育思想史研究. 上册 [M]. 长春：东北师范大学出版社，2016：6.
② 孙俊三. 教育原理 [M]. 长沙：中南大学出版社，2001：63.

意识形态的机器。[①] 意识形态是统治阶级根据自己的利益诉求调整生产关系和社会关系，从而巩固其统治地位的利器。学校教育作为执政党意识形态机器，发挥着主导作用。执政党意识形态国家机器对教育政策机器实践的影响更是以"政治"为中心，执政党通过在教育中渗透其意识形态达到维护政权和劳动力再生产的目的。[②] 同时，在相对稳定的外部环境中，无论何政党执政，都无法脱离外部环境而依靠自身意识形态进行决策。因此，政党之间意识形态的偏好一般通过教育政策内容加以体现。二战后，保守党和工党轮流执政。两党的意识形态和价值取向不同，导致其制定的职前教师教育政策内容差异显著。

工党奉行社会民主主义和大众主义，崇尚平等与公平。提倡在全球化大背景之下兼顾市场与公平，提出扩大教育规模，实现教育平等的主张，这与坚持"精英主义"的保守党价值观相悖。"共识政治"时期，工党政府致力于职前教师教育的"高等教育化"，但保守党政府官员始终"不认为培养一大批小学教师是高等教育体系的一部分，而这正是师资培训机构的职责"。[③] 两党之间意识形态的博弈也在很大程度上影响了职前教师教育并入高等教育的进程。

保守党奉行新自由主义和精英主义，崇尚个人自由、效率至上和市场万能。该意识形态反映到职前教师教育领域中即注重职前教师教育的实践性，加强职前教师教育的市场化，鼓励师资培训机构的多样化和竞争化，同时加强中央集权，撒切尔领导的保守党政府更是将此意识形态运用至巅峰。政策内容上，英国职前教师教育政策开始更加重视教学技能的培养和实践性课程的比重。为此，保守党政府通过出台实践倾向的课程标准、增加实践取向的师资供给途径，使职前教师教育政策主题实现了从注重理论和数量到注重实践与能力的转变。问责制度上，20 世纪 80 年代以前，英国主要实行地方与中央结合管理，地方为主，中央为辅的教育体制，职前教

① 陈炳辉. 西方马克思主义的国家理论 ［M］. 北京：中央编译出版社，2004：62.
② 乐先莲. 当代西方教育与国家关系——基于国家利益观视角的思想研究 ［M］. 北京：教育科学出版社，2011：156.
③ GODWIN C. The origin of the binary system ［J］. History of Education，1998，27 （2）：171 - 191.

师教育领域也不例外。20 世纪 80 年代后，保守党政府通过各项政策的颁布，逐渐将职前教师教育管理权收回中央。一方面，直接出台相关政策，设立多个代表中央政府利益的中介组织机构，削弱地方政府和教育当局对职前教师教育的控制权。另一方面，通过相关政策实现权力在高等教育机构与中小学之间"此消彼长"的转移，分散高等教育机构在职前教师教育领域的话语权。最终导致中央政府对职前教师教育领域的干预与控制程度越来越高，政权更迭中执政党的意识形态对职前教师教育政策导向的影响越来越大。

二、教师与中央政府的利益博弈

职前教师教育领域的教师，既包括教师教育者，也包括中小学教师。不论是作为政策出发点的目标主体，还是政策落脚点的实施个体，教师与中央政府之间的利益博弈始终贯穿于职前教师教育政策的变迁中。

"共识政治"时期，还未作为师资培训主要机构的大学秉持着"理论至上、精英教育"的办学理念，对传统"学徒制"的教师培训不屑一顾，不愿参与职前教师教育。此时执政党希望提升职前教师教育的学术水平与理论素养，通过多次政治协商与政策博弈实现了职前教师教育的大学化。撒切尔夫人执政后，教师（包括职前教师教育者）的意识形态与执政党意识形态之间的冲突愈演愈烈。历届执政党均渴望以自身意识形态重塑专业化的教师教育，传统的教师自治被中央问责制替代，职前教师教育者与大学在职前教师教育领域的话语权和自主权在与中央政府的利益博弈中逐渐被剥夺。新工党政府执政时期，致力于打造"标准化"的职前教师教育，对职前教师教育课程的宏观目标、内容，以及教师教育者和未来教师具体教授过程都作出了事无巨细的规定，很大程度上限制了教师们的教学自由。联合政府时期，英格兰教学总会被政府解散。同时，大学在职前教师教育的政策话语中逐渐被忽视，政府进一步加强中小学在职前教师教育领域的参与权，并通过限制招生名额、控制媒介宣传等手段与教师教育者进行利益博弈。在此期间，教师作为自身利益的维护者曾通过建立教师组织、发表公开言论、提供政策建议等方式进行博弈，也通过建立英格兰教学总会获得阶段性博弈胜利，却依旧无法改变不断被边缘化的宿命。

同时，在中央政府的引导下，师资培训话语权逐渐提升的中小学教师也因此进行了一定的利益博弈和妥协。然而，看似权力增强的中小学，也并未成为博弈的赢家。一直以来，高等教育机构都致力于培养合格师资。相反地，中小学主要承担初等和中等教育阶段的教学工作，20世纪80—90年代的教育改革也对中小学提出了挑战。此时，将大量教师培训权移交给中小学将涉及教学专业结构和学校文化的重大变革，中小学不仅难以应对现有的教育改革，还需分散人力物力承担起教师教育的责任。① 因此，"以学校为中心"的职前教师教育政策对中小学的利益也造成了一定损害。许多中小学教师都表示不堪重负，他们更愿意继续通过传统 BEd 和 PGCE 项目参与教师教育。

三、教育机构之间的利益博弈

大学、教育学院、中小学等师资培训机构之间的利益博弈也对战后英国职前教师教育政策的变迁造成了阶段性影响。中央政府持续推崇的"伙伴合作"式职前教师教育模式引发了中小学与高等教育机构之间的利益冲突，也导致了诸多矛盾。对高等教育机构而言，大学教师在中小学指导师资培训意味着其本职工作中科研时间的牺牲与损耗。理论研究的复杂性与师资培训负担的沉重性使大部分高等教育机构教师压力过重，从而影响师资培训的质量。对中小学而言，在提升基础教育质量的前提下，教师们是否有精力和能力兼职"带教导师"，校方是否愿意让一线优质教师参与师资培训项目，以及中小学和高等教育机构在合作中的权责划分和理念冲突都是持续存在且亟须解决的问题。② 以上问题也成为了未来英国职前教师教育政策的关键议题。

实际上，顺从中央政府安排，看似结为"伙伴关系"的双方实则进行着"非合作博弈"。大学与中小学的利益博弈陷入了双方利益均受到损害的

---

① Geoff Whitty. Education reform and teacher education in England in the 1990s [J]. Journal of Education for Teaching, 1993, 19 (4)：263－275.

② ［英］. 罗博·麦克布莱德. 教师教育政策：来自研究和实践的反思 [M]. 洪成文，译. 北京：北京师范大学出版社，2009：335.

"囚徒困境"① 局面。实际上，高等机构和中小学利益的此消彼长最终指向中央政府对职前教师教育控制权的增强。正如英国埃克塞特大学教育学院教授温迪·罗宾逊所言："中央政府对职前教师教育的批评和师资培训机构的反批评状况将一直持续下去。因为师资培训机构和其他利益相关者会再三重申他们各自的角色、立场和责任。与此同时，政府机构则继续实施改革。本质上，这些改革是政治利益和意识形态驱动下的产物。"②

通过以上分析可以发现，在英国职前教师教育政策变迁的过程中，推动政策制定和变化的根本动因即利益。政策变迁的过程也可以视作利益相关者为实现自身利益最大化而进行博弈与妥协的过程。此外，人口因素、经济、社会发展状况和基础教育的发展也在一定程度上影响并推动着政策的变迁。首先，学龄人口的数量与增长率对教师的供给环节有着直接影响，职前教师培训项目的招生名额与基础教育对象的数量之间呈明显供求关系。其次，英国职前教师教育政策受制于经济政策与财政危机的循环之中。③ 经济发展水平的高低影响教育经费的支出与投入，进而牵动职前教师教育政策的制定。最后，服务于基础教育的职前教师教育也绝不只是纯粹地孤立存在，它与一个时期的基础教育发展状况紧密相连。基础教育的发展，包括对中小学教育目标的调整、课程的规划，以及对教育规模与质量的要求，都会直接影响职前教师教育政策的目标、内容和导向。同时，中小学教育的质量在一定程度上取决于职前教师教育的发展状况。也可以理解为，基础教育状况是职前教师教育发展的直接参照和最终落脚点。

---

① "囚徒困境"是博弈论中将产生"非合作博弈"的一种局面。两个犯人被警方逮捕，警方知其有罪但无足够证据指控，因此要求两个犯人揭发对方。如果两个囚徒都与警方合作，如实交代，则二者利益受损，均不会被释放；如果仅有其中一人坦白，另一人不予合作，这一结果有利于坦白者利益诉求的满足；如果两人彼此合作均不坦白，他们或许将因指控证据不足而被释放，在博弈论角度来说属于最优收益。

② ROBINSON W. Teacher training in England and Wales past, present and future perspective [J] Education Research and Perspectives, 2006, 33 (2): 19 – 36.

③ SHIMAHARA N K, HOLOWINSKY I Z. Teacher education in industrialized nations: Issues in the changing social contexts [M]. New York: Garland, 1995.

结　语

　　英国现代思想家罗素指出："英国人承袭了典型的喜欢妥协的传统，在社会问题上，他们思考的是改良而不是革命。"① 长期以来，英国政治变革总是以温和、渐进的方式完成。受传统影响，二战后英国职前教师教育政策的变迁虽呈现出明显的阶段性特征，也保持着一定的连续性。利益相关者在博弈的同时，也为了实现整体利益的最大化而逐步妥协与合作，最终致力于构建英国特色的职前教师教育多元平衡发展格局。

一、二战后英国职前教师教育政策变迁的特征

　　通过梳理二战后英国职前教师教育政策变迁的历史脉络可以发现以下两个明显的特征。

（一）呈现出明显的阶段性

　　二战后至20世纪70年代中期，战后重建中的职前教师教育面临着基础教育的广泛普及与师资数量短缺所产生的矛盾，"扩张数量"成为这一阶段英国职前教师教育政策的主题。《麦克奈尔报告》《罗宾斯报告》等一系列围绕扩大职前教师教育规模、扩张师资数量的政策相继颁布。师资培训机构也由提供技能培训的培训学院逐渐转化为注重理论素养的高等教育机构，职前教师教育逐渐大学化。同时，在二战后共识和不断变化的社会经济形势下，英国政府在制定职前教师教育政策的过程中很大程度上依赖于与地

---

　　① ［英］. 伯特兰·罗素. 西方的智慧（下册）. 崔权醴，译. 北京：文化艺术出版社，1997：460.

方政府、教育当局和职前教师教育专业人士之间的伙伴关系。这一时期，职前教师教育主要由各个地方教育当局负责管理，政府在政策制定过程中也把教师及相关团体的意见作为核心，赋予了他们极大的专业自主权。

随着撒切尔夫人在 20 世纪 70 年代末的大选中大获全胜，英国迎来了保守党全面执政的 17 年，英国职前教师教育政策也由此转向"注重质量与能力"的阶段。由于"共识政治"时期的职前教师教育通过降低准入门槛、缩短培训时间等举措，追求短时间内师资数量的大幅度增长，导致现有师资在知识素养与教学能力方面都有所欠缺。同时，保守党政府推行质量与效率至上的市场化改革，强调职前教师教育质量的提升和教师实践能力的发展，以及职前教师教育领域的市场化竞争。为此，撒切尔和梅杰政府颁布了拓宽师资培训途径、制定师资培训课标、设立培训督查机构等一系列政策。此外，在前一阶段职前教师教育政策领域拥有高度话语权的教师和地方当局的权力也逐渐被削弱，向上收回至中央政府，向下转移至中小学。职前教师教育政策由地方负责，教师自治也转向中央集权和多方问责。

20 世纪末期，新工党在世纪之交的大选中获胜，成为英国执政党。此时，受现代化与全球化影响，"第三条道路"指导下的新工党更加重视职前教师教育的标准化和专业化。为此，新工党政府通过不断完善合格教师标准，确立了职前教师教育标准化的课程与教学实践；通过继续拓宽合格师资准入途径，构建了更多专业化的弹性培养模式；通过建立和改组相关机构，保障了标准化与专业化的职前教师教育发展，英国职前教师教育政策由此转向"强调标准与专业"阶段。

2010 年后，受到 PISA 测试排名接连下滑的冲击，联合政府意识到无论是基础教育国际竞争力还是师资发展水平，英国都面临着一定的危机。同时，基础教育水平靠前的国家均采用"卓越化"的标准实施职前教师教育。受其影响，联合政府确立了"追求卓越"的职前教师教育政策主题，并通过发布《培养下一代卓越教师》白皮书确立了卓越化的培养目标，从源头控制师资培训质量，从卓越学生中培养卓越教师，为英国职前教师教育发展的新阶段奠定了基础。在继承新工党政府标准化培养要求的基础上，联合政府还出台了《卓越教师标准》，进而实现培养标准的卓越化。

（二）保持着一定的连续性

首先，在利益相关者博弈过程中，中央政府的权力不断增强，教师自主权则逐渐削弱。与此同时，教师培训学院、大学等机构在职前教师教育政策制定过程中也拥有高度话语权和决定权，《麦克奈尔报告》明确反对建立由中央政府直接控制的教育系统。在课程和教学方面，《1944 年教育法》并未对宗教教育以外的学校课程制定任何管理条例，由此开启了教师在教学中享有专业自主权的时代。① 然而，自 1979 年保守党成为执政党起，职前教师教育领域的主导权开始发生变化。保守党政府试图将职前教师教育市场化，引入竞争制度，挑战原有教师自治的局面。同时，通过设置全国统一的课程与监督评估标准，中央政府成功实现了对职前教师教育课程、培训、监督、评估等方面的直接控制，职前教师教育者开始失去曾经高度享有的专业自主权。此后的新工党政府和联合政府虽然受不同意识形态和社会环境影响，确立了不同的职前教师教育主题与目标，但在利益博弈和权力分配方面，他们依旧延续着保守党政府时期的方向，即通过多种途径保障和增强中央政府对职前教师教育的控制权和政策制定的主导权。职前教师教育机构及相关专业人士的权力不断被削弱，其利益诉求和地位也不断被边缘化，职前教师教育进而从教师自治转向中央问责制。

其次，中小学在职前教师教育领域的参与范围不断扩大。19 世纪以来，教师职业以及师资培训机构的社会地位较低，生源素质不高，培训方式多为狭隘且机械地训练，对受训者理论素养的培养不够重视。因此，在"共和政治"时期，英国政府为了提升职前教师教育的学术水平与理论素养，将大学置于职前教师教育领域的主导地位，它所颁布的一系列政策也致力于职前教师教育的"大学化"。但是，随着保守党政府的上台，以"市场和效率"为核心的意识形态全面渗透职前教师教育领域。大学注重理论积累和高度自治的传统与中央政府的理念背道而驰，中央政府开始加强中小学在职前教师教育领域的参与度和话语权。无论是保守党政府实施的"基于

---

① ROBINSON W, BRYCE M. Willing enthusiasts or lame ducks? Issue in teacher professional development policy in England and Wales 1910—1975 [J]. Pedagogic Historic, 2013, 49 (3): 345 – 360.

学校伙伴培养模式",还是工党政府倡导的"先教后学"计划,或是联合政府发起的"学校直培"项目,都在逐渐提升中小学在职前教师教育领域的地位与自主权。中小学是教师职业生涯的主要场所,一线实践的经历有利于强化职前教师教育领域相对薄弱的教学环节,提高新教师的教学实践水平,从而提升基础教育质量。另一方面,将大学对职前教师教育的垄断权下放至中小学,不仅可以通过权力的转移促使大学与中小学利益的此消彼长,进而实现中央集权的目的,而且有助于建立竞争性的职前教师教育市场,实现职前教师教育参与主体的多元化。

最后,追求职前教师培养模式的多元化。战后初期,英国职前教师教育培养模式单一,学制固化,对师资申请者的限制颇多。随着社会变迁,英国对各科教师的数量和质量要求也随之提高。此时,职前教师教育生源水平不稳定,数学、科学等学科师资短缺等问题层出不穷。传统的 BEd 培养模式对学制、时长和申请者的限制较多,经济补助较少,导致许多优秀毕业生无法投身教师行业。为此,自 20 世纪 80 年代起,英国政府通过不断出台关于拓宽师资准入途径、开发弹性培训模式的政策,确立了高等教育机构主导的 BEd 模式、基于伙伴关系的 PGCE 模式,以及中小学主导的 SCITT 和就业本位职前教师教育模式并行的多元化培养模式。此举一方面是为了追求职前教师教育申请者的多元化,针对不同学科、背景和诉求的申请者开发相应的培训模式或项目,有助于吸引更加广泛和优秀的申请者,从数量和质量上促进职前教师教育的发展;另一方面,有利于缓解稀缺学科和经济落后地区的师资短缺现象,提升师资整体素质,从而提升基础教育水平。

通过以上对战后英国职前教师教育政策变迁的阶段性与连续性特征的剖析不难发现,政权的更迭、人口的增减、社会的状况及基础教育的发展均对其产生着一定的影响,而政府、大学、中小学、中介机构、教师等利益相关者之间的博弈则直接推动着职前教师教育政策的变迁。

二、启示

世界著名比较教育学家艾萨克·康德尔认为,外国教育研究有如下三个目的:第一,阐明事实,发展教育思想。第二,了解特定国家或民族的教育问题所形成的背景原因。第三，借鉴别国的经验，改善本国乃至全世界的教育。① 本研究基于利益相关者视角，通过对 1945—2015 年间英国职前教师教育政策的梳理与解读，以及对政策变迁中所发生的利益冲突与博弈进行探讨与分析，不难发现利益博弈中整体利益最大化的实现路径是构建职前教师教育多元平衡的发展格局。为此，笔者相应地提出对我国职前教师教育改革的若干启示。

（一）倡导职前教师教育参与主体的多元化

新时代职前教师教育的改革与发展是一个涉及多方利益主体的动态开放行为，需要政府、中介机构、职前教师教育机构和中小学等利益相关者的共同参与、协同配合。政府作为职前教师教育的统筹方，应当重视专业领域和民间利益相关者的意见与诉求，建立政策领域与专业领域平等对话协商机制，以实现各方相互协调与制衡。同时，根据国家发展与专业需求制定相关政策，建立配套的管理与福利体系，提供充足经费保障发展；职前教师教育机构作为职前教师教育的实施者，应当确立正确培养目标，按照政府制定的相应政策标准，与中小学协同合作培养合格师资；中小学作为职前教师教育的实践场所，应当充分配合职前教师教育机构，为职前教师教育质量的持续改进提供评估、反馈和专业支持。② 以上各类主体需要建立合作共同体，树立多元参与、多方协同的职前教师教育发展观。

（二）追求职前教师教育培养模式的多元化

英国自 20 世纪 70 年代起追求多元化的职前教师教育模式，力求在保障培养质量的前提下实现培养学制、课程安排、实践方式等方面的多样性和特殊性。这不仅吸引了更多拥有不同学科和教育背景的优秀申请者投身于教师行业，也缓解了稀缺学科和发展落后地区的师资短缺问题。我国自 20 世纪 90 年代起已意识到传统定向型教师培养模式具有很大的局限性，提倡教师培养模式开放化的改革思路。基于此，我国应继续完善以现有师范院校为主体，其他高等学校共同参与的职前教师教育体系。通过持续开发针

---

① 王承绪. 比较教育学史 [M]. 北京：人民教育出版社，1992：72.
② 朱旭东，胡艳. 中国教育改革开放 40 年·教师教育卷 [M]. 北京：北京师范大学出版社，2019：420.

对不同生源的非定向型培养模式，吸引学科背景、学术经历多元化的优秀人才投身教育行业。同时，扩大具有地区成功经验的"4＋2模式""教师教育协同创新实验区"①"双师型教师教育"② 等项目的推广范围，实现培养模式的多元化，提升职前教师教育的实践性和专业性。

（三）实现职前教师教育生源选拔的多元化

以优秀的人才去培养更优秀的学生，是国际职前教师教育改革的普遍共识与趋势，也是英国联合政府将职前教师教育政策主题和培养目标定为"追求卓越"的主要原因。优质的师资是高水平基础教育的保障，而优秀的师范生生源则是优质师资水平的源头和首道门槛。以本科层次的职前教师教育生源选拔为例，相比英国从 GCES 总成绩、特定科目成绩、面试成绩等方面对职前教师教育受训者的综合考查，我国仅以高考成绩进行选拔的方式过于单一，生源供给结构有待优化，质量保障机制不够合理。鉴于此，应在全国统一学术测试的基础上，有针对性地增设面试和综合能力测试环节，深入考察申请者的综合素养和从教潜质，实现生源选拔方式的多元化。同时，针对申请者希望从教的科目进行专业水平测试，额外规定单科分数要求，选拔出真正乐教、适教、善教的优质生源，从源头上提升职前教师教育的质量。

---

① 2014 年国家发布《关于实施卓越教师培养计划的意见》，指出要深化教师培养模式改革，建立高校与地方政府、中小学（含幼儿园、中等职业技术学校、特殊学校）协同培养新机制。因此，许多地区将地方政府、高校、中小学联系起来，建立教师教育协同创新实验区。其中北京师范大学、东北师范大学已逐渐形成了稳定且有效的建设路径。

② "双师型教师教育"包括两种：一种是大学理论研究者与中小学教育实践者的合作，另一种是同一个教师既谙熟教育理论，又通晓教育实践。

参考文献

一、中文著作

[1] ［法］米阿拉雷．教育科学导论［M］．张军，译．北京：光明日报出版社，1989．

[2] ［荷］弗兰斯·F．范富格特．国际高等教育政策比较研究［M］．王承绪，译．杭州：浙江教育出版社，2002．

[3] ［加］本杰明·莱文．教育改革——从启动到成果［M］．项贤明，洪成文，译．北京：教育科学出版社，2004．

[4] ［加］迈克尔·富兰．教育变革新意义［M］．赵中建，译．北京：教育科学出版社，2005．

[5] ［美］阿普尔．意识形态与课程［M］．黄忠敬，译．上海：华东师范大学出版社，2001．

[6] ［美］埃德蒙·金．别国的学校和我们的学校——今日比较教育［M］．王承绪，译．北京：人民教育出版社，2001．

[7] ［美］艾塞克·康德尔．教育的新时代——比较研究［M］．王承绪，译．北京：人民教育出版社，2003．

[8] ［美］爱德华·弗里曼．战略管理——利益相关者方法［M］．王彦华，梁豪，译．上海：上海译文出版社，2006．

[9] ［美］戴维·伊斯顿．政治生活的系统分析［M］．王浦劬，译．北京：华夏出版社，1999．

[10] ［美］戴维·伊斯顿．政治体系［M］．马清槐，译．北京：商务印书馆，1993．

［11］［美］菲利普·库姆斯. 世界教育危机［M］. 赵宝恒, 李环, 译. 北京：人民教育出版社, 2001.

［12］［美］弗朗西斯·福勒. 教育政策学导论［M］. 许庆豫, 译. 南京：江苏教育出版社, 2007.

［13］［美］卡扎米亚斯, 马西亚拉. 教育的传统与变革［M］. 福建师范大学教育系, 译. 北京：文化教育出版社, 1981.

［14］［美］克莱顿·罗伯茨, 戴维·罗伯茨, 道格拉斯·R. 比松. 英国史：下册［M］. 潘兴明, 译. 北京：商务印书馆, 2013.

［15］［美］琳达·达林 – 哈蒙德. 美国教师专业发展学校［M］. 王晓华, 译. 北京：中国轻工业出版社, 2006.

［16］［美］玛丽莲·科克伦, 沙仑·费曼, 约翰·麦金太尔. 教师教育研究手册：变革世界中的永恒问题［M］. 范国睿, 等译. 上海：华东师范大学出版社, 2015.

［17］［美］迈克尔·阿普尔. 教育与权力［M］. 刘明堂, 译. 上海：华东师范大学出版社, 2008.

［18］［美］迈克尔·阿普尔. 文化政治与教育［M］. 阎光才, 译. 北京：教育科学出版社, 2005.

［19］［美］托马斯·戴伊. 理解公共政策［M］. 孙彩红, 译. 北京：北京大学出版社, 2008.

［20］［美］托马斯·戴伊. 自上而下的政策制定［M］. 鞠方安, 译. 北京：人民大学出版社, 2002.

［21］［美］詹姆森·安德森. 公共决策［M］. 唐亮, 译. 北京：华夏出版社, 1990.

［22］［瑞典］T. 胡森,［德］T. N. 波斯尔斯韦特. 教育大百科全书：教育管理、教育政策与规划、教育评价［M］. 张斌贤, 译. 重庆：西南师范大学出版社, 海口：海南出版社, 2006.

［23］［瑞典］T. 胡森,［德］T. N. 波斯尔斯韦特主编. 教育大百科全书·第8卷：教学、教师教育［M］. 张斌贤, 译. 重庆：西南师范大学出版社；海口：海南出版社, 2006.

［24］［苏］弗·格·特鲁汉诺夫斯基. 英国现代史［M］. 秦允衡, 译. 北

京：三联出版社，1979.

[25] ［英］J. E. D. Hall. 工党一年［M］. 费孝通，等译. 北京：生活·读书·新知三联书店，2012.

[26] ［英］阿伦·斯克德，克里斯·库克. 战后英国政治史［M］. 王子珍，秦新民，译. 北京：世界知识出版社，1985.

[27] ［英］阿萨·布里格斯. 英国社会史［M］. 陈叔平，译. 北京：商务印书馆，2015.

[28] ［英］艾伦·麦克法兰. 现代世界的诞生［M］. 管可秾，译. 上海：人民出版社，2013.

[29] ［英］比尔·考克瑟，等. 当代英国政治（第四版）［M］. 孔新峰，等译. 北京：北京大学出版社，2009.

[30] ［英］邓特. 英国教育［M］. 杭州大学教育系外国教育研究室，译. 杭州：浙江教育出版社，1987.

[31] ［英］弗朗西斯贝·克特. 戈登·布朗：他的过去，现在和将来［M］. 王法，王艾婷，等译. 上海：上海远东出版社，2009.

[32] ［英］加文·凯利，多米尼克·凯利，安德鲁·甘布尔. 利害相关者资本主义［M］. 欧阳英，译. 重庆：重庆出版社. 2001.

[33] ［英］杰夫·惠迪，萨利·鲍尔，大卫·哈尔平. 教育中的放权与择校：学校、政府和市场［M］. 马忠虎，译. 北京：教育科学出版社，2003

[34] ［英］杰里米·布莱克. 英国简史［M］. 廖文静，译. 武汉：华中科技大学出版社，2016.

[35] ［英］卡瓦纳. 英国政治：延续与变革［M］. 刘凤霞，张正国，译. 北京：世界知识出版社，2014.

[36] ［英］罗纳德·巴尼特. 高等教育理念［M］. 蓝劲松，译. 北京：北京大学出版社，2012.

[37] ［英］马丁·鲍威尔. 新工党，新福利国家？——英国社会政策中的"第三条道路"［M］. 林德山，译 重庆：重庆出版社，2010.

[38] ［英］马克·马佐尔. 黑暗大陆：20 世纪的欧洲［M］. 赵博文，译. 北京：中信出版社，2013.

［39］［英］马克威．一九四五年以来的英国社会［M］．马传禧，译．北京：商务印书馆，1992．

［40］［英］玛格丽特·撒切尔．唐宁街岁月（上）［M］．李宏强，译．北京：国际文化出版公司，2009．

［41］［英］玛格丽特·撒切尔．唐宁街岁月（下）［M］．李宏强，译．北京：国际文化出版公司，2009．

［42］［英］玛格丽特·撒切尔．通往权力之路：撒切尔夫人［M］．李宏强，译．北京：国际文化出版公司，2005．

［43］［英］麦克布莱德．教师教育政策：来自研究和实践的反思［M］．洪成文，译．北京：北京师范大学出版社，2009．

［44］［英］米切尔·黑尧．现代国家的政策过程［M］．赵成根，译．北京：中国青年出版社，2004．

［45］［英］奈杰尔·福尔曼，道格拉斯·鲍德温．英国政治通论［M］．苏淑民，译．北京：中国社会科学出版社，2015．

［46］［英］斯蒂芬·鲍尔．政治与教育政策制定——政策社会学探索［M］．王玉秋，孙益，译．上海：华东师范大学出版社，2003．

［47］［英］托尼·布莱尔．新英国：我对一个年轻国家的展望［M］．曹振寰，译．北京：世界知识出版社，1998．

［48］［英］温斯顿·丘吉尔．我绝不与这个世界妥协：丘吉尔演讲集［M］．陈钦武，译．江苏：人民出版社，2017．

［49］［英］约翰·布伦德尔．铁娘子撒切尔［M］．邓继好，译，北京：红旗出版社，2013．

［50］［英］约翰·富隆，伦·巴顿．重塑教师专业化［M］．马忠虎，等译．北京：北京师范大学出版社，2010．

［51］［英］约翰·坎贝尔．撒切尔夫人传［M］．韩晔，等译．武汉：长江文艺出版社，2015．

［52］陈炳辉．西方马克思主义的国家理论［M］．北京：中央编译出版社，2004．

［53］陈林，林德山．第三条道路：世纪之交的西方政治变革［M］．北京：当代世界出版社，2000．

［54］陈永明．教师教育学［M］．北京：北京大学出版社，2012．

［55］陈振明．政策科学［M］．北京：中国人民大学出版社，2003．

［56］谌启标．教师教育大学化的国际比较研究［M］．福州：福建教育出版社，2008．

［57］褚宏启．教育现代化的路径：现代教育导论［M］．北京：教育科学出版社，2013．

［58］崔士鑫．历史的风向标：英国政党竞选宣言研究（1900—2005）［M］．北京：北京大学出版社，2013．

［59］单中惠，王晓宇，王凤玉，等．西方师范教育机构转型——以美国、英国、日本为例［M］．济南：山东教育出版社，2012．

［60］单中惠．教师专业发展的国际比较［M］．北京：教育科学出版社，2010．

［61］单中惠．西方教育问题史［M］．北京：人民教育出版社，2011．

［62］邓永标．卡梅伦新传［M］．北京：中央编译出版社，2016．

［63］杜晓利．教师政策［M］．上海：上海教育出版社，2012．

［64］顾明远，梁忠义．世界教育大系·教师教育［M］．长春：吉林教育出版社，2000．

［65］郭朝红．影响教师政策的中介组织［M］．天津：天津教育出版社，2006．

［66］何秉孟，姜辉．阶级结构与第三条道路——与英国学者对话实录［M］．北京：社会科学文献出版社，2005．

［67］姜颖眹．转型社会中的大众传媒与公共利益［M］．北京：中国传媒大学出版社，2017．

［68］教育部师范教育司．教师专业化的理论与实践［M］．北京：人民教育出版社，2003．

［69］靳希斌．教师教育模式研究［M］．北京：北京师范大学出版社，2009．

［70］乐先莲．当代西方教育与国家关系——基于国家利益观视角的思想研究［M］．北京：教育科学出版社，2011．

［71］李华峰，李媛媛．英国工党执政史论纲［M］．北京：中国社会科学出

版社, 2014.

[72] 梁淑红. 利益的博弈——战后英国高等教育政策的制定过程研究 [M]. 北京：光明日报出版社, 2012.

[73] 吕达, 周满生. 当代外国教育改革著名文献：英国卷 [M]. 北京：人民教育出版社, 2004.

[74] 宁国良. 公共利益的权威性分配——公共政策过程研究 [M]. 长沙：湖南人民出版社, 2005.

[75] 祁型雨. 利益表达与整合：教育政策的决策模式研究 [M]. 北京：人民出版社, 2006.

[76] 钱乘旦, 陈晓律. 英国文化模式溯源 [M]. 上海：上海社会科学院出版社, 2003.

[77] 钱乘旦, 许杰明. 英国通史 [M]. 上海：上海社会科学出版社, 2017.

[78] 钱乘旦. 英国通史：日落斜阳 [M]. 南京：江苏人民出版社, 2016.

[79] 瞿葆奎. 教育学文集——英国教育改革 [M]. 北京：人民教育出版社, 1993.

[80] 王长纯. 教师教育思想史研究（上册）[M]. 长春：东北师范大学出版社, 2016.

[81] 吴式颖, 褚宏启. 外国教育现代化进程研究 [M]. 太原：山西教育出版社, 2006

[82] 吴文胜. 教师发展与政治文化研究：基于教师政策演变的分析 [M]. 杭州：浙江大学出版社, 2013.

[83] 夏征农. 辞海 [M]. 上海：上海辞书出版社, 1999.

[84] 萧洪. 20 世纪世界通鉴（下）[M]. 广州：广州出版社, 1998.

[85] 肖甦. 比较教师教育 [M]. 南京：江苏教育出版社, 2010.

[86] 谢峰. 英国保守党领袖选举研究：制度变迁与政治发展 [M]. 南京：江苏人民出版社, 2013.

[87] 徐辉, 郑继伟. 英国教育史 [M]. 长春：吉林人民出版社, 1993.

[88] 徐辉. 教师教育与评论 [M]. 杭州：浙江教育出版社, 2006.

[89] 阎照祥. 英国政治思想史 [M]. 北京：人民出版社, 2010.

[90] 颜丙峰, 宋晓慧. 教育中介组织的理论与实践 [M]. 上海：上海人民

出版社，2006.

［91］杨跃．教师教育学［M］．北京：北京师范大学出版社，2016.

［92］姚蒙．法国当代史学主流——从年鉴派到新史学［M］．香港：三联书店出版社，1998.

［93］叶澜．教育概论［M］．北京：人民教育出版社，1991.

［94］易红郡．从冲突到融合：20世纪英国中等教育政策研究［M］．长沙：湖南教育出版社，2005.

［95］易红郡．战后英国高等教育政策研究［M］．长沙：湖南师范大学出版社，2016

［96］于维霈．当代英国经济［M］．北京：中国社会科学出版社，1990.

［97］袁振国．中国教育政策评论［M］．北京：教育科学出版社，2002.

［98］张江河．论利益与政治［M］．北京：北京大学出版社，2002.

［99］张玉堂．利益论——关于利益冲突与协调问题的研究［M］．武汉：武汉大学出版社，2001.

［100］赵德余．权利、危机与公共政策［M］．上海：三联书店，2012.

［101］周国雄．博弈：公共政策执行力与利益主体［M］．上海：华东师范大学出版社，2013.

［102］周南照，赵丽，任友群．教师教育改革与教师专业发展：国际视野与本土实践［M］．上海：华东师范大学出版社，2007.

［103］周琴．综合大学教师教育的国际比较［M］．重庆：西南师范大学出版社，2011.

［104］朱旭东，胡艳．中国教育改革开放40年·教师教育卷［M］．北京：北京师范大学出版社，2019.

［105］朱旭东．新比较教育［M］．北京：高等教育出版社，2008.

［106］朱旭东．中国现代化教师教育体系建构研究［M］．北京：北京师范大学出版社，2014.

二、英文著作

［1］ADAMSA，TULASIEWICZ W. The crisis in teacher education：A approach［M］. Boston：Pitman，1984.

［2］ ABBOTTI, WHITEHEAD P, RATHBONE M. The transformation of initial education——The changing nature of teacher training ［M］. London： Routledge Falmer, 2019.

［3］ ALEXANDER R J. Change in teacher education： Context and provision in Great Britain ［M］. New York： Praeger Publishers, 1984.

［4］ BENTLEYA F. The process of government ［M］. Cambridge： Belknap Press of Harvard University Press, 1967.

［5］ BROVK C. Global perspectives on teacher education ［M］. Wallingford： Triangle Books, 1996.

［6］ BUTLERD, BUTLER G. British political facts ［M］. Basingstoke： Palgrave Macmillan, 2011.

［7］ BUTLER D, SLOMAN A. British Political Facts 1900—1979 ［M］. London： St Martin's Press, 1980.

［8］ BTITTON E. Co-operation witheducational authorities in the determination of educational policy： The organization and activities of the national union of teachers （England and Wales） ［M］. Paris： Unesco Archives, 1971.

［9］ BELL L, STEVENSON H. Education policy： Process, themes and impact ［M］. London： Routledge, 2006.

［10］ BALL S. Educationreform： A critical and post-structural approach ［M］. London： Open University Press, 1994.

［11］ CLARKSON, M. A risk based model of stakeholder theory. Proceedings of the European Concern? ［M］. London： The Falmer Press, 2003.

［12］ CHITTY C. Educationpolicy in Britain ［M］. London： Palgrave Macmillan, 2004.

［13］ CLARK B. The highereducation system ［M］. Berkeley： University of California Press, 1983.

［14］ CLARK M, PHELAN A. Teacher education and the political： The power of negative thinking ［M］. London： Routledge, 2017.

［15］ CRAFTS N, WOODWARD N. The Britisheconomy since 1945 ［M］. London： Oxford University Press, 1991.

［16］ DOCKING J. New Labour' spolicies for schools: Raising the standard? ［M］. London: David Fulton, 2000.

［17］ DENTH. The training of teachers in England and Wales（1800—1975）［M］. London: Hodder, 1977.

［18］ DALE I. ConservativeParty election manifestos（1900—1997）［M］. London: Routledge, 2000.

［19］ FOSTER D. Initialteacher training in England ［M］. London: HOUSE of COMMONS LIBRARY, 2019.

［20］ ELVIN L. Encounter witheducation ［M］. London: University of London Institute of Education. 1987.

［21］ FURLONG J, BARTON L, WHITTY G. Teacher education in transition ［M］. Buckingham: Open University Press, 2000.

［22］ FENWICK I G K. Thecomprehensive school 1944—1970: The politics of secondary school reorganization ［M］. London: Methuen&Co Ltd, 1976.

［23］ FURLONG J, BARTON L, MILES S, et al. Teacher education in transition reforming professionalism? ［M］. Edinburgh: Open University Press, 2000.

［24］ FURLONG J. Education: Ananatomy of the discipline ［M］. London: Routledge, 2013.

［25］ FURLONG J, WILKIN M. Partnership in initial teacher training ［M］. London: Cassell, 1990.

［26］ Green A. Blair' seducational legacy: Thirteen years of New Labour ［M］. New York: Palgrave Macmillan, 2010.

［27］ GLENDENNING C, POWELL M, RUMMERY K. Partnership, New Labour and the governance of welfare ［M］. Bristol: Policy Press, 2002.

［28］ GOSDEN P H J. The evolution of a profession ［M］. Oxford: Blackwell, 1972.

［29］ GRAVES N J. Initial teacher education: Politics and progress ［M］. London: Kogan and Page, 1990.

［30］ GRIFFITHS S, HICKSON K. British Partypolitics and ideology after New

Labour [M]. Basingstoke: Palgrave Macmillan, 2010.

[31] HUDSONC, LIDSTROM A. National school policy changes in Britain and Sweden [M]. New York: Palgrave Publisher, 2002.

[32] HARGREAVES A. Changing teachers, changing Times: Teacher's work and culture in the Postmodern Age [M]. London: Cassell, 2001.

[33] HEXTALL I, MAHONY P. Reconstructing teaching: Standards, performance and accountability [M]. London: Routledge Falmer, 2000.

[34] HEPPELL T. Choosing the Tory Leader: Conservative party leadership elections from Heath to Cameron [M]. London: Tauris Academic Studies, 2008.

[35] HAYES M. The New Right: An introduction totheory and practice [M]. London: Pluto Press, 1994.

[36] IRONSIDE M, SEIFETT R. Industrial relations in Schools [M]. London: Routledge, 1995.

[37] JACOB H. Courts: The least visible branch. Politics in the American states [M]. Washington: Congressional Quarterly Press, 1996.

[38] KIRK G, GLAISTER R. Teacher education and professional development in Scotland [M]. Edinburgh: Scottish Academic Press, 1988.

[39] KOWALCZUK M, KORZENIECKA A, DANILEWICZ W, et al. Rethinking teacher education for the 21st century trends, challenges and new directions [M]. Stauffenbergstr: Verlag Barbara Budrich GmbH, 2019.

[40] LEVIN B. Reformingeducation: From origins to outcomes [M]. London: Falmer Press, 2001.

[41] LAWTOND. The Tory mind on education 1979—1994 [M]. London: The Falmer Press, 1994.

[42] LAUDER H, BROWN P, DILLABOUGH J, HALSEY A H. Education, globalization and social change [M]. Oxford: Oxford University Press, 2007.

[43] LAWSONJ, SILVER H. A social history of education in England [M].

New York：Methuen&Co，1973.

[44] LAWTON D. Education and labour party ideologies 1900—2001 and beyond [M]. London：RoutledgeFalmer，2005.

[45] LOWE R. Thedeath of progressive education：How teachers lost control of the classroom [M]. London：Routledge，2007.

[46] LOWE R. Education in the Post-War Years：A social history [M]. New York：Routledge，1988.

[47] LAWLOR S. Teachersmistaught：Training in theories or education in subjects? [M]. London：Centre for Policy Studies，1990.

[48] MARSH D，RHODES R A W. Implementing Thatcherite Politics：Audit of an era [M]. London：Open University Press，1992.

[49] MORGAN K O. Labourpeople，leaders and lieutenants：Hardie to Kinnock [M]. London：Oxford University Press. 1987.

[50] MURRAY J，WISHART J. Teacher education in transition：the changing landscape across the UK [M]. Bristol：ESCalate，2011.

[51] MACLURE S. Educationre-formed：A guide to the education reform act 1988 [M]. London：Hodder & Stoughton，1988.

[52] MOBERLY W. Thecrisis in the university [M]. London：SMC Press，1949.

[53] MCBRIDE R. Teacher education policy：Some issues arising from research and practice [M]. London：Falmer Press，1996.

[54] NOEL G. Harold Wilson and the New Britain [M]. London：Gollancz，1964.

[55] NIBLETT W R. Theuniversity connection [M]. Windsor：NFER，1975.

[56] NEWMAN J. Modernising governance：New Labour，policy and society [M]. London：Sage，2001.

[57] PETER G，RICHARD A，DENNIS D. Education and policy in England in the twentieth century [M]. London：The Woburn Press，1991.

[58] PARKINSON M. The Labour Party and theorganization of secondary school education，1918—1965 [M]. London：Routledge&Kegan Paul，1970.

［59］ POTTS P. Modernizing Education in Britain and China ［M］. London：Routledge Falmer, 2003.

［60］ PULZER P. Politicalrepresentation and elections in Britain ［M］. London：George Allen & Unwin, 1976.

［61］ PHILLIPS R, FURLONG J. Education, reform and the state：Twenty-five years of politics, policy and practice ［M］. London：Routledge Falmer, 2001.

［62］ ROBINSON B, LATCHEMC. Teacher education through open and distance learning ［M］. London：Routledge Falmer, 2003.

［63］ RICHARDSON C A. The education of teachers in England, France and USA ［M］. Paris：UNESCO, 1953.

［64］ RICHARDS C, SIMCO N, TWISELTON S. Primaryteacher education：High status? High standards? ［M］. London：Falmer Press, 1998.

［65］ ROBINSON W. A learningprofession? Teacher and their professional development in England and Wales 1920—2000 ［M］. Rotterdam：Sense Publishers, 2014.

［66］ SIMONB. Education and social order, 1940—1990 ［M］. London：Lawrence&Wishart. 1991.

［67］ SHIMAHARA N K, HOLOWINSKY I Z. Teacher education in industrialized nations：Issues in the changing social contexts ［M］. New York：Garland, 1995.

［68］ STEWART W A C. Highereducation in postwar Britain ［M］. London：Macmillan, 1989.

［69］ TROWLER P. Educationpolicy ［M］. London：Routldge, 2003.

［70］ THATCHER M. The path to power ［M］. London：Harper Collins, 1995.

［71］ THOMAS J B. Britishuniversities and teacher education：A century change ［M］. London：The Falmer Press, 1990.

［72］ WILKIN M. Initialteacher training：The dialogue of ideology and culture ［M］. London：The Falmer Press, 1996.

［73］ WILLIAMS M. In-service education and training, policy and practice
　　　［M］. London：Cassell, 1991.

［74］ WASTON K. MODGIL C. Educational dilemmas：Debate and diversity
　　　［M］. London：Cassell, 1997.

［75］ WINER M J. Englishculture and the decline of the industrial spirit
　　　（1850—1980）［M］. Cambridge：Cambridge University Press, 1981.

三、英文论文

［1］ ASHER C, MALET R. Initial teacher training in the post-reform period：A
　　　sample of student opinion in England and France ［J］. Compare：A Journal
　　　of Comparative and International Education, 1999, 29（1）：71 –83.

［2］ ADELMAN C. Teacher education in England and Wales：The past 20 years
　　　［J］. European Journal of Education, 1986：175 –179.

［3］ ANDERSON L. School-centred initial teacher training：a difference of
　　　emphasis rather than degree？ ［J］. Mentoring & Tutoring：Partnership in
　　　Learning, 1994, 2（2）：19 –24.

［4］ BRAUN C. The captive or the broker? Explaining public agency-interest
　　　group interactions ［J］. Governance, 2012, 25（2）：291 –314.

［5］ BRADBURY A. Slimmed down assessment or increased accountability?
　　　Teachers, elections and UK government assessment policy ［J］. Oxford
　　　Review of Education, 2014, 40（5）：610 –627.

［6］ BARTON L, BARRETT E, WHITTY G, et al. Teacher education and
　　　teacher professionalism in England：Some emerging issues ［J］. British
　　　journal of sociology of education, 1994, 15（4）：529 –543.

［7］ CARVER C L, FEIMAN-NEMSER S. Using policy to improve teacher
　　　induction：Critical elements and missing pieces ［J］. Educational policy,
　　　2009, 23（2）：295 –328.

［8］ CAMPBELL A. The policy context of teachers' workplace learning：The case
　　　for research-based professionalism in teacher education in England ［M］//
　　　Workplace learning in teacher education：International practice and policy.

Dordrecht：Springer Netherlands，2013：169 – 182.

［9］ CROOK D. Teacher Education as a field of historical research：retrospect and prospect ［J］. History of Education，2012，41（1）：57 – 72.

［10］ CROOK D. Universities，teacher training，and the legacy of McNair，1944—1994 ［J］. History of Education，1995，24（3）：231 – 245.

［11］ ELTON-CHALCRAFT S，LANDER V，REVELL L，et al. To promote，or not to promote fundamental British values？ Teachers' standards，diversity and teacher education ［J］. British Educational research journal，2017，43（1）：29 – 48.

［12］ FURLONG J. Re-defining partnership：revolution or reform in initial teacher education？ ［J］. Journal of education for teaching，1996，22（1）：39 – 56.

［13］ FURLONG J. Making teaching a 21st century profession：Tony Blair's big prize ［J］. Oxford review of education，2008，34（6）：727 – 739.

［14］ GEORGE R，MAGUIRE M. Choice and diversity in English initial teacher education（ITE）：Trainees' perspectives ［J］. European Journal of Teacher Education，2019，42（1）：19 – 35.

［15］ GUMPORT P J. A report to stakeholders on the condition and effectiveness of post secondary education ［J］. Change：The Magazine of Higher Learning，2001，33（3）：27 – 42.

［16］ GALE T. Policy trajectories：Treading the discursive path of policy analysis ［J］. Discourse：Studies in the cultural politics of education，1999，20（3）：393 – 407.

［17］ GODWIN C D. The origin of the binary system ［J］. History of Education，1998，27（2）：171 – 191.

［18］ GUMPORT P J. A report to stakeholders on the condition and effectiveness of postsecondary education ［J］. Change：The Magazine of Higher Learning，2001，33（3）：27 – 42.

［19］ HALSTEAD V. Teacher education in England：analysing change through scenario thinking ［J］. European Journal of Teacher Education，2003，26

（1）：63 – 75.

[20] HILL C W L, JONES T M. Stakeholder-agency theory [J]. Journal of management studies, 1992, 29 (2)：131 – 154.

[21] JOHN F, OLWEN M, ANNE C, et al. Partnership, policy and politics：initial teacher education in England under New Labour [J]. Teachers & Teaching, 2008, 14 (4)：307 – 318.

[22] JASMAN A M. A critical analysis of initial teacher education policy in Australia and England：past, present and possible futures [J]. Teacher Development, 2009, 13 (4)：321 – 333.

[23] KHAN M I. Impediments to reflection in teacher education：A UK case [J]. FWU Journal of Social Sciences, 2015, 9 (2)：22 – 31.

[24] KING S. Emerging models of teacher training in England [J]. International research in geographical and environmental education, 2004, 13 (2)：197 – 204.

[25] KNUDSEN A T. Profession, performance and policy：teachers, examinations and the state in England and Wales, 1846—1862 [J]. Paedagogica historica, 2016, 52 (5)：507 – 524.

[26] MACLENNAN S. The role of the PGCE method course [J]. Cambridge Journal Of Education, 1985, 15 (1)：8 – 16.

[27] MANNING C, HOBSON A J. Judgemental and developmental mentoring in further education initial teacher education in England：Mentor and mentee perspectives [J]. ReseaRch in Post-comPulsoRy education, 2017, 22 (4)：574 – 595.

[28] MCNALLY J. Developments in teacher induction in Scotland and implications for the role of higher education [J]. Journal of education for teaching, 2002, 28 (2)：149 – 164.

[29] MENTER I, BRISARD E, SMITH I. Making teachers in Britain：Professional knowledge for initial teacher education in England and Scotland [J]. Educational Philosophy and Theory, 2006, 38 (3)：269 – 286.

[30] MITCHELL R K, AGLE B R, WOOD D J. Toward a theory of stakeholder

identification and salience: Defining the principle of who and what really counts [J]. Academy of management review, 1997, 22 (4): 853 – 886.

[31] MROZ M. Meeting the recommendations of the Bercow Report: The challenges and the potential within initial teacher education [J]. Child Language Teaching and Therapy, 2012, 28 (3): 309 – 324.

[32] NEWMAN E. Primary teachers' dilemmas in initial teacher training [J]. Teacher Development, 1997, 1 (2): 253 – 268.

[33] O'BRIEN J. Teacher induction: Does Scotland's approach stand comparison? [J]. Research in comparative and international education, 2009, 4 (1): 42 – 52.

[34] O'BRIEN J. Teacher Induction: does Scotland's approach stand comparison? [J]. Research in comparative and international education, 2009, 4 (1): 42 – 52.

[35] PRUNTY J J. Signposts for a critical educational policy analysis [J]. Australian journal of education, 1985, 29 (2): 133 – 140.

[36] PHILPOTT C. Transfer of learning between higher education institution and school-based components of PGCE courses of initial teacher education [J]. Journal of Vocational Education and Training, 2006, 58 (3): 283 – 302.

[37] PATRICK H. From Cross to CATE: The universities and teacher education over the past century [J]. Oxford Review of Education, 1986, 12 (3): 243 – 261.

[38] ROBINSON W. Teacher training in England and Wales: Past, present and future perspectives [J]. Education Research and Perspectives, 2006, 33 (2): 19 – 36.

[39] RANDLES S, LAASCH O. Theorising the normative business model [J]. Organization & Environment, 2016, 29 (1): 53 – 73.

[40] REES T. Education for enterprise: The state and alternative employment for young people [J]. Journal of Education Policy, 1988, 3 (1): 9 – 22.

[41] ROBINSON W. Teacher training in England and Wales: Past, present and future perspectives [J]. Education Research and Perspectives, 2006, 33

（2）：19 – 36.

[42] SIMON B. On three insiders' views of the James Report [J]. British Journal of Teacher Education, 1975, 1（2）：237 – 257.

[43] SCHULLER T, BAMFORD C. A social capital approach to the analysis of continuing education：evidence from the UK Learning Society research programme [J]. Oxford Review of Education, 2000, 26（1）：5 – 19.

[44] TAYLOR W. Robbins and the education of teachers [J]. Oxford Review of Education, 1988, 14（1）：49 – 58.

[45] VUKASOVIC M. Stakeholder organizations in the European higher education area：Exploring transnational policy dynamic [J]. Policy and Society, 2017, 36（1）：109 – 126.

[46] VARGAS V R, LAWTHOM R, PROWSE A, et al. Sustainable development stakeholder networks for organisational change in higher education institutions：A case study from the UK [J]. Journal of cleaner production, 2019, 208：470 – 478.

[47] WHITTY G. Recent developments in teacher training and their consequences for the University Project in education [J]. Oxford Review of Education, 2014, 40（4）：466 – 481.

[48] WARE J. Changing policy, legislation and its effects on inclusive and special education：a perspective from Wales [J]. British Journal of Special Education, 2014, 41（4）：344 – 362.

[49] WERTS A B, DELLA S M, LINDLE J, et al. Education stakeholders' translation and sense-making of accountability policies [J]. Leadership and Policy in Schools, 2013, 12（4）：397 – 419.

[50] WHITTY G, MENTER I. Lessons of Thatcherism：Education policy in England and Wales [J]. Journal of Law and Society, 1988, 16（1）：42 – 64.

[51] WHITTY G, BARRETT E, BARTON L, et al. Initial teacher education in England and Wales：a survey of current practices and concerns [J]. Cambridge Journal of Education, 1992, 22（3）：293 – 306.

［52］ WHITTY G. Education reform and teacher education in England in the 1990s ［J］. Journal of Education for Teaching, 1993, 19 (4): 263 – 275.

［53］ YOUNG M. Rethinking teacher education for a global future: Lessons from the English ［J］. Journal of Education for Teaching, 1998, 24 (1): 51 – 62.

［54］ YOUENS B, SMETHEM L, SIMMONS M. Move over Nelly: Lessons from 30 years of employment-based initial teacher education in England ［J］. Teachers and Teaching, 2018, 24 (7): 854 – 869.

后 记

　　"生命的全部意义在于无穷地探索尚未知道的东西。"本书在我的博士论文基础上进一步修订而成，撰写本书的过程是一场向外渴求，向内探索的孤独旅途。既有心如乱麻，无从下笔的一筹莫展，也有经历风雨，又见彩虹的心旷神怡；既有辗转反侧的焦虑与迷茫，也有心无旁骛的坚定与坚持；既有一人独行的孤单，也有同侪互助的温暖。希望这篇后记，可以赋予本书在学术之外的另一种意义。

　　"饮其流时怀其源，成吾学时念吾师。"首先，感谢我的博导易红郡教授。易老师是我本科"外国教育史"课程的授课老师，也是我硕士和博士阶段的导师，更是我学术事业的启蒙人、引路人。这十二年来，易老师博古通今的学术视野、通达包容的学术胸怀、笃定坚持的学术态度，以及严于律己、宽以待人的为人品质，时时刻刻感染和激励着我。同时，感谢我的博士后合作导师朱旭东教授。我在工作后明确了要深耕教师教育研究，也面临着从比较教育和外国教育史研究转型的各种不适。幸运的是，朱老师也曾经历过同样的困境，他宽阔深邃的学术视野、高瞻远瞩的治学格局和术道并济的悉心指导给我很大动力，在危机中寻求转机，也拓宽了我在教师教育领域的研究视野。其次，感谢湖南师范大学教育科学学院的老师们在我本科、硕士、博士期间传道、授业、解惑，以及北京师范大学教育学部教师教育研究所、教育历史与文化研究院、国际与比较教育研究院的老师们在我博士访学和博士后在站期间的悉心指导。自己为人师后才感受到，很多时候老师对学生的帮助，不是一份义务，而是一种选择。倍感幸运，人生得遇良师，一路为我保驾护航。衷心祝福以上师友在未来岁月中平安无忧，健康顺遂。

"独学而无友，则孤陋而寡闻。"感谢求学路上的各位学友们，让我得以沉浸在"友宝女"的快乐中。谢谢我们不算庞大却情比金坚的"易家军"。一定是特别的缘分，让我们一路走来，成为"易家人"。谢谢"旭日东升，最暖朱门"的伙伴们。"北京到底有谁在啊？"当然是有我喜欢的你们。谢谢"时间一晃就是 8 号群""红红火火发发 341 群""人才交流群""爬山群""上班上进不如上香""开源节流知识致富"等群里的兄弟姐妹们。或许大家以后会有不同的人生轨迹，但人生路上能与你们并肩同行一段，相互鼓励，互相扶持，这段经历足以治愈我的余生。尤其感谢我的博士同门唐超，感激能和幽默乐观、勤学善思的你共行一段孤独的读博之路，感恩你在学术和生活中给予我的无尽帮助（主要是没有偷偷"卷"）；尤其感谢我博士后时期的金牌"厂友"：认清了生活的真相但依旧热爱生活的"SHERO"肖雪，勇敢、自由、浪漫地体验着世界的严梓洛，真诚直爽、坚强坚韧、值得收获一切美好的郭绒，兼具向上管理、向下兼容、同辈互助三大技能的国建文。由衷地希望我们以后能在除"工作厂群"之外的任何地方岁岁常相见。

"新竹高于旧竹枝，全凭老干为扶持。"谢谢在经济和精神上给予我支持、动力、鼓励和压力的家人们。谢谢呵护、养育我长大，现在依旧以另一种方式陪伴我的外公外婆，我知道平行世界的你们也在好好爱我。谢谢我优秀的同行父母，做你们的女儿压力很大，但这些年我一直在努力。虽然现在对你们的爱总有些"近乡情怯"，但请相信我永远爱你们，你们也永远是我的骄傲和榜样。谢谢我的婆婆，用温柔的力量治愈着我，用善良的品质温暖着我，以及用少女的容颜和心态激励着我永不放弃对美的追求。谢谢我的同行楷模姐姐，小时候总是觉得委屈，自己要跻身在你的光芒之下。长大后才深觉幸运，可以拥有一个能力才华兼具且不失温情的家人，在同样的工作领域引导我、陪伴我、理解我也支持我。谢谢我的先生，你是我相知相伴的挚友、并肩作战的盟友、互为铠甲的爱人、共同成长的人生合伙人。你的爱不是束缚我故步自封的枷锁，而是帮助我飞到更广阔天地的翅膀。我的宇宙会永远因你而闪耀。

同时，谢谢湖南第一师范学院的各位领导同事对我的指导帮助，谢谢教育学院"教育学"湖南省应用特色学科团队对本书的资助支持，谢谢湖南师范大学出版社各位编辑老师的辛苦付出，特别感谢负责本书的吕超颖编辑，谢谢她的勤劳敬业和温暖热情，助力我不断打磨完善书稿。

最后，谢谢我自己。

"十年磨一剑，霜刃未曾试。"2014—2024年的这十年，我走的每一步都算数。十年间，我从懵懂的研一小白到博士、博士后、高校讲师、副教授；十年间，我对教师教育的关注从硕士阶段的英国职前教师培养模式，延伸到博士阶段的英国教师教育政策，再扩展到工作和博士后阶段对我国特色教师教育体系整体布局的思考；十年间，我的每一次竭尽全力、每一次沉默笃行、每一次平衡取舍、每一次独自痛哭、每一次长夜难眠、每一次在医院狭长走廊的无助等待、每一次沉入谷底后的积极自救，都塑造着、成就着现在的我。这十年我经历着（或是完成了）"盛大激烈又后知后觉的自我意识觉醒"，在"我和世界""目的与手段"的两对关系上有了更深的思考和感悟。幸运的是，这十年，在我身上印证了"付出与收获成正比"和"天道酬勤"的"中式玄学"；遗憾的是，在这场沉浸式成长的旅程中，我的颠覆性转变无意伤害到了爱我的家人们，以至于我至今还未找到正确的方式向他们表达爱意，这大概也是所谓成长的代价。

谨以我人生的第一部专著为我的上个十年收尾，以伯特兰·罗素先生的一段话为我的下个十年作序。希望下个十年的我"保持对爱的渴望，对知识的渴求，对人类苦难不可遏制的同情"，在我的宇宙里，依旧真诚，依旧勇敢，依旧坚韧，依旧温柔，依旧明媚。

黄蓝紫

2024年中秋节于第一师范学院特立楼